AF505568

LA LITTÉRATURE JUIVE
ENTRE
TENACH ET MISCHNA

RECHERCHES BIBLIQUES

IX

LA LITTÉRATURE JUIVE ENTRE TENACH ET MISCHNA

QUELQUES PROBLÈMES

SOUS LA RÉDACTION DE

W. C. VAN UNNIK

LEIDEN

E. J. BRILL

1974

ISBN 90 04 03810 8

Copyright 1974 by E. J. Brill, Leiden, Netherlands

All rights reserved. No part of this book may be reproduced or translated in any form, by print, photoprint, microfilm, microfiche or any other means without written permission from the publisher

PRINTED IN BELGIUM

TABLE DES MATIÈRES

W.C. van Unnik

QUELQUES PROBLÈMES

Leçon d'ouverture

C'est avec une grande joie et une profonde reconnaissance que je vous souhaite la bienvenue à l'ouverture des « Journées Bibliques » de 1969.

Je me réjouis de pouvoir saluer ici les visiteurs fidèles pour qui la réunion annuelle à Louvain est chaque année de nouveau une expérience enrichissante.

Puissent les conférences de cette année répondre aux espérances de tous ceux qui sont venus et espérons qu'elles contribueront à la gloire de cette série bien connue et très appréciée.

Mais surtout je voudrais souhaiter en particulier la bienvenue à ceux qui viennent à Louvain pour la première fois. Ils ne tarderont pas à se sentir « chez eux » dans le climat sympathique et bienveillant qui est si caractéristique des Journées Bibliques. Espérons que l'échange de connaissances théologiques et de sagesse humaine qui se pratique ici, sera pour eux non seulement un stimulant dont profiteront leurs études mais qu'il les amènera également à devenir des habitués, des piliers de ces journées.

Quand le comité-organisateur m'a demandé de figurer comme votre président, il a fait preuve d'une confiance dont je lui suis très reconnaissant et dont j'espère me rendre digne. C'est avec une joie sincère que j'ai accepté l'invitation, en raison des nombreuses réunions intéressantes auxquelles j'ai assisté ici au cours de ces quinze dernières années : d'autre part je suis certain que nous réalisons ainsi un travail œcuménique et que nous rendons service à l'église de notre Seigneur. Prions notre Seigneur qui a voulu nous réunir ici pour Le servir, pour que les conférences répondent à notre espérance et à notre foi.

Le thème général de ces journées est conçu en ces termes : « La littérature et la théologie intertestamentaires ». Dans les discussions préliminaires le désir s'est en effet manifesté d'orienter nos recherches sur ces écrits qu'on a l'habitude d'appeler « Les apocryphes et les pseudépigraphes » de l'Ancien Testament », dénomination vulgarisée dans le domaine de la science biblique par les collections célèbres de Kautzsch, de Charles et de leurs collaborateurs.

Il serait difficile de nier le caractère plus ou moins arbitraire du choix de notre sujet parmi bien d'autres également possibles. On pourrait y voir un hommage à Kautzsch et à ses collaborateurs, car il y a précisément soixante-dix ans que le premier tome de sa collection a paru. Soixante-dix est un beau nombre biblique et on pourrait même établir un rapport avec la version des Septante. Et Kautzsch, par la facilité avec laquelle il a rendu accessible à tous beaucoup de textes difficiles, continue d'exercer une influence profonde et toujours actuelle — comme le prouve une nouvelle édition récente — sur l'exégèse du N.T. et par là sur tout le développement de la pensée théologique, surtout en Allemagne.

De plus, il inspira l'anglais Charles à donner à son tour une édition analogue, sinon plus parfaite des mêmes textes, qui permet au monde anglo-saxon de profiter des idées y contenues. La large portée de cette collection n'a pas été suffisamment reconnue dans l'histoire de la théologie, son influence ayant été souvent souterraine.

Fait curieux : dans le R.G.G.[3], aucun article n'a été publié sur Charles. On ne le cite pas davantage dans St. Neill « The Interpretation of the N.T. », bien qu'il fût le grand pionnier dans le domaine des Pseudépigraphes et qu'il amenât par ses études et ses éditions critiques un changement décisif dans l'évolution des idées qui nous occupe ici.

Nous sommes heureux de rendre hommage à ces grands précurseurs. Cependant notre intention n'est pas de célébrer ici une fête jubilaire. Nous voulons simplement attirer l'attention sur des écrits de la littérature juive, qui sont restés quelque peu oubliés, tout en étant d'une importance capitale pour les études bibliques.

Il est dans les usages de donner dans une conférence d'ouverture, un aperçu de l'ensemble des problèmes et des derniers développements de la recherche, bref le « status quaestionis ». Cela me paraît possible quand il s'agit d'aborder l'œuvre d'un prophète ou d'un apôtre, un recueil comme les Psaumes ou les Évangiles Synoptiques, voire l'ensemble des écrits de Qumran, mais pas dans le cas présent, la variété des écrits étant trop grande pour s'y prêter. Rien qu'en énumérant les titres, j'aurais besoin des trois quarts d'heure réservés à ma conférence.

La période de l'histoire qui a donné naissance à ces écrits, embrasse à peu près trois siècles. Combien bouleversants ont été les événements à partir de l'époque d'Antiochus Épiphane jusqu'à Barkochba et à quel point n'ont-ils pas déterminé l'histoire du peuple juif et par là du monde entier !

La variété même des problèmes que pose chaque livre, nous empêche de donner un « overall picture ». Il est également impossible de parvenir à un certain classement par une division en genres littéraires. Cette littérature n'admet pas une classification pareille. Même pour l'apocalyptique, on ne saurait parler d'un seul genre littéraire, ayant des caractéristiques spéciales. On se sert dans les divers écrits de formes littéraires bien divergentes. Ce qui nous frappe sans nous surprendre dans une conférence du Père Bonsirven : *Genres littéraires dans la littérature juive postbiblique* (Biblica xxxv [1954], p. 328-345), c'est que l'auteur effleure à peine ce sujet et se borne à parler du contenu, des théologoumena. Certes il y a des prototypes marquants comme les *Proverbes* de Jésus Sirach ou les *Psaumes de Salomon*, mais leur nombre n'est pas assez grand pour qu'on puisse étudier avec succès un groupe entier sous un même point de vue.

Nous voulons en cette leçon diriger notre attention sur certains écrits de la littérature juive, en excluant Qumran, Philon, Josèphe et la LXX comme traduction, écrits connus sous le nom de « Apocryphes et Pseudépigraphes». Peut-être vaudrait-il mieux me servir ici d'une autre dénomination, à savoir : « Deutérocaniques et Apocryphes», puisque celle-ci est d'usage dans les milieux catholiques tandis que la première est plutôt d'origine protestante.

Nous touchons là un problème bien connu de la nomenclature. Les livres qu'ajoutent au *Tenach* [1] hébreu les traductions grecque et latine, appartiennent-ils au canon de la Bible chrétienne, oui ou non, voilà une question qui, au cours des siècles, s'est posée bien souvent. On s'est passionné pour elle d'abord au 16e et au 17e siècle; puis au dix-neuvième elle a de nouveau enflammé les savants. Il me paraît que ce problème, né dans une époque où ces écrits furent les seuls connus de la période en question, ne saurait plus se poser ainsi aujourd'hui. Les arguments dont on se servait autrefois, concernant p.e. les langues originales, ne sont plus valables de nos jours. Par contre, le problème est étroitement lié aux questions sur les « criteria canonicitatis» et l'inspiration, qui appartiennent au domaine dogmatique et qui risquent d'embrouiller une étude approfondie de ces écrits.

Le mot « apocryphe» d'ailleurs est loin d'être clair. Que veut-il dire au juste ? Tout au plus que l'Église ou les Églises tiennent ces écrits pour contraires à la vérité et même pour dangereux d'un point de vue dogmatique, mais cela ne tranche pas leur signification comme

---

[1] Abréviation pour désigner la *Tôrah*, les *Nebiîm* et les *Ḥakamîm*.

témoins de l'évolution religieuse du peuple juif dans le temps qui nous intéresse ici.

Rappelons-nous également qu'Eissfeldt a souligné à bon droit que le terme « Pseudépigraphes de l'A.T. » est très mal choisi, car il ne saurait être réservé à tous les livres ainsi indiqués, puisque divers pseudépigraphes figurent également dans l'Ancien Testament (cfr *The Old Testament. An introduction*, tr. P.R. Ackroyd, Oxford 1965, p. 573). Je voudrais particulièrement insister sur le fait que par de telles appellations on court le risque de confondre des œuvres d'origine et de date diverses et de *suggérer qu'elles forment un tout cohérent*. Dans les deux introductions de Oesterly sur les Apocryphes (= livres deuterocaniques) de 1914 et de 1953, abondent les exemples qui prêtent à ambiguïté et confusion.

Pour éviter les difficultés susdites, le monde anglo-saxon a introduit la dénomination, « intertestamental literature », voire d'autres termes composés à l'aide du même adjectif. Pour plus de facilité, on pourrait adopter le vocable « intertestamentaire ». D'un point de vue dogmatique, il est moins chargé que les autres et il est plus flexible. De plus, il présente l'avantage de rappeler à tous ceux qui lisent la Bible, en particulier à nos exégètes (théologiens) que la page blanche entre *Mal.*, 4 et *Matth.*, 1 dans nos Bibles n'est pas une invention des typographes et qu'elle n'implique pas non plus un vide immense, mais qu'elle suggère qu'il exista dans le monde juif un large courant de littérature religieuse, qui a joué un rôle important dans la transition de l'Ancien au Nouveau Testament. Cependant, tout en présentant certains avantages, d'un point de vue historique le terme « intertestamental » ne saurait, lui aussi, échapper à un inconvénient réel parce qu'il suppose la conception typiquement chrétienne des deux « testaments » et par là même devient inutilisable pour les productions de la littérature juive. Et l'inconvénient n'est nullement supprimé du fait que les Juifs rabbiniques n'ont pas connu ces livres ou ne leur ont pas fait bon accueil, tandis que ce furent précisément les chrétiens qui s'y sont intéressés et qui en ont conservé la mémoire. Voilà pourquoi il me paraît plus juste de parler de la « littérature juive entre Tenach et Mischna ».

On pourrait objecter que le livre canonique de Daniel est plus récent que Jésus Sirach, mais ce n'est là qu'un *Schönheitsfehler* sans importance. Il compte à peine quand on y oppose les grands avantages que comporte une dénomination tellement plus adéquate du point de vue historique et théologique.

Pendant ces journées nous nous proposons donc d'orienter votre attention vers cette littérature en général et nous espérons stimuler votre intérêt par la discussion d'un certain nombre de sujets spéciaux. Cette littérature est d'un intérêt capital d'abord pour le spécialiste de l'Ancien Testament. Elle fait connaître la vieille exégèse de la Loi, des Prophètes et des Écrits et la façon dont ceux-ci furent gardés. Le spécialiste du N.T. ne saurait s'en passer, car ces écrits sont à la base de toute bonne exégèse des Évangiles et des Épîtres. Celui qui s'occupe de la patristique ne pourra pas non plus manquer de s'y intéresser, car ces écrits, parfois pourvus d'interpolations, furent conservés par l'Église chrétienne ancienne qui les tenait en haute valeur. Je souligne délibérément cet état de choses parce qu'à mon avis cette littérature n'occupe pas dans la patristique la place, qu'elle mérite, exception faite pour les ouvrages du cardinal Daniélou, p.e. dans son livre sur la *Théologie du Judéo-Christianisme* (Tournai, 1958). Mais surtout ces écrits nous font comprendre l'évolution religieuse du peuple juif dans les phases critiques de son existence, dans une période qui s'est révélée extrêmement importante pour l'histoire religieuse du monde.

Et si en ce moment vous êtes tentés de me reprocher de débiter des vérités de La Palisse, dites-moi comment vous expliquez le fait indéniable qu'on n'a pas prêté plus d'attention à ces écrits et qu'on les a laissés si longtemps négligés. Ceci vous paraîtra peut-être quelque peu exagéré. Vous me rappellerez l'usage fait des Apocryphes et Pseudépigraphes dans Kittel-Friedrich, *Theologisches Wörterbuch*, ou dans Bousset-Gressmann, *Die Religion des Judentums im späthellenistischen Zeitalter*, où, selon l'opinion de quelques-uns, l'importance de ces écrits comme sources historiques a même été surestimée. Et puis, sans doute vous alléguerez aussi, comme preuve de l'attention croissante qu'on porte à ces écrits, la littérature mentionnée dans l'*Einleitung* d'Eissfeldt.

Je n'en persiste pas moins dans mon opinion que ces livres ne reçoivent pas l'attention qu'ils méritent et dès lors qu'on ne les étudie pas assez. Quand par exemple on parcourt les listes bibliographiques, on constate non sans surprise que les articles y mentionnés se rapportent surtout à des sujets spéciaux, tels le calendrier dans le Livre des Jubilés, le Fils de l'Homme chez Hénoch, le messianisme dans les Testaments des XII Patriarches. Parfois aussi nous sommes en présence de l'ouvrage d'un « hobyiste », comme c'est le cas de Kurfess pour les Livres Sibyllins. Bref, oserait-on soutenir qu'on prête attention à ces écrits pour eux-mêmes ? Dans la magnifique édition avec commentaires du *Baruch Syriaque* de P. Bogaert parue dans *Sources chrétiennes* (Paris, 1969, 2 volumes), j'ai compté le nombre d'études vouées à cette grande apocalypse dans les dix dernières années ; les doigts de la main y suffisent !

Imaginons un instant que ce texte si détaillé, si bien conservé de Baruch ait été trouvé à Qumran. Ne croyez-vous pas avec moi qu'on aurait pu remplir des bibliothèques avec les seuls livres et articles voués à cette découverte ? Mais voilà que la publication du texte date de dix-huit cent soixante-six. Dès lors, on n'y prête guère attention.

Cet état des choses serait-il sur le point de changer ? Tout le monde connaît et reconnaît la signification de l'*Hénoch éthiopien*. Mais pourquoi n'existe-t-il pas de commentaire récent, détaillé et scientifique, de cet écrit ? On peut continuer cette complainte *ad libitum*, presque infiniment.

Au fond jusqu'ici seuls *Macc.* 1 et 2 par Abel (Paris 1949) ont été dans le dernier quart de siècle l'objet d'une étude sérieuse, adéquate, tandis que, grâce à Meecham (Manchester, 1935) et Pelletier (Paris, 1962), la situation de la soi-disante *Lettre d'Aristée* n'est pas non plus tout à fait négligée. Pour le reste il faut aller se renseigner dans des livres parus il y a bien longtemps. Dans beaucoup de cas, l'on n'est pas plus avancé qu'à l'époque de Charles. Les livres apocryphes-deutérocanoniques ont eu relativement parlant la meilleure part. Faisant partie de l'Ancien Testament, ils ont été étudiés par des commentateurs catholiques.

Une autre raison m'incite à insister. Pour m'expliquer, il me suffit de citer deux exemples, mais le nombre pourrait être augmenté sans la moindre peine. En 1527 Sichardus publia un traité pseudo-philonien, les soi-disant « Antiquitates Biblicae ». Bien que cet écrit fût certainement consulté au 16e et au 17e siècle, il tomba dans le plus profond oubli jusqu'à ce que le grand explorateur du domaine des apocryphes de l'Ancien et du N.T., l'anglais M.R. James, en publia une traduction anglaise en 1917. Mais ni cette publication ni l'édition du texte latin par G. Kisch en 1949 ne réussirent à éveiller l'intérêt pour ce travail. Il y a des indices que cela va changer puisque l'intérêt pour les traditions conservées dans cet écrit va en augmentant. Pourtant il est curieux de voir que pendant tant de siècles personne ne s'y est intéressé.

Quelque peu différent mais non moins significatif est le cas du livre de Joseph et Aséneth. Cet ouvrage a connu au cours des siècles une très grande popularité. Mais ni les éditions du texte grec ni les traductions ne réussirent à attirer l'attention. Il fallut attendre jusqu'à ce que G.D. Kilpatrick soulignât en 1952 la description étrange des repas cultuels en rapport avec ceux des Esséniens (*The Last Supper*, dans *Expository Times*, LXIV [1952], p. 4-8) pour voir le livre renaître de ses cendres. A présent les monographies de Burchard et de Philonenko, parues ces dernières années, nous fournissent les moyens d'utiliser vraiment l'ouvrage, et d'examiner les questions qu'il soulève. A juste titre J.C. Picard cite cet écrit dans une énumération de pseudépigraphes qui « have all for a long time remained under, as it were, a cloud of disgrace » (*Apocalypsis Baruchi graece*, Leiden 1967, p. 64). Il avait présent à l'esprit ce qu'il appelle les « lesser pseudepigrapha » et juge la situation chez les « greater » meilleure ; à cet égard je suis moins optimiste que lui en raison des problèmes que posent les pseudépigraphes majeurs.

Picard renonça à chercher une explication du fait signalé. Il est vrai qu'il est difficile d'en trouver une qui soit plausible, puisque personne n'a jamais approfondi le problème. Aussi nous en sommes réduits à des hypothèses. Dans un certain nombre de cas, ces textes furent imprimés en des collections peu accessibles et par conséquent difficiles à consulter. D'autres sont probablement restés inconnus parce qu'ils ne figurent pas dans les anthologies de Kautzch et de Charles. Eissfeldt lui-même ne nous présente qu'un choix : le critère qui l'a guidé n'en devient pas plus clair.

La « Society for promoting Christian Knowledge » publia un certain nombre de ces textes oubliés dans les « Translations of Early Documents », mais ni en Angleterre, ni ailleurs, ces livres ne firent sensation. P. Riessler nous livra la collection la plus complète en 1928, mais je n'ai pas l'impression que cette édition, insuffisante d'un point de vue scientifique, rencontra, lors de son apparition, beaucoup de succès. Il est temps d'en finir avec des choix arbitraires et au surplus dépassés, qui ont exercé une influence peu profonde et plutôt néfaste.

Pourtant la cause véritable de ce manque d'intérêt n'est pas là : les écrits mêmes qu'on a jugés dignes d'être insérés dans ces collections, n'arrivent guère à provoquer l'attention. En serait-il ainsi parce que ces livres ne sont que des « apocryptes », des fictions prêtées à des personnages d'une antiquité lointaine ? Ou bien serait-ce plutôt dû à la difficulté de les situer dans un cadre théologique du fait qu'on ne voit pas clair dans la diversité infiniment variée du Judaïsme avant et après J.C. ? Ni Philon, ni Flavius Josèphe, ni la littérature rabbinique ne nous y aident. Et l'on n'a guère de prise sur les écrits eux-mêmes parce que des indications historiques nettes y font généralement défaut.

Aujourd'hui, divers signes paraissent indiquer un revirement heureux et légitiment l'espoir que la période d'oubli relatif touche à sa fin. Après la deuxième guerre mondiale il y eut de nombreuses impulsions nouvelles qui ont eu pour effet que l'on s'occupe davantage de la littérature juive entre Tenach et Mishna. Évidemment la portée des découvertes à Chirbeth Qumran a été sans pareille. Comme mes auditeurs sont au courant de ce fait, il est inutile d'en parler longuement. Permettez-moi seulement de vous rappeler deux données importantes.

Désormais le Judaïsme des siècles précédant la destruction du Temple en 70 de notre ère nous paraît sous un jour beaucoup plus nuancé, plus riche en tensions. Non seulement nous avons reçu de nombreuses informations au sujet des livres apocryphes et pseudépigraphes que nous connaissions déjà, mais nous reçumes en même temps quantité de matériaux nouveaux dont nous pûmes nous servir pour comparer les textes. Ici toutefois il faut nous mettre en garde contre un malentendu dangereux. Si les Qumranites se sont servis de ces écrits, cela ne veut pas dire que ces écrits seraient nés dans ce milieu. En outre je crois devoir vous prévenir contre un emploi léger du mot « hérétique ». Le mot « hairesis » chez Josèphe n'équivaut certainement pas à « hérésie » dans le sens chrétien postérieur. Un mot comme « hérétique » est trop suggestif, donne lieu à des associations qui sont fausses parce que « l'orthodoxie » dans le sens dogmatique, qui devrait y faire pendant, faisait absolument défaut dans les milieux juifs.

Tout en admettant la profession de foi : *Jahve Echad*, tous en croyant que Dieu avait inspiré la Thora, la voie avait été ouverte à une très grande variation de doctrines. On ne posa pas de conditions dogmatiques spéciales à ceux qui entraient dans l'Alliance Nouvelle. On peut appeler les Qumranites des radicaux ou des sectaires, mais pas des hérétiques; ce qui est important pour l'interprétation et la classification futures de leurs écrits.

Une deuxième impulsion, stimulée elle-même par la découverte de Qumran, est partie de l'intérêt pour les Targumim, et les explications et les traditions qui s'y trouvent. En vérité, avant 1940, qui se souciait du Targum ? Un ou deux savants qui s'intéressaient à l'évolution de l'araméen. Cela n'eut guère d'importance générale. De nos jours on a appris à interpréter la tradition de la Loi et des Prophètes de façon moins monolithique qu'autrefois. Et il ne faut pas non plus perdre de vue l'examen de la Septante. Tout cela éclaircit d'une nouvelle lumière nombre de conceptions et d'images présentes dans la littérature en question. En troisième lieu il convient d'appeler l'attention sur les progrès dans notre connaissance de l'« Umwelt » hellénistique sous le rapport historique aussi bien que « geistesgeschichtlich ». Il ne suffit plus d'un simple « Schlagwort » comme « hellénisme », « époque de syncrétisme ». Ici encore les fouilles, la nouvelle interprétation de textes connus depuis longtemps, augmentent nos connaissances de façon considérable. Comme les écrits dont nous parlons datent tous de l'époque où eut lieu la confrontation du Judaïsme avec la culture hellénistique sous tous ses aspects, une confrontation où l'adhésion et l'opposition alternaient, tout cela est de la plus grande importance pour leur interprétation.

Il va de soi qu'il m'est impossible d'entrer dans les détails; pourtant je ne peux m'empêcher de renvoyer au commentaire au-dessus de tout éloge du Père Abel sur *1-2 Maccabées* et sur le travail de Pelletier touchant Aristée. Et il faut bien attirer votre attention sur un fait qui me semble très important.

En général les écrits en question ont été étudiés par des spécialistes du domaine de l'Ancien Testament pour qui l'enjeu ne fut pas « les Apocryphes et les Pseudépigraphes de l'Ancien Testament », ou bien par des savants qui étaient particulièrement fascinés par l'aspect orientaliste. A l'avenir il faudra qu'on tienne compte davantage — excusez le mot — de l'hellénisme « an sich »; il faudra se livrer à des études approfondies sur les images et les moyens d'expression de la culture hellénique. Ici, comme pour l'étude du Nouveau Testament, il est de rigueur que l'explorateur connaisse à fond au moins deux mondes différents.

Je voudrais signaler quatre symptômes qui marquent le changement:

a) l'intérêt croissant du monde juif, des savants juifs pour ces productions de leur propre passé longtemps négligées et abandonnées aux chrétiens. A.A. Newman en a donné un témoignage éloquent dans l'introduction sur *2 Macc.* dans la série de Dropsie College (S. Zeitlin - S. Tedesche, *The First Book of the Maccabees*, New York, 1950, p. vii). Le même phénomène se constate jusque chez des savants de l'État d'Israël.

b) toutes sortes de textes presque inaccessibles jusqu'ici le deviennent dans la nouvelle série, éditée sous la rédaction de Denis et de Jonge : dans ces éditions, où l'on signale tous les textes successifs, on nous montre leur situation réelle. De plus le projet de fonder une revue, vouée uniquement à cette partie de la littérature juive, y compris celle de Qumran, se réalisera dans un futur qui ne paraît pas trop éloigné.

c) de Jonge dans sa thèse sur les « Testaments des douze Patriarches » (Assen 1953) a soulevé tout un ensemble de problèmes à l'égard de la critique des textes aussi bien qu'à l'égard de leur interprétation. Cela a engendré une discussion qui s'étend loin au-delà de l'écrit en question.

d) les nouvelles discussions sur l'apocalyptique : le livre de Rowley, *The Relevance of Apocalyptic*, paru en 1944, connut bien des « reprints »; une troisième édition en parut en 1963. Depuis que Ernst Käsemann a soutenu la thèse que l'apocalyptique serait la mère de la théologie chrétienne (dans *Exegetische Versuche und Besinnungen*, Göttingen, 1964, Bd. II, p. 82 s.s.), il surgit en Allemagne, grâce aux discussions que cette thèse a soulevées, un intérêt croissant pour le phénomène de l'apocalyptique.

Le docteur Schmidt vient de nous donner un « Forschungsbericht » très intéressant : *Die jüdische Apokalyptik. Die Geschichte ihrer Erforschung von den Anfängen bis zu den Textfunden von Qumran* (Neukirchen, 1969), qui va jusqu'à 1940, tandis que précisément pendant la préparation de cette conférence, un nouveau livre me parvient sur 4 Esdras et Baruch de W. Hänisch : *Verhängnis und Verheissung der Geschichte. Untersuchungen zum Zeit- und Geschichtsverständnis in 4. Buch Ezra und in der syr. Baruchapokalypse* (Göttingen, 1969). De nouveau on s'apprête à discuter les problèmes des relations entre l'apocalyptique et la littérature des prophètes et des sages, la place de l'apocalyptique dans l'ensemble de l'évolution religieuse du peuple juif de ce temps-là. On fera bien toutefois de ne pas trop généraliser en parlant de l'« apocalyptique » comme si nous étions en présence d'une espèce d'école de « théologiens » et on ne perdra pas de vue les différences chronologiques qui, entre Daniel et 4 Esdras, s'élèvent à plus de deux cent cinquante années. Sous ce rapport je voudrais renvoyer également à l'article sur l'apocalyptique de Vielhauer dans la collection de Hennecke-Schneemelcher, *Neutestamentliche Apokryphen*[3], Tübingen, 1964, Bd. II, p. 407 ss. S'il est juste de dire que l'intérêt pour cette partie de la littérature juive est en train de renaître, il convient peut-être, avant de terminer cette introduction, d'ajouter quelques remarques sur le travail qui reste à être accompli.

Ici encore je devrai me contenter de donner quelques informations générales en évitant les détails. Même si mes connaissances étaient suffisamment étendues, le nombre et la variété des problèmes, qui diffèrent pour chaque écrit, s'opposeraient à un exposé plus détaillé.

Comme *primum necessarium* il y a la publication de bonnes éditions. Risque-t-on d'aller trop vite et faudrait-il d'abord se consacrer à dresser des listes (tableaux, aperçus) des formes successives de la transmission textuelle pour acquérir ainsi une vue suffisante des étapes de la transmission et du traitement que les textes ont subi ?

Comme on a affaire à des textes très populaires, pour la plupart non standardisés, la transmission fut souvent très « arbitraire » : ceux qui traduisaient ou paraphrasaient en faisaient à leur tête.

Dans beaucoup de cas, « les règles ordinaires » de la critique de texte ne tiennent pas debout. Je pense par exemple aux observations que faisait Picard sur la traduction slave de *Gr. Baruch* ou bien aux observations de Philonenko à l'endroit de *Joseph et Aséneth*. Par rapport à cette transmission, évoluant de façon sauvage, Philonenko renvoie aux développements relevés dans les « Vitae Sanctorum ».

Tout autre mais non moins difficile est le problème de la transmission de Jésus Sirach. Le problème concernant les différences entre les textes grecs et hébreux est connu de tous. Grâce aux soins de J. Ziegler qui publia une édition magistrale pour le Göttinger Septuagint-Unternehmen », nous disposons maintenant d'une présentation complète du matériel grec. A.A. Di Lella étudia *The Hebrew Text of Sirach* (Den Haag, 1966), enrichi récemment par les fragments de Massada, et liquida à tout jamais la vieille controverse au sujet de la postériorité ou de l'antériorité du texte hébreu par rapport au texte grec. Ceci résolu, les problèmes surgissent de toutes parts et ils nécessiteront bien des recherches.

Pour un livre comme *Judith* la situation est encore différente. C'est à l'étude méritoire de Dubarle : *Judith, formes et sens de diverses traditions* (Rome, 1966, 2 volumes), que revient l'honneur d'avoir rassemblé et examiné pour la première fois les transmissions hébraïques de Judith. Il inaugura ainsi une nouvelle phase pour l'étude des rapports entre le texte Grec-Vetus Latina-Vulg. et la tradition hébraïque. Dubarle conclut que les textes hébreux sont indépendants et qu'ils sont donc la meilleure approximation actuellement connue du prototype sémitique se trouvant à la base du texte grec et du texte araméen utilisé par Jérôme (I p. 49). Laissons de côté la question de savoir si tout le monde souscrit à cette conclusion ; en tout cas, il est certain que nous rencontrons ici des problèmes importants qui méritent l'attention.

Je ne ferai pas l'énumération des problèmes qui se posent au sujet de textes de *Tobith, Test. XII Patriarches, Vita Adae et Evae*, etc. etc. Celui qui passera en revue la série des écrits en question devra admettre que dans ce domaine il reste énormément à faire.

Un autre domaine inabordé en grande partie est celui du travail exégétique. Ceci concerne les commentaires à écrire — nous en avons parlé plus haut — autant que les recherches sur la *Formgeschichte* et la *Redaktionsgeschichte, Motivgeschichte*, ainsi que l'évaluation de l'importance de ces écrits. A titre d'illustration je cite parmi des centaines d'exemples, deux paragraphes de l'ouvrage substantiel du Père Bogaert sur *Syr. Baruch*. Je pense en particulier au chapitre sur le jugement passé sur le roi Manassé dans les textes juifs et chrétiens, qui a soulevé de nouvelles questions d'influence et de dépendance, et à la façon dont il parle des rapports entre les informations sur la perte de Jérusalem d'après *Syr. Baruch* et *Pesikta Rabbah*; ce qui fait surgir toutes sortes de questions sur les rapports de ces apocryphes avec la littérature rabbinique.

D'ailleurs on devra étudier tous ces écrits dans un cadre plus large. Pour un livre comme *2 Macc.* il faudra forcément, plus qu'on ne l'a fait jusqu'à présent, faire une large part à l'historiographie hellénistique : il faudra par exemple faire attention à des motifs comme le pillage du temple et le patriotisme.

En étudiant les *Apocalyptici* on n'a pas le droit de passer sous silence ce que le Père Festugière par exemple a noté dans sa *Révélation d'Hermès Trismégiste*, vol. I 2, (Paris 1949), sur les formes diverses de la révélation dans l'Antiquité, en observant évidemment les données de la chronologie.

On ne peut pas non plus passer sous silence la lumière que peut apporter la psychologie de la religion et subsidiairement la psychiatrie sur les phénomènes attestés dans ladite littérature. Je ne suis pas sans savoir que les théologiens font très souvent preuve d'une réserve extrême, même d'une certaine répugnance, pour accepter l'apport de ces disciplines. Voilà pourquoi il est important de souligner à quel point ce genre de recherches reste indispensable.

A côté des travaux que réclament les écrits en particulier, je tiens à présenter encore quelques points de vue d'un caractère plus général. L'ordre suivi est purement arbitraire; la priorité n'y est pour rien.

Il me vient à l'esprit la vieille controverse entre Bousset et Perles, à savoir le problème d'un « Judaïsme normatif » vers le début de l'ère chrétienne. On pourrait dire en d'autres mots : le problème des variations dans le Judaïsme de cette époque. Moore s'en est occupé, lui aussi. Le problème de la place de l'eschatologie dans l'histoire de la religion juive y est étroitement lié. Domine-t-elle tout le reste ou n'est-elle qu'un phénomène marginal ? En discutant l'eschatologie, on ne pourra plus parler, comme le fit P. Volz dans son livre capital : *Die Eschatologie der jüdischen Gemeinde*, comme d'une unité, mais on devra tenter d'en venir à une vue beaucoup plus historique.

D'ailleurs il faudra, en général, veiller beaucoup plus qu'on ne l'a fait jusqu'à présent, à ne pas perdre de vue la continuité dans le développement religieux du Judaïsme. On a quelquefois suggéré qu'il y eut une césure en 70 après le Christ ou bien au commencement du deuxième siècle et on l'a même comprise comme une rupture complète.

Il est bien vrai que généralement parlant, la littérature qui nous intéresse ici, n'a pas été continuée dans le Judaïsme, mais fut acceptée et transmise par le Christianisme. Pourtant, désormais l'image devra être plus nuancée : on ne peut pas la qualifier du simple mot « répulsion ». A cet égard les recherches de Dubarle et Bogaert, mentionnées plus haut, soulèvent de nombreuses questions. Il y a aussi l'œuvre de G. Scholem sur les origines de la mystique juive, la littérature des *Hekaloth*. Quels sont les rapports de ces écrits esotériques juifs avec certains livres dans la littérature de notre période ?

De là il n'y a qu'un pas vers un domaine apparenté, à savoir celui du gnosticisme. R.M. Grant soutenait jadis la thèse que le gnosticisme était né de la frustration de l'apocalyptique : *Gnosticism and Early Christianity*[2] (New York, 1966, p. 34). Le problème de la racine juive du gnosticisme reste en discussion. Je pense p.e. aux spéculations sur Adam. Certes, il y a de nettes divergences entre l'apocalyptique et les écrits gnostiques. Cela se manifeste dans leurs doctrines divergentes sur Dieu et dans leur attitude différente à l'égard de l'histoire. Mais il y a également des rapports dont on devra examiner la signification. Rappelons-nous ce que Scholem fit remarquer il y a longtemps : la présence du personnage du petit Jahvé dans la *Pistis Sophia* : *Über eine Forschung in den koptisch-gnostischen Schriften und ihren jüdischen Ursprung*, dans *Z.N.W.* XXX, [1931], p. 170-176.

Ceci nous mène à une autre question brûlante, extrêmement importante pour nos écrits, à savoir le rapport entre le Judaïsme palestinien et celui de la « diaspora ». La vieille opposition précise et nette ne tient plus debout. Mais dans ce domaine il reste beaucoup à faire.

Le peu d'étendue de nos informations nous impose une stricte circonspection et demande une autocritique sans relâche. On ne peut oublier les variations possibles à l'intérieur du Judaïsme. Dans l'antiquité, la fidélité à l'Éternel et à sa Loi créa certes une limite bien définie, mais d'autre part elle laissa une marge très large à la liberté.

Ici il faut m'arrêter. Dans cette conférence d'ouverture je ne pouvais aborder que quelques problèmes, ouvrir quelques perspectives. Je me rends parfaitement compte que bien des études excellentes ne furent pas citées, que différents sujets de ma leçon ont besoin d'être développés et que j'ai omis de signaler quantité de problèmes non encore résolus.

Ces jours-ci nous allons examiner en détail quelques-uns de ces sujets qui s'imposent. Le choix fut assez arbitraire. Puissent néanmoins ces spécimens vous convaincre de l'importance et de l'étendue des découvertes qui restent à faire dans un domaine qui s'ouvre vraiment encore à l'exploration.

Dès maintenant je tiens à remercier tous ceux d'entre vous qui, soit comme conférenciers, soit comme directeurs des séminaires, ont consenti à prendre une part active à nos journées. En souhaitant que leur succès justifiera le choix du sujet, en espérant que les leçons stimuleront les participants à se vouer à la littérature dite « intertestamentaire » avec un intérêt toujours grandissant, je déclare les Journées Bibliques de 1969 ouvertes.

M. BLACK

THE FRAGMENTS
OF THE ARAMAIC ENOCH FROM QUMRAN

Introduction

The discovery of fragments of an Aramaic Enoch in Cave 4 at Qumran was first made known in a communication of J.T. Milik to the *Revue Biblique* in January 1956, though the first fragments had been identified by Milik as early as September 1952. Milik's communication mentioned eight different manuscripts of I Enoch, all in Aramaic and containing portions of four out of the five books of Enoch. Three manuscripts contained Book III only, the astronomical section, in a much larger, more detailed and more intelligible redaction than that of the Ethiopic version, in which alone this section is otherwise extant; two of these manuscripts seem to have practically identical texts. So too in the earlier Books, where the fragments happen to contain the same portions of the text, different manuscripts offer an almost identical text. One fragment purporting to be a letter of Enoch which Milik conjectured was addressed to a certain Shamazya and his companions, is not found in any of the versions. Book V was contained in a small scroll which Milik suggested was possibly the original of the *Epistle of Enoch* of the Chester Beatty-Michigan Papyrus (Enoch 97[6]-107[3]).

In this preliminary announcement Milik drew attention to the complete absence of any fragment from Book II, the *Book of the Parables* (containing the famous Son of Man passages which have been the subject of so much controversy). This omission, Milik ventured to add, could scarcely be accidental. I shall return to this important omission later in the paper.

So far two only of these fragments have been published, in an article by Milik in the *Revue Biblique* entitled 'Henoch au pays des aromates'[1]. They are fragments containing some eight to ten verses from Book I, chapters xxx, xxxi, xxxii. They are typical of the extent and character of the larger fragments which have been preserved. There

---

[1] Tome LXV (1958), p. 70 ff.

are several fragments which do have a larger portion of text than these; and these are mostly in the astronomical section of the Book. Unfortunately some of these longer fragments are preserved in the Ethiopic version only. The script varies from manuscript to manuscript, and is more carelessly formed than that of the *Hymn Scroll* or the *Genesis Apocryphon*. There seems little doubt that they come from the same period, usually put before A.D. 70.

It was originally planned that the fragments should be published in the Clarendon Press edition along with the rest of the Cave 4 material of the Qumran texts in the *D*(iscoveries in the) *J*(udaen) *D*(esert) series. For various reasons this plan has been modified; among others, the preparation of the edition of the heterogeneous mass of Cave 4 scrolls has taken much longer than was first anticipated, although it is now reported to be in an advanced stage of preparation.

Through the generosity of the Pilgrim Trust and the cooperation of the Palestine Museum, the then Jordanian Department of Antiquities, and by kind permission of M. Milik and Père de Vaux, I was allowed to spend some time in Jordan, Jerusalem in March 1959 studying the fragments at first hand. I was given permission to copy M. Milik's first reconstruction and identification of the fragments, in preparation for an edition and commentary of I Enoch in which Professor Ullendorff of the School of Oriental and African Studies, London, and I have been planning to collaborate.

The edition of the Ethiopic text is also now well advanced : it is being edited, with a translation, by E. Ullendorff and Michael Knibb, Lecturer in Divinity in King's College, London. The plan for publishing the Aramaic Enoch has been modified to synchronise with the publication of the Ethiopic Enoch.

Instead of waiting for the full Cave 4 volume to be ready, those Aramaic fragments which are represented in the Ethiopic translation will be published, also supplied with an English translation, in one or two years; they will appear under the names of M. Milik and myself as collaborator and translator of the Aramaic. Provisional transcriptions of the Aramaic have been, for some time, at the disposal of the editors of the Ethiopic text so that they have been in a position to consult the Aramaic in making their edition. It is further proposed to follow the Ethiopic edition — which will also be accompanied by an English translation — with a subsequent volume of commentary, to replace the 1912 commentary of R. H. Charles.

Anything I have to say now is, therefore, of a general nature and anticipatory of the *editio princeps*. It is said with the full agreement of M. Milik whom I consulted about this and other arrangements on 9th August 1969 in Paris. My present limited aim is to satisfy the very considerable interest and curiosity that exists on this important subject. I should add that I was not able to take the Aramaic fragments into account in my edition of the Greek fragments, which has appeared in the series of *Pseudepigrapha Veteris Testamenti Graece, Apocalypsis Henochi Graece* (Leiden, 1970) but this will be done in any further edition of the Greek text.

I. The Enoch Apocalyptic Texts

The first thing which requires to be said is that these Enoch fragments, dealing with what we call Apocalyptic, do not represent an isolated phenomenon in the Qumran literature. They are in fact part only of a whole body of this type of literature, some preserved in Aramaic, some in Hebrew, like the long Hebrew fragment to which Milik-Barthélemy have given the title *Le Livre des Mystères.* (DJD, p. 102 ff.). There were literally hundreds of such fragments on the tables and in the strong-room of the Palestine Museum in process of identification and editing in that part of the work which had been allocated to M. Milik and Père J. Starcky. They varied in size from the Enoch fragment of Chapters xxxi-xxxii to a few identifiable words. A fairly large proportion of these fragments were unidentified, but they so closely resembled I Enoch that they are classified as Pseudo-Enoch. They are written in Hebrew as well as in Aramaic. Two fragments of I Enoch in Hebrew have been found in Cave I, viz I Enoch viii. 4-ix 4 and ix 1-4 (DJD, pp. 84 and 153). It may not be without significance that these Hebrew fragments both come from the little Noah apocalypse in I Enoch, but they certainly support the hypothesis of Hebrew recensions.

Not only are all the Books of Enoch represented by the fragments, with the notable exception of Book II, the Parables, but there are identifiable verses from a large number of chapters in these four books. M. Milik kindly informs me (letter 18, xii, 1969) that he has now finally identified the following passages : i 1-6 ; i 9-v 1 ; ii 1-v 6 ; v 9-vi 4 ; vi 7-viii 1 ; vi 4-viii 1 ; vi 7 ; viii 2-ix 4 ; viii 3-ix 3 ; x 8-12 ; x 13-19 ; xii 3 ; xiii 6-xiv 16 ; xiv 18-20 ; xv 11 ; xviii 8-12 ; xviii 15 ; xxi 2-4 ; xxii 3-7 ; xxii 13-xxiv 1 ; xxv 7-xxvii 1 ; xxviii 3-xxix 2 ; xxxi 2-xxxii 3 ; xxx 1-xxxii 1 ; xxxii 3, 6 ; xxxiii 7-xxxiv 1 ; xxxv 1-xxxvi 4 ; [xxxvii-lxxi vac.] lxxiii-lxxiv; lxxvi 2-10; lxxvi 13-lxxvii 4; lxxvi 14-lxxvii 4; lxxviii 6-8; lxxviii 10; lxxviii 15-lxxix 2; lxxxii 9-13; lxxxii 20; lxxxiv 2-6; lxxxvi 1-3; lxxxviii 3-lxxxix 6; lxxxix 7-16; lxxxix 11-14; lxxxix 26-30; lxxxix 29-31; lxxxix 31-37; lxxxix 43-44; xci 10, 18-19-xcii 1-2; xcii 5-xciii 4; xciii 9-10; xci 11-17; xciii 11-xciv 2; civ 13-cvi 2; cvi 13-cvii 2. The longest gaps are the nine chapters, xcv-civ, in Book V and in the five chapters, xv-xx, in Book I. Even so what has survived provides a remarkable testimony to the integrity of the versional tradition and the unity of the Book in substantially its traditional form — with the notable exception of Book II, chapters xxxvii-lxxi, the *Book of the Parables*.

With regard to the latter, there does not seem to be much doubt that the *Parables* incorporate traditional material from the Enoch literature, but the total absence of any part of this section of the Ethiopic Enoch in the Aramaic fragments constitutes a strong argument for their later date and possibly Christian (or Jewish Christian) inspiration and authorship. The argument from silence is never, of course, a very conclusive one, but, in this case it must be admitted to be an impressive one. If the *Book of the Parables* belonged to the pre-Christian Enoch tradition, both in date and character, one would have expected some fragment to have been preserved in a section covering 34 chapters; the longest gaps in the other sections are of nine and two or three chapters.

It is well-known that the Enoch literature, in the Greek and Latin fragments and the Ethiopic version — the only complete version we possess — owes its preservation to Christian interest; according to Tertullian who treated Enoch as Holy Scripture, it was rejected by the Jews *sicut et cetera fere quae Christum sonant* (*De cultu femin.*, i 2). This not only explains its rejection by the Jews and preservation by Christians; it must for this very reason have supplied material for specifically Christian apocalyptic writing. We now know what drastic changes and expansions were introduced into the Greek version of the *Testaments of the Twelve Patriarchs*; Christian interpolation and expansion occur in every other verse. May not this be the explanation of the origin of the Son of Man Parables in I Enoch? Their chief inspiration may have been the Gospels themselves and not anything in the pre-Christian Enoch literature.

One other fact may be mentioned in support of this view. The recension designated by Milik ENOCH[c] contains a fragment of Chapter cv. 2 where the famous words, attributed to God, occur : 'For I and my Son will be united with them (Israel) forever'. The reference is unmistakably to the Messiah, conceived as 'Son of God'. There is nothing corresponding to these words in the Aramaic fragment; nor is there any room for these words. They are almost certainly a Christian re-working of the original.

There is a parallel in the character of the Slavonic Enoch (II Enoch) as it has been transmitted to us. At Chapter lii there occur 'nine colourless beatitudes' which are frequently cited as of Jewish composition and origin and the prototype in Judaism of the Gospel Beatitudes [1]. More convincingly M.A. Vaillant characterises them as of Christian vintage [2]. This does not mean that the whole of II Enoch is a Christian work; its author appears to have been eclectic in his tastes, though probably himself of Jewish origin. But it does mean that the Enoch beatitudes are inspired to a large extent by Mt. v and not *vice versa*.

The Enoch Parables may be the same type of composition — not entirely Christian but a post-Christian Jewish 'eclectic' writing — 'Son of Man' visions inspired by the Gospels. At any rate, this would give us some reason for the remarkable omission of this part of I Enoch in the Aramaic fragments. (I do not think the problem is thereby solved, or that the case for a pre-Christian origin for this section, *on internal evidence*, is weakened by the new finds. I am simply arguing that the new facts need to be explained). (See Additional Note, p. 28).

II. THE ORIGINAL LANGUAGE[S]

One of the main problems of I Enoch has been the question of the language of the originals of the Ethiopic and Greek versions. No one has ever doubted that the original language of I Enoch was Semitic : but whether Hebrew or Aramaic (or Hebrew *and* Aramaic) has been a subject of frequent debate.

The first protagonist of a Hebrew original was J. Halévy [3], and in spite of the inadequacy of the texts at his disposal (the Greek fragments had not then been discovered), some of Halévy's observations are still striking : at lxv 10, e.g., Ethiopic Enoch reads 'because of the

---

[1] Cf. R. OTTO, *The Kingdom of God and the Son of Man* (Eng. ed., London, 1938), p. 383.

[2] *Le Livre des Secrets d'Henoch*, Paris, 1952, p. x.

[3] "Recherches sur la langue de la rédaction primitive du livre d'Énoch", *Journal Asiatique*, 1876, pp. 352-395.

months which they have searched out, the earth shall be destroyed'. Halévy conjectured a mistranslation of חֲרָשִׁים 'sorceries' by חֳדָשִׁים 'months'. Aramaic חַרְשִׁיָּא is a common word, but חַדְשַׁיָּא is rare in the sense of 'months' in Aramaic (the usual word is יַרְחַיָּא) : such a mistranslation seems more likely to have come from a Hebrew source.

The chief defender of an Aramaic Ur-Text of Enoch was Nathaniel Schmidt [1], who claimed that the Ethiopic text of the Parables (xxxvii-lxxi) was translated directly from Aramaic. R.H. Charles was convinced that 'like the Book of Daniel, part of Enoch was written originally in Aramaic and part in Hebrew' [2].

The most recent discussion of the problem is to be found in a report by Professor E. Ullendorff read before the *Accademia Nazionale dei Lincei* in Rome in 1959 [3]. Dr. Ullendorff states that his own conclusions are not very dissimilar from Charles' position. 'I accept, on the other hand, Schmidt's thesis in its general outlines, but go beyond it in claiming direct translation from Aramaic by the Ge'ez (Ethiopic) version, not only for chapters 37-71, but for the great bulk of Enoch' [4].

From this statement it is not quite clear whether Professor Ullendorff accepts the theory of an Aramaic original for the whole of I Enoch or subscribes to Charles's view of both a Hebrew and an Aramaic *Vorlage*. To accept Schmidt's thesis even in its general outlines seems to be committing oneself to the theory of an Aramaic original for the entire book; and this is certainly not easy to reconcile with 'conclusions not very dissimilar from Charles's position'. Prof. Ullendorff is mainly concerned, however, with his theory of an Aramaic *Vorlage* for the Ethiopic version, and I shall return to this theory presently.

So far as the original of I Enoch is concerned, it is now certain that there was an Aramaic Enoch, fragments of which have now been recovered for practically the whole Book, with the exception of the Parables. — This does not necessarily mean, however, that I Enoch never existed in a Hebrew recension or that parts of I Enoch at least were not originally composed in Hebrew. The discovery of at least two small fragments in Hebrew (above p. 17) now supports the existence of a Hebrew as well as an Aramaic Enoch. The situation would,

---

[1] "The Original Language of the Parables of Enoch", in *Old Testament and Semitic Studies*, in memory of W.R. Harper, II, pp. 329-349 (Chicago, 1908).

[2] 1912 ed., p. LVII.

[3] *Atti del convegno internazionale di Studi Etiopici*, Roma, 1960.

[4] *Ibid.*, p. 261.

in that case be exactly parallel to the bi-lingual character of the Book of Daniel. — Charles maintained that chapters i-v, xxxvii-lxxi, lxxii-lxxxii, xci-civ, were from a Hebrew original; chapters ii-xxxvi, lxxxiv-xc were originally Aramaic, though lxxxiv-xc may have been written in Hebrew.

Obviously this whole problem will require to be gone into in close detail when the new texts are published. I content myself here with the following tentative conclusions, and give some observations to support them.

It seems to me that I Enoch (without xxxvii-lxxi) was composed originally *in Aramaic* : if there ever existed a Hebrew (or Hebrew recension) of it it has almost entirely disappeared; if such Hebrew recensions ever did exist, they themselves were possibly secondary, i.e., they were dependent on the Aramaic original.

Charles's case for Hebrew originals for parts of the Book of Enoch rests on the presence in these sections of distinctive Hebraisms. There are far fewer of these than there are of distinctive Aramaisms, in particular unmistakable transliterations of Aramaic words; and, in any case, while Semitisms are generally recognisable, it is not always possible to isolate distinctive Hebraisms, except possibly with Hebrew proper names, which could, however, be taken over into Aramaic. Furthermore, Charles's theory takes no account of possible Hebraisms in the Aramaic text itself.

At lxxvii. 11 E reads (G is lost) :

'And the second quarter (is named) the South, because the Most High will descend there ...'. Charles renders into Hebrew : דרום כי ירד רם, and comments 'This is possible only in Hebrew'. This is certainly true of ירד (Aramaic 'to descend' is נְחַת) and דָרוֹם is a Hebrew word.

The Aramaic text has :

'And they call the South (דְרוֹמָא) דרום (the Hebrew word) because there the Great One dwells, דאר. The word-play is quite different from that of E. דרום is a Hebraism, but one which has been taken over into the Aramaic. (Its Aramaic form דרומא is used first, then the Hebrew דרום). It can offer no proof of a Hebrew original.

The theory of Schmidt of an Aramaic original for the Ethiopic has found no supporters until the recent work of Ullendorff; as Dr. Ullendorff himself reports 'scholars appear to have accepted the theory of a Greek intermediary for the Ethiopic text as axiomatic rather than as a matter that required demonstration (*op. cit.*, p. 261). Charles dismissed Schmidt's view by not feeling 'predisposed to accept such an extraordinary thesis as that the Ethiopic must have been made directly from the Aramaic' (*ibid.*, p. lxiv, Ullendorff, *op. cit.*, l.c.).

Ullendorf introduces an important qualification of the Schmidt theory : "... it is not part of my case to claim that no Greek text was available to the translators, or that there exists no passage of the Ethiopic text which can, in fact, be most conveniently explained by assumptions of a Greek basis". In fact this qualification seems to me to constitute one of the chief objections to the theory : Ullendorff himself quotes the instance of xxii. 2 where κοῖλοι ('hollow places') in G has been misread as καλοί by E.

Other things being equal, if an alternative explanation of the phenomena which have led Ullendorff to his theory of an Aramaic source for E, can be offered, then it is to be preferred. These phenomena consist for the most part of variations between the Ethiopic and the Greek. I suggest that the simplest explanation is that these differences are to be traced to a variant form of *Greek text* underlying the Ethiopic and not to any presumed original Aramaic.

A few examples will make this clear. At xxvii 2 where G has γῆ καταράτος E has the correct because more appropriate 'accursed valley'. The Semitic גיא seems to lie behind both : but it does not follow that E derives from the Aramaic. A better Greek text than the one we possess may have read φάραγξ καταράτος, a reading displaced by a corrupt γῆ καταράτος. Another example is the unusual third plural perfect in E at ii-i, 'they observed' for κατανοήσατε 'observe ye' (imperfect). The Aramaic חזוא is actually preserved in the Qumran fragments, and it is of course an ambiguous form. Though the context here makes it impossible to take it as anything other than an imperative it could be read as a third plural perfect. Ullendorff argues that only the Aramaic can account for the Ethiopic. But a variant Greek text could have read κατενόησαν, and be the original source of error.

Two further examples given by Ullendorff are preserved in the Qumran texts. At i 2 where G has ἀναλαβὼν τὴν παραβολὴν εἶπεν, E reads 'he answered and said', which Charles thought a "poor attempt at rendering the phrase ἀναλαβὼν τὴν παραβολήν". Ullendorff takes the Ethiopic expression as reflecting the idiomatic Aramaic ענא ואמר, 'he spoke up and said'. In fact the Aramaic original has נסב] מתלוהי

'he took up his parable', the Biblical נשא משל (cf. Numbers xxiii 7, 18).
The verb is not visible, but the whole phrase occurs again at xciii 5.

The second instance contains the well-known conjecture of Wellhausen [1] at x 17 where both Greek and E read :

> "And then shall all the righteous escape,
> And shall live till they beget thousands of children,
> And all the days of their youth, and their *sabbaths* (τὰ σάββατα
> αὐτῶν)
> shall they complete in peace".

This (as Wellhausen pointed out) should read : and all the days of
their youth *and their old age*, a confusion between שַׁבַּתְהוֹן and שֶׁבְתְהוֹן
In fact the Aramaic original reads here שִׁיבוּתְהוֹן [1].
Here the original Greek mistranslation has passed directly from the
Greek into the Ethiopic; if E were directly dependent on the Aramaic
it seems unlikely that the translator would have made the same error.

My provisional conclusions, therefore, on the problem of the original
language(s) of I Enoch are (a) the Book was originally composed in
Aramaic, fragments of which from all the main sections except the
Parables have been preserved at Qumran; (b) The discovery of two
small fragments in Hebrew supports the existence of a Hebrew or
Hebrew recensions, but it is surprising that so little of the 'Hebrew
Enoch' has survived and it may be significant that the extant fragments come from the Noah traditions. Was the Hebrew Enoch (like
the Greek) secondary to the Aramaic? (c) The Ethiopic version is a
translation of a Greek translation of the Aramaic.

III. The Character of the Greek and Ethiopic Versions

In his first report of the discovery of the Aramaic fragments Milik
wrote : "The relation [of the Aramaic] to the Greek and Ethiopic
versions shows itself to be rather complex". This proves to be somewhat of an understatement. The complexity is not only due to the
fact that we are dealing with fragments, where there is bound to be
a certain amount of conjectural reconstruction of the text. When we
compare the longer and better preserved fragments with the Greek
and Ethiopic versions, the latter reveal themselves occasionally as
a somewhat free and paraphrastic rendering, with considerable varia-

---

[1] J. WELLHAUSEN, *Skizzen und Vorarbeiten*, VI (Berlin, 1899), pp. 241, 260.

tion from the original, due not infrequently to a misunderstanding
or misreading of the original text, in the first place by the Greek version. On the whole, however, the translation follows the Aramaic,
if not with a literal accuracy, at any rate by a rendering which is
in general faithful to its source. There are, of course, exceptions and,
especially in the Greek version, omissions. At times in both G and E
we seem to be dealing not so much with literal translations as with
a literary paraphrasing or 'targumising' of the Aramaic. It would
be impossible in these cases, for instance, to collate the Greek and
Ethiopic versions to the Aramaic by giving their variant readings
in an *apparatus criticus*; the two (or at times three) versions will
require to be printed in parallel columns with the Aramaic.

Again I can do no more than provide a preliminary and provisional
idea of the nature of the relationship of the traditional version to the
Aramaic. In order to do so I have collated the fragments where, in
addition to the Ethiopic, both Greek versions, the Gizeh fragment
(printed in Swete) and the Greek version of Syncellus are extant [1].

The first example I have selected comes from a fairly well preserved
text of the *Apocalypse of Weeks*, chapters xciii 10, xci 11-17 in the
order of the Aramaic text. Unfortunately, for these verses the Ethiopic
version only is extant.

I Enoch xciii 10, xci 11, xci 12-17

Translation of Aramaic Text	*Ethiopic (in Charles's translation)*
xciii 10 And at its close shall be elected [the righteous] *for true witnesses* of the eternal plant of righteousness to whom shall be given sevenfold wisdom *and knowledge.*	And at its close shall be elected the *elect* righteous of the eternal plant of righteousness, to receive sevenfold instruction *concerning all His creation.*
xci 11 And they shall uproot the workers of violence and the doers of lies in it shall pass away.	*And after that the roots of unrighteousness shall be cut off and the sinners shall be destroyed by the sword ... shall be cut off*

---

[1] The Gizeh fragment (Codex Panopolitanus) is, apart from the quotations from
I Enoch in the Chronography of George Syncellus, Patriarch of Constantinople (fl
c. 792 A.D.) the only extant Greek version; it was discovered in 1886-1887 at Akhmim
the Panopolis of Strabo by the *Mission Archéologique Française* at Cairo : it contains
chapters i-xxxii 6 and xix 3-xxi 9 (in a duplicate form). They were first published by
M. Bouriant in 1892. The Chester-Beatty Enoch Papyrus, edited by CAMPBELL-BONNER,
The Last Chapters of the Book of Enoch (Studies and Documents, VIII, London, 1937)
contains chapters xcvii 6-cvii 3.

from the blasphemers in every place, and those who plan violence and those who commit blasphemy *shall perish by the sword.*

xci 12 — And after that shall arise the eighth week of righteousness, in which a sword shall be given *to all the righteous*, to execute therewith a righteous judgement from all the wicked, and they shall be delivered into their hands.

And after that there shall be another, the eighth week, that of righteousness, and a sword shall be given *to it* that a righteous judgement may be executed on the oppressors, and *sinners* shall be delivered into the hands of the righteous.

xci 13 — And at its close they shall acquire *possessions* through righteousness, and there shall be built *the temple of the kingdom of the Great One* with *exceeding* glory for all generations forever.

And at its close they shall acquire *houses* through their righteousness, and *a house shall be built for the Great King* in glory for evermore.

xci 14 — And after that the ninth week the *great* righteous Judgement shall be revealed *for all the children* of the whole earth, and all the works of the wicked shall vanish from the whole earth, and *they shall cast into the pit* ... (and) all (mankind shall look) to the path of *eternal* righteousness.

And after that, in the ninth week, the righteous judgement shall be revealed *to the whole world*, and all the works of the godless shall vanish from all the earth, *and the world shall be written down for destruction*, and all mankind shall look to the path of uprightness.

xci 15 — And after this in the tenth week in the seventh part an eternal judgement *and an end* in a Great Judgement ...

And after this, in the tenth week in the seventh part, there shall be the *great* eternal judgement, in which He will execute vengeance amongst the angels.

xci 16 — And the first heaven in it shall pass away and a [new] heaven [shall appear [1] and all the powers] of heaven *shall set and rise for ever.*

And the first heaven *shall depart* and pass away, and a new heaven shall appear, and all the powers of the heavens *shall give sevenfold light.*

xci 17 — [And after this there shall be] many weeks and there shall be no end to all [their number for ever and all shall be in] righteousness and doing ...

And after that there will be many weeks without number for ever, and all shall be in goodness and righteousness, and sin shall no more be mentioned for ever.

Variations are underlined and fall into the following categories : (1) additions in the Aramaic, (2) additions in E, (3) variants due to a different understanding of the original by E, (4) paraphrastic renderings and expansions of E. Noteworthy in (1) are the additions

---

[1] Is this the source of Rev. xxi 1 ? 'For the first heaven had passed away' is not from Is. lxv 17 and corresponds to the Enoch text. The latter, on the other hand, does not mention the earth.

in the Aramaic at xciii 10 *for true witnesses*, and 'wisdom *and knowledge*'. In the same verse (2) E alone reads *concerning all his creation*.
Under (3), variants due to a different understanding or reading of
the original, the word *possessions* at xci 13 is rendered by *houses* in
E and the *Temple of the Kingdom of the Great One* is in E *a house shall
be built for the Great King*.

These are important variations and give some idea of the extent
of the divergence of E (or its Greek *Vorlage*) from the Aramaic, even
where the Ethiopic version is in general faithful to the original.

More serious are the differences in xci 11 where E not only seems
to misunderstand the Aramaic, but expands by way of paraphrase.
The twice repeated "be destroyed (perish) by the sword" is inter-
pretative expansion : in the Aramaic the sword is not mentioned till
verse 12.

How far has this paraphrasing or targumising gone in the deve-
lopment of the Enoch versional tradition? My second example will
illustrate this point.

The largest overlap between the Aramaic and both Greek and
Ethiopic versions occurs at chapter viii 1-ix 4, fortunately a substantial
fragment in Aramaic preserved in two of Milik's eight manuscripts
designated by him *a* and *c* respectively. The fragment in *c* covers
only viii 3-ix 3, but the text appears to have been the same as that
in manuscript *a*. Chapters vi-7, viii 1-3 contain the list of fallen Angels
of which some *15* names are preserved in Aramaic. The Greek and
Ethiopic traditions have reproduced some six or seven of these names
in more or less recognisable transcriptions [1], but for the rest their
texts seem at times hopelessly corrupt (e.g., the third angel Ramsha'el
in Aramaic, Rameel in E vi 7, Armen in E lxix 2, is Arakiel in Sync.
and Kimbra in G) [2] and the order of the names differs in the Gizeh
fragments and the Ethiopic. The names in G appear in fact to have
been originally written from the third name onwards in four columns,
and these would seem to have been read from left to right by E and
Syncellus, and from top to bottom of each column by G [3].

Even more striking than this confusion in the tradition is the
extent of paraphrase and targumising in the Greek (and the dependent E). This does not mean that these versions are not sufficiently
recognisable as translations of the Aramaic : at times they give a

---

[1] Eg., 1, 4, 6, 7, 8, 9, 10.

[2] Eg., 12, 13, 15, 16.

[3] Lee CHARLES, *op. cit.*,

fairly literal word for word rendering : thus the Syncellus Greek follows the Aramaic closely at the end of verse 3 "all these [angels] began to reveal the[se] secrets to their wives and to all their children". These words are preserved in both Aramaic recensions, but omitted by E and G. Verse 4 in G "The cry of men perishing went up to heaven" seems to by fairly close to the Aramaic, but for this the Syncellus text has two different paraphrases (1). "And all the rest of men cried to heaven concerning their wretchedness, declaring that their case ($\mu\nu\eta\mu\acute{o}\sigma\upsilon\nu\upsilon\nu$) has been brought before the Lord"; and (2) "These men shouted to heaven saying, Bring in our judgement before the Most High, and our destruction before His great glory, before the Lord of all Lords in greatness". All this seems obviously dramatising expansion of the Greek paraphrast. At ix 1-4 G E again follows the Aramaic fairly faithfully, where Syncellus is expanding and rewriting, but at v. 4 we encounter the same kind of expanding and rewriting in G = E. Where the Aramaic text has simply : "[Thou art] our great Lord, King of the ages; Thy glorious throne is for all generations" : G "Thou art *Lord of Lords, and God of gods, and king of the ages*; Thy glorious throne is for all generations for ever ...". So also E : "Lord of lords, God of gods, king of kings, and God of the ages ...".

All this perhaps reminds us that, while Enoch was regarded with veneration in certain circles and quoted as Scripture in Jude (Tertullian too regards it in this light), its text was not so faithfully preserved or transmitted as the Books in the Hebrew canon, and in consequence a considerable measure of freedom has been exercised in the translation of the original. We have to do at times not only with a free translation but with a literary 'targumising' of Enoch which emerges in Greek (and in Ethiopic) as almost a new literary composition. (As I have argued elsewhere something similar has taken place when the Aramaic tradition of the *verba Christi* passed into Greek).

IV. The Language of I Enoch

Two more things require to be said about this new Aramaic material which are of interest mainly to the philologist and to anyone concerned with any piece of literary Aramaic of this early period. As we have noted, on external evidence these fragments must be dated before A.D. 70, and in that case their Aramaic, like that of the Genesis Apocryphon, belongs to the period of the old *Reichsaramäisch* rather than that of the later Targums. There is some evidence of this in the language and usage of the fragments. The relative and genitival connecting particle is usually in the old form די. There are some new and curious usages in vocabulary : if the reading is correct at xciii. 10 עשה appears to be used as a synonym of עבד 'to do', though this looks like a borrowing (in a poetic passage describing the Seventh Week) from Hebrew עשה. At xiv. 3 מנדעה is rendered in Greek by νοήσις : this (rare) form occurs as an infinitive at xciii. 5, but here it seems to be a noun like Syriac ܡܕܥܐ, In the astronomical technical terms (H[astr], 7 Col. I) קוי 'to gather' seems to be used intransitively in the sense of the moon 'waxing'.

One last point. These fragments are examples of classical Aramaic poetry from the pre-70 period of which we possess practically nothing in the original. In spite of its fragmentary state, the poetic features and high literary quality of the long poem on the Seasons in chapters iii-v are obvious and the same is true of other great passages as, e.g., *the Apocalypse of Weeks*.

We have to do, in these fragments of I Enoch, with a literary discovery of inestimable value, for it is into this tradition of Aramaic poetic composition that the original Aramaic form of the *Verba Christi* comes. These Enoch fragments are among the nearest extant compositions in the original to compositions behind the Words of Jesus.

Additional Note

Since this paper was read Milik has discussed this problem further in "Problèmes de la littérature hénochique à la lumière des fragments araméens de Qumran" in the P. Lapp Memorial Volume (*Harvard Theological Review*, Vol. 64, 1971, pp. 333-78). It is argued that the "Book of Parables" is a late Christian substitute for the lost "Book of the Giants", fragments of which are preserved in 4 Q Aram. Enoch. See his article "Turfan et Qumran, Livre des Géants juif et manichéen", in Festgabe K. G. Kuhn, 1971, pp. 117-127. Cf. also "Fragment du livre d'Henoch", in *Chronique d'Égypte*, Tome XLVI, No. 92, 1971, pp. 321-343.

Completed September, 1969.

K.H. RENGSTORF

HERKUNFT UND SINN
DER PATRIARCHEN-REDEN
IN DEN TESTAMENTEN DER ZWÖLF PATRIARCHEN

Die pseudepigraphische Schrift [1], die sich selbst als „Testamente der zwölf Patriarchen, der Söhne Jakobs (des Patriarchen)'' [2], einführt, ist in den letzten zwanzig Jahren Gegenstand reger wissenschaftlicher Bemühungen gewesen. Dabei hat sich die Arbeit besonders auf die literarkritischen Probleme konzentriert. Ihnen gegenüber ist die Frage eines gesicherten Textes mehr im Hintergrund geblieben, obwohl sie gegenwärtig noch keineswegs als gelöst gelten darf. Dies ist noch in jüngster Zeit erneut mit vollem Recht festgestellt worden [3]. Immerhin wird neuerdings auch wieder am Text gearbeitet [4], und es steht zu hoffen, daß wir über kurz oder lang eine Ausgabe erhalten, die wesentlich über die bisherigen Editionen hinausführt [5].

Um gleich eins zu betonen: Für jetzt bedarf es eines näheren Eingehens auf die speziellen textlichen Fragen nicht, weil die Textform

---

[1] Der Vortrag wird im wesentlichen so veröffentlicht, wie er gehalten worden ist· Die Anmerkungen sind hinzugefügt. Eine Auseinandersetzung mit der gesamten Literatur würde den Rahmen des Vortrags sprengen. J. BECKER war so freundlich, mir in der Zwischenzeit Einblick in die Korrekturbogen seines Buchs *Untersuchungen zur Entstehungsgeschichte der Testamente der zwölf Patriarchen* zu geben, wofür ich ihm hier aufrichtig danken möchte. Das Buch ist angekündigt, aber noch nicht erschienen (als : Arbeiten zur Geschichte des antiken Judentums und des Urchristentums VIII; E.J. Brill, Leiden). Angesichts dessen dürfte es richtig sein, daß ich meine ohne Kenntnis der gründlichen und gelehrten Untersuchungen Beckers verfaßte Studie auch ohne Bezug auf sie veröffentliche. Becker geht ohnehin ganz anders vor als ich und kommt auch zu einem andern Ergebnis.

[2] Text : R.H. CHARLES, *The Greek Versions of the Testaments of the Twelve Patriarchs*, Oxford 1908 (Neudruck : Darmstadt 1960).

[3] CHR. BURCHARD, *Zur armenischen Überlieferung der Testamente der zwölf Patriarchen*, in : CHR. BURCHARD / J. JERVELL / J. THOMAS, *Studien zu den Testamenten der Zwölf Patriarchen. Drie Aufsätze, herausgegeben von W. ELTESTER (= BZNW 36), Berlin 1969, S. 1 ff.

[4] M. DE JONGE, *Testamenta XII Patriarcharum*, ed. according to Cambridge Univ. Libr. Ms Ff 1.24, fol. 203a-216b, with short notes (= Pseudepigrapha Veteris Testamenti vol. I), Leiden 1964 (2. ed., Leiden 1970).

[5] Sie wird von M. DE JONGE vorbereitet.

für die Überlegungen, die nun anzustellen sind, ohne entscheidendes
Gewicht ist. Wir lassen deshalb diese Fragen jetzt auf sich beruhen,
ohne uns dem Verdacht aussetzen zu müssen, sie in ihrer Bedeutung
zu unterschätzen. Hingegen ist es unerläßlich, den eigenen Ausfüh-
rungen einige Bemerkungen über den Stand der literarkritischen
Arbeit an den Patriarchen-Testamenten vorauszuschicken — schon
deshalb, weil sich doch wohl nur von hier aus gewisse methodische
Vorfragen klären lassen, die nun einmal nicht zu umgehen sind.

Kennzeichnend für die gegenwärtige Situation der literarkritischen
Beschäftigung mit den Testamenten ist die unverkennbare Neigung,
sich von älteren Positionen zu lösen und zu neuen Fragestellungen
durchzustoßen. Hatte der erste Herausgeber der Schrift, Johannes
Ernst Grabe, die Meinung vertreten, ihr liege ein jüdisches Werk
zugrunde, das christlicherseits überarbeitet sei, ohne allerdings in der
Lage zu sein, auch den Umfang der christlichen Interpolationen
überzeugend herauszuarbeiten, so blieb diese kurz vor 1700 veröffent-
lichte These vorerst so gut wie ohne Wirkung. In den Kontroversen
um die Testamente während des 19. Jahrhunderts ging es zunächst
keineswegs um die Bestimmung des Verhältnisses von Jüdischem
und Christlichem in ihnen. Vielmehr wurde versucht, den — wie
man annahm — doch christlichen Autor und nicht etwa nur Redaktor
hinsichtlich der besonderen Ausprägung seiner christlichen Über-
zeugungen zu begreifen : Ist er als Heidenchrist oder als Judenchrist
zu bestimmen, bzw. verbirgt sich hinter ihm ein Pauliner oder aber
ein Vertreter eines renitenten Judenchristentums? Oder muß er gar
den Essenern zugerechnet werden, jener jüdischen Gruppe, die zwar
vom offiziellen Judentum distanziert war und in ihrem Bilde mancherlei dem ältesten Christentum verwandte Züge aufweist, aber eben
doch nicht als eine Spielart des Judenchristentums bezeichnet werden
kann? Diese letztlich wenig fruchtbaren Debatten, an denen sich
unter anderen auch der junge Albrecht Ritschl beteiligt hat [1], wurden
erst gegen das Ende des 19. Jahrhunderts durch F. Schnapp in rich-
tigere Bahnen zurückgelenkt [2]. Er unternahm es, unter Aufnahme
der Intention Grabes, mittels sorgfältiger Einzeluntersuchungen eine
jüdische Grundschrift einerseits und später in diese eingearbeitete

---

[1] A. RITSCHL, *Die Entstehung der altkatholischen Kirche*, Bonn 1850; 2. Aufl. Bonn
1857, hier besonders S. 172 ff.

[2] F. SCHNAPP, *Die Testamente der zwölf Patriarchen*, Halle 1884; *derselbe, Die Testamente der 12 Patriarchen, der Söhne Jakobs*, in : E. KAUTZSCH, *Die Pseudepigraphen
des Alten Testaments*, Tübingen 1900, S. 458-506.

Partien andererseits voneinander abzuheben, und unterteilte die
letzteren noch wieder in spezifisch jüdisch-apokalyptische und in
christlich-christologische Interpolationen. Auf dem so gelegten Fun-
dament haben dann Wilhelm Bousset [1] und andere weiter gearbeitet.
Trotz aller Mühe und alles Scharfsinns kam es allerdings nicht zu
allgemein anerkannten Ergebnissen. So wurde nicht einmal Überein-
stimmung erreicht hinsichtlich der Abgrenzung zwischen dem voraus-
gesetzten jüdischen Grundmaterial und seiner christlichen Bearbeitung
entweder durch Zusätze oder aber durch Umformung und Neuinter-
pretation; aber auch bezüglich der Komposition der vermuteten
jüdischen Grundschrift und ihrer Abfassungszeit gelangte man nicht
zu einer Einigung [2].

Es war diese Situation, in der man hoffte, die seit 1945 bekannt-
gewordenen Funde von Qumran würden neues und förderliches Licht
auch auf die Testamente der zwölf Patriarchen fallen lassen, zumal
sich hier Anschauungen zeigten, wie sie auch für die Testamente
charakteristisch sind. Zusätzliche Erwartungen wurden dadurch
ausgelöst, daß die Höhlen am Toten Meer auch Fragmente eines
aramäischen Testament Levis, das sich bereits in der Kairoer Geniza
gefunden hatte, hergaben sowie ein Fragment eines hebräischen Testament Naphthalis [3]. Indes muß die Forschungslage nach diesen
Entdeckungen als noch weniger klar gelten, als sie vor ihnen war,
und zwar ganz unbeschadet dessen, daß seitdem eine Fülle nützlicher
Einzelarbeit geleistet worden ist [4]. Gegenwärtig stehen sich zwei
Thesen gegenüber. Da ist einerseits immer noch die alte — sozusagen
klassische - Meinung, den Kern der Testamente bilde eine jüdische
Grundschrift, die christlicherseits aufgenommen, christlich inter-
poliert und auf Grund dieser Interpolationen auch bewußt christlich
integriert worden sei; hier macht sich allerdings eine gewisse Neigung
bemerkbar, die christlichen Interpolationen zahlenmäßg stark zu
reduzieren, und zwar ganz gleichgültig, wie man dann den Charakter

---

[1] W. BOUSSET, „Die Testamente der zwölf Patriarchen", in : *ZNW* 1 (1900), S. 141-
175; 187-209.

[2] Vgl. dazu nebeneinander etwa E. MEYER, *Ursprung und Anfänge des Christen-
tums II*, Stuttgart und Berlin 1921, S. 44 ff., und W. BOUSSET-H. GRESSMANN, *Die
Religion des Judentums im späthellenistischen Zeitalter*, 3. Auflage, Tübingen 1926,
S. 14 f.

[3] Vgl. dazu jetzt A.-M. DENIS, *Introduction aux pseudépigraphes grecs d'Ancien
Testament*, Leiden 1970, S. 52 f.; DE JONGE, a.a.O., S. XII f.

[4] Literatur bei JERVELL (s. S. 29 Anm. 3), S. 30 Anm. 2.

und die Herkunft der Grundschrift bestimmen möchte [1]. Dieser
Schau diametral entgegengesetzt ist auf der anderen Seite die Über-
zeugung, die Testamente seien schon von Haus aus eine christliche
Komposition, verfaßt durch einen frommen (Heiden-)Christen des
ausgehenden 2. oder des beginnenden 3. Jahrhunderts und bestimmt
für ganz normale Glieder der christlichen Kirche dieser Zeit — dies
ganz unbeschadet der Tatsache, daß dem Verfasser für seine Arbeit
auch jüdisches Material zur Verfügung stand [2]. Natürlich ist diese
zweite Sicht der Dinge insofern höchst belangreich, als, wenn sie
richtig ist, die Testamente der zwölf Patriarchen als Quelle für unsere
Kenntnis des Judentums und seiner Anschauungen in der Zeit « zwischen
den Testamenten » so gut wie ganz ausfallen; sie sind dann lediglich
ein Dokument, das zu seinem Teil über Denken und Leben in einem
ganz bestimmten Teil der alten Kirche für den genannten Zeitraum
Aufschluß gibt [3].

Es verwundert von da aus nicht, wenn Jacob Jervell sich kürzlich
veranlaßt gesehen hat, sich von dem bis jetzt üblichen literarkritischen Verfahren abzuwenden und einen neuen Weg der Untersuchung
zu versuchen [4]. Er hat darauf verzichtet, zuerst nach den Grenzen
zwischen einer vorauszusetzenden Grundschrift und ihrer Erweiterung
oder Bearbeitung von christlicher Seite zu fragen. Vielmehr hat er
es unternommen, dem Geheimnis der Testamente dadurch auf die
Spur zu kommen, daß er sie von vornherein als ein christlich redigiertes
Werk nimmt und daraufhin ganz bestimmte Fragen an sie richtet,
deren jedenfalls ein Christ gewärtig und auf deren Beantwortung
er eingestellt sein sollte. So befragt er den Verfasser auf seinen Uni-
versalismus hin und, in Verbindung damit, auch auf seine Sicht des
Verhältnisses zwischen Israel und den Völkern und umgekehrt.
Dabei rechnet er mit einer sich über längere Zeit hin ausdehnenden
Arbeit der Interpolation und der Interpretation. Indes soll und kann
auf die Ergebnisse dieser Untersuchungen jetzt nicht näher einge-

---

[1] So vor allem M. Philonenko, *Les interpolations chréliennes des Testaments des
Douze Patriarches et les manuscrits de Qoumrân*, Paris 1960. Philonenko tritt für essenische
Herkunft praktisch des ganzen Texts ein.

[2] So M. de Jonge, *The Testaments of the Twelve Patriarchs*, Assen 1953; *derselbe*,
„Christian Influence in the Testaments of the Twelve Patriarchs", in : *NovTest* 4 (1960),
S. 182-235.

[3] de Jonge, a.a.O., S. 128.

[4] J. Jervell, „Ein Interpolator interpretiert. Zu der christlichen Bearbeitung der
Testamente der zwölf Patriarchen", in : *BZNW* 36 (genauer Titel S. 29 Anm. 3),
S. 30-61.

gangen werden. Auf sie wird ohnehin nur deshalb verwiesen, weil sie neu sind und weil sie überzeugend deutlich machen, daß es doch wohl an der Zeit ist, in der Beschäftigung mit den Testamenten der zwölf Patriarchen die alten Gleise zu verlassen und um neue Wege bemüht zu sein, nämlich der Literar- und Quellenkritik, die bisher im Vordergrund standen, den Primat zu nehmen und einmal andersherum eine Lösung der Rätsel dieser Schrift anzustreben.

Jedenfalls soll so nun in dem Folgenden verfahren werden. Der Ausgangspunkt liegt in einigen Beobachtungen am Text als Ganzem, die in der Erforschung der Testamente bisher nicht oder doch nicht hinreichend zur Geltung gekommen sein dürften. Diese Beobachtungen werden sich dann gewissermaßen wie von selbst zu Fragen bezüglich der dem Buch mit seinen zwölf Abschnitten zugrundeliegenden Konzeption verdichten. Natürlich muß versucht werden, diese Konzeption zu bestimmen, und das soll auch geschehen. Bei der Kürze der Zeit wird, was dazu vorgetragen werden kann, natürlich sehr bruchstückhaft bleiben. Immerhin wird es vielleicht doch möglich sein, von einer neuen Seite her etwas mehr Licht in das Dunkel zu bringen, das immer noch über der eigentümlichen Sammlung von Abschiedsreden ausgerechnet der zwölf Jakobssöhne liegt.

II

1. Das erste, was jedem auffällt, der sich der Beschäftigung mit den Testamenten zuwendet, ist deren verschiedene und sehr ungleichmäßige Länge. Wenn man von der üblichen Einteilung ausgeht, so schwankt der Umfang zwischen sieben Kapiteln (Ruben, Isaschar, Dan) und sechsundzwanzig Kapiteln (Juda) [1]. Indes ist es doch nicht so, daß alle nur möglichen Längen erscheinen. Vielmehr lassen sich, was den Umfang betrifft, innerhalb der Testamentensammlung drei Gruppen unterscheiden : eine mit 7-9 Kapiteln, zu der außer den bereits genannten Testamenten Rubens, Isaschars und Dans diejenigen von Simeon, Naphthali, Gad und Asser gehören; eine zweite mit 10-12 Kapiteln, gebildet durch die Testamente Sebulons und Benjamins; und eine dritte, bei denen die Kapitelzahl um 20 schwankt (Levi : 19; Joseph : 20) oder noch darüber hinausgeht (Juda : 26). Berücksichtigt man nicht die Kapiteleinteilung, sondern faßt die

---

[1] Die Namen der Jakobssöhne werden in der vom *Biblisch-Historischen Handwörterbuch,* herausgegeben von B. REICKE und L. ROST, Göttingen 1962 ff., verwendeten Form gebraucht.

Länge als solche ins Auge, dann rücken sich die Testamente Levis und Judas trotz der unterschiedlicher Zahl der Kapitel umfangsmäßig recht nahe, und das Testament Josephs bleibt in dieser Hinsicht nur relativ geringfügig hinter ihnen zurück, nämlich um etwa 10% [1]. Nun ist es gewiß bei dem Zustand des Textes nicht unproblematisch wenn man in dieser Hinsicht mit Zahlen arbeitet. Indes ergeben sie in diesem Fall nur ein zusätzliches Indiz, sofern sie bestätigen, was schon ein flüchtiger Überblick über die Sammlung der Testamente ergibt : Hier bilden die Testamente Levis, Judas und Josephs Schwerpunkte, und sie tun das in einer Weise, die zugleich eine gewisse Ausgewogenheit in ihrem Verhältnis zueinander anzunehmen berechtigt.

Bezeichnenderweise haben aber nun diese drei Testamente auch noch in anderer Hinsicht besonderes Gewicht. Das zeigt sich, sobald man die ganze Reihe der Testamente bezüglich ihrer Inhalte ins Auge faßt und sie von da aus miteinander vergleicht. Nun, alle Testamente bringen letzte Worte je eines der Stammväter Israels an ihre Nachkommen mit dem Zweck, die Summe aus der Lebenserfahrung des jeweiligen Sprachers zu ziehen und sie für seine Söhne und Enkel und alle nachfolgenden Generationen fruchtbar zu machen und sie so — das wird hinzugefügt werden dürfen — über sie dem ganzen Gottesvolk aus dem Samen Abrahams zuzuwenden. Gerade wenn das völlig klar ist, empfindet der Leser ziemlich bald, wie schwierig es gewesen sein muß, derartig gewichtige und wegweisende Abschiedsworte für jeden einzelnen der zwölf Patriarchen zu formulieren. Die biblischen Erzählungen über die Väter boten in fast allen Fällen nur sehr unzureichende oder sogar überhaupt keine Anhaltspunkte. Abgesehen davon versagte aber auch die nachbiblische bzw. außerbiblische Tradition weitgehend. So blieb weithin nichts anderes übrig, als die schöpferische Phantasie wirken zu lassen. Das ist z.B. für Dan und Gad geschehen; wenn es speziell von ihnen beiden heißt, sie hätten im Rückblick auf ihr Leben von dem besonders wilden Zorn (TDan 1, 4 ff.) oder von dem besonders glühenden Haß (TGad 1,9 ff.) gesprochen, der sie in ihrer Jugend gegen ihren Bruder Joseph erfüllt und auf gefährliche Wege verlockt habe, so stammt das weder aus der Josephs-Erzählung der Genesis noch, soweit wir sehen, aus außerbiblischer Überlieferung, sondern ist als dichterische Erfindung anzusprechen. Dasselbe wird anzunehmen sein, wenn das Testament

---

[1] Es macht keinen Unterschied, ob man von der Ausgabe von CHARLES (s. oben S. 29 Anm. 2) oder von dem *Abdruck der Cambridger Handschrift* durch DE JONGE (s. oben S. 29 Anm. 4) ausgeht.

Sebulons diesen von seinem Bruder Gad sagen läßt, er sei willens gewesen, zusammen mit Simeon Joseph zu töten, als dieser im Auftrag seines Vaters die älteren Brüder auf ihren Weideplätzen aufsuchte, und dazu wäre es auch mit Sicherheit gekommen, wenn nicht er, Sebulon, sich schützend vor Joseph gestellt und das Schlimmste verhütet hätte (TSeb 1,6 ff.), wie er denn überhaupt, sein ganzes Leben lang, immer Barmherzigkeit geübt habe (TSeb 5-7) — zwei Züge, die wiederum nicht der biblischen Erzählung entnommen sind, die aber bis jetzt auch nicht auf eine eigene Sebulon-Haggada haben zurückgeführt werden können. Im gleichen Sachzusammenhang müssen gewisse visionär-apokalyptische Äußerungen Naphthalis in seinem Testament (TNaphth 5-7) erwähnt werden, um wenigstens noch ein drittes Beispiel zu nennen; auch für sie gibt es in der Tradition weder Quellen noch Parallelen. Das gesamte Material, dessen vollständige Vorführung nach diesen Beispielen nicht mehr erforderlich ist, ist im übrigen auf eine jeweils ganz individuelle Paränese hin ausgerichtet. Nimmt man dies mit dem zuvor Gesagten zusammen, so kommt man fast zwangsläufig auf die Vermutung, die verschiedenen Abschiedsreden in den Testamenten seien bewußt so und nicht anders komponiert worden, um die zwölf Stammväter Israels in voller Harmonie und in gegenseitiger Ergänzung als Wegweiser zu einem Wandel in der Weisheit des Herrn auftreten zu lassen und dadurch ihre Abschiedsworte schlechthin verpflichtend zu machen. Nicht zuletzt ihre Harmonie verleiht ihren Worten für den Leser auch die Suffizienz: Wer sich sie zu eigen macht und nach ihnen lebt, ist wohl beraten und auf einem Wege, der Gottes Wohlgefallen findet.

Es ist dieser Hintergrund, auf dem die Testamente Judas, Levis und Josephs in ihrem Schwerpunkt-Charakter auch und gerade im Rahmen des Ganzen ihre Eigenart und ihre Bedeutung erkennbar werden lassen. Das soll nun, soweit es in Kürze möglich ist, des näheren nachgewiesen werden.

Was das Testament Josephs betrifft, so bot die Genesis reichlich biographischen Stoff für die Konstruktion einer besinnlichen Rückschau des Stammvaters auf sein Leben und für eine aus ihr resultierende Paränese. Die Haggada hat diesen Stoff noch erheblich vermehrt; denn Joseph gehört verständlicherweise zu den Gestalten, die ihr besonders lieb sind [1]. Die Haggada hat sich aber auch Judas mit

---

[1] Viel Material bei M.J. BIN GORION, *Die Sagen der Juden : Die zwölf Stämme*, Frankfurt a.M. 1919, passim. Vgl. ferner A. KURREIN, *Traum und Wahrheit. Lebensbild Josephs nach der Agada*, Regensburg 1887.

bemerkenswertem Interesse angenommen und darin natürlich der hervorragenden Stellung Rechnung getragen, die der Stamm Juda im Lauf der Geschichte gewonnen hat und die er auch in den prophetischen Verheißungen einnimmt [1]. Bezeichnenderweise haben die Testamente, was Joseph und Juda betrifft, auch außerhalb von deren eigenen Abschiedsreden Gebrauch von sie betreffendem haggadischen Stoff gemacht [2]. Viel haggadisches Material ist endlich auch im Testament Levis verarbeitet; es ist relativ belanglos, wenn sich mit seiner Aufnahme auch mehrfach Umformungen verbinden, etwa darin, daß hier Isaak es ist, der als Großvater den Enkel in den priesterlichen Dienst einführt (TLevi, 9,7 ff.) und damit etwas unternimmt, was im Buch der Jubiläen (21,5 ff.) Abraham seinerseits mit Isaak tut. In diesem Zusammenhang will auch beachtet sein, daß das Testament Levis dem Testament Judas vorausgeht, weil das genau der Tradition entspricht, nach der Isaak, als er Levi und Juda segnete, Levi den Vortritt gab (Jub 31,4 ff.). Diese Hinweise müssen hier genügen, obwohl es möglich wäre, das gewonnene Bild mit Hilfe des vorhandenen Materials noch eindrucksvoller zu machen. Jedenfalls sollte kein Zweifel daran bestehen, daß für das Buch der Testamente selbst die drei hier besonders genannten Patriarchen — Juda, Levi und Joseph — die überragenden Gestalten sind [3] und daß sie die übrigen mehr mit sich ziehen, als daß diese sich gleichberechtigt neben ihnen befinden. Diese überraschende Position dieser Trias legt auch die Vermutung nahe, daß es letztlich überhaupt die zu ihr Gehörigen sind, auf die es in dem Buch der Testamente ankommt, und nötigt weiter dazu, damit zu rechnen, daß das Buch, auf das Ganze gesehen, weniger das Ergebnis redaktioneller Arbeit ist, als daß es vielmehr auf ideologisch bestimmte Tendenzen zurückgeht, die zwar in einer an der Zwölfzahl der Stämme Israels orientierten Konzeption verwurzelt sind, sich zum Zweck ihrer Artikulation aber an die Gestalten Judas, Levis und Josephs halten.

2. Nun muß natürlich diese Konzeption herausgearbeitet werden. Im Blick auf die damit gestellte Aufgabe gewinnt sofort eine weitere

---

[1] Material bei BIN GORION, a.a.O., S. 115 ff. und passim.

[2] So ist TSeb 3, 2 die auch Pirke R. Eliezer XXXVIII benutzte Tradition verarbeitet, nach dem der Preis, für den Joseph verkauft wurde, seinen Brüdern zum Erwerb von Schuhwerk diente. Auf die Frage nach dem Verhältnis der Traditionen untereinander kann hier nicht eingegangen werden.

[3] Damit wird der landläufigen Meinung widersprochen, daß lediglich Levi und Juda zentrale Figuren sind.

Beobachtung an den Patriarchen-Testamenten Bedeutung. Sie betrifft die Tatsache, daß im Kreis der Patriarchen Juda, Levi und Joseph nicht nur durch den Umfang ihrer Abschiedsworte und durch die Fülle der in ihnen verarbeiteten Traditionen herausragen. Ihre Stellung muß auch deshalb als bevorzugt gelten, weil sie gewissermaßen die Funktion von Bezugspunkten für alle übrigen Testamente bzw. diejenigen Jakobssöhne haben, denen sie in den Mund gelegt sind. Sie stellen damit neben der mit der Zwölfzahl gegebenen äußeren Geschlossenheit des Buchs zu einem wesentlichen Teil auch dessen innere Geschlossenheit sicher. Da das nicht auf einem Zufall beruhen kann, sondern mit der Konzeption des Ganzen zusammenhängen dürfte, ist es notwendig, der hier angerührte eigentümlichen Seite der Schrift nunmehr einige Aufmerksamkeit zu schenken.

Auf Juda wird in allen Testamenten mit Ausnahme des Testaments von Asser Bezug genommen, auf Levi in allen mit Ausnahme derer von Asser und Sebulon [1]. Das geschieht an einer ganzen Reihe von Stellen bezüglich Levis so, daß auf die Würde Levis als des Inhabers des Priestertums hingewiesen wird, wie Gott selbst es ihm zugeteilt hat (TLevi 5,1 ff.; 8,1 ff.; vgl. dazu TIs 5,7). An Juda wird die königliche Funktion hervorgehoben (vgl. T Is 5,7; auch TJos 19,8). Ganz allgemein betrachtet, erscheinen beide sozusagen als die eigentlichen Garanten für den äußeren Bestand des Zwölf Stämme-Volks bzw. der Zwölf Patriarchen-Familie: der eine als Träger der königlichen Macht, der andere als Inhaber priesterlicher Vollmacht (TRuben 6,7; TIs 5,7). Erheben sich die anderen also gegen diese beiden oder diskretitieren sich diese beiden etwa sogar selbst, indem sie in schwere Sünde verfallen, so muß das die schlimmsten Folgen für alle haben (TDan 5, 4.7 ff.). Im übrigen erscheint, was sich auch in der bereits erwähnten Vorordnung des Testaments Levis vor das Judas andeutet [2]. Levi als der Juda Übergeordnete (vgl. TRuben 6,7 ff.; TNaphth 5,1 ff.; vor allem TJuda 21,1 ff.) [3]. Das Gewicht derartiger innerer Bezüge erscheint allerdings erst dann in seinem ganzen Ausmaß, wenn man

---

[1] Weshalb TSeb und TAsser in dieser Hinsicht eine Sonderstellung einnehmen, bedürfte eigener Untersuchung. Sie ist hier nicht möglich. Ein Zufall ist wenig wahrscheinlich, vollends angesichts der wie planmäßig wirkenden Bezüge in den anderen Testamenten.

[2] Vgl. oben S. 36.

[3] Es wird hier bewußt nur eine Auswahl an Belegen geboten, einmal weil die Zitate sich sonst häufen würden, zum andern aber auch, um nicht mit der Literarkritik an den Testamenten in Konflikt zu kommen. Auch das hier zusammengestellte Belegmaterial dürfte zudem für seinen Zweck ausreichend sein.

neben sie die geringe Zahl der Erwähnungen von Namen der anderen
Jakobssöhne — dies allerdings mit Ausnahme Josephs — quer durch
die Testamente hin stellt und vollends wenn man auch die Art dieser
Erwähnungen, meistens lediglich biographische Notizen, mitbedenkt.

Noch stärker als Levi und Juda tritt allerdings nun Joseph in den
Patriarchen-Testamenten hervor. Das ist längst gesehen und oft
genug auch betont worden, zuletzt wohl vom Marc Philonenko [1] und
von Johannes Thomas [2]; Philonenko bezeichnet Joseph sogar schlechthin als die zentrale Persönlichkeit in den Testamenten, ja als den
Hauptdarsteller [3]. Rein äußerlich wird Josephs überragende Position
schon daran erkennbar, daß auf keinen der Jakobssöhne in den Testamenten, von Josephs eigenem Testament ganz abgesehen, so oft
die Sprache kommt wie eben auf ihn — weit öfter sogar noch als auf
Levi und Juda. Das hängt natürlich auch damit zusammen, daß das
teils in der Bibel teils in der mündlichen Überlieferung vorhandene
Material über Joseph besonders reich ist, während sich zugleich in
diesem Material sein Weg in Tiefen und über Höhen noch wieder in
der mannigfaltigsten und sehr eigenartigen Weise mit dem Weg seiner
Brüder verwebt, und zwar trotz ihrer Bosheit gegen ihn schließlich
zu ihrem Glück und Heil. Aber Joseph ist in dem Buch der Testamente
doch mehr als nur der Mittelpunkt und Held eines Familienromans
mit dem immer erwünschten happy end. Er ist eine Gestalt von
absolut vorbildlichem Charakter. Sein ganzes Leben hindurch und
in jeder Lage wandelt er gemäß dem göttlichen Willen. Er bewährt
seine Gebundenheit an Gott und seinen Gehorsam gegen ihn zudem
in einer Umgebung, in der er religiös völlig auf sich selbst gestellt ist,
da in ihr niemand den wahren Gott, seinen Gott, kennt, vielmehr
jedermann Götzendienst treibt. Nach seinen eigenen Worten angesichts
seines Todes ist er in solcher Lage durch zehn Versuchungen gegangen,
ist in ihnen aber nicht zu Fall gekommen, sondern hat sich in seiner
Frömmigkeit als unerschütterlich und echt erwiesen (TJos 2,10) [4].
Was ihm das ermöglicht hat und was ihn vor allem davor bewahrt
hat, sich selbst aufzugeben, ist seine Gottesfurcht. Sie ist auch die
Quelle seiner selbstlosen und sogar respektvollen Haltung gegenüber

---

[1] A.a.O., (s. S. 32 Anm. 1), S. 50 ff.

[2] J. Thomas, „Aktuelles im Zeugnis der zwölf Väter", in : *BNZW* 36 (s. oben S. 29
Anm. 3), S. 62-150, hierzu S. 106 ff.

[3] Philonenko, a.a.O., S. 50 : « Joseph ... est le personnage central, la vedette".

[4] Diesen Zug im Bilde Josephs betont bezeichnenderweise auch Philo, De Josepho
237. Vgl. dazu noch die Schlußbemerkungen!

seinen Brüdern, die ihm doch so Böses angetan hatten. Nimmt man beides zusammen, so hat sich Joseph also zeitlebens durch das Doppelgebot der Liebe in seinem Verhalten bestimmen lassen. Das belegt am eindeutigsten seine Haltung, als seine Brüder, für sie selbst wie für ihn völlig unerwartet, als Hilfesuchende vor ihm, dem inzwischen zu Ansehn und Macht Gekommenen, erschienen (TJos 11,1 f.; 15,3; 17,1 ff.) [1]. Er « ließ sich nicht in die Irre bringen in der Wahrheit des Herrn », wie er in seinem Testament selbst sagt (1,3). Von da aus verwundert es nicht, wenn gerade er in den Testamenten der anderen immer wieder den kommenden Geschlechtern als Vorbild hingestellt wird (TRuben 4,8 ff.; Sim 4,4 ff.; Levi 13,1 ff.; Seb 8,1 ff.; Dan 1,4; Benj 3,1.3.6 f.) : Wenn sie es halten werden wie Joseph, dann werden sie die rechten Bewahrer des Gesetzes des Herrn und seiner Gebote sein und als solche würdige Nachfahren der Erzväter Abraham, Isaak und Jakob (TBenj 10,1 ff.).

Alles, was in den Testamenten zum Ruhm und zur Vorbildlichkeit Josephs gesagt wird, findet seine Krönung in zwei Aussagen besonderer Art über ihn. TNaphth 5,6 ff. kommt Joseph in einer Vision, die Naphthali hat, allen seinen Brüdern zuvor und wird von einem geflügelten Stier aufwärts getragen. Weiter noch greift TJuda 25,1. Ausgerechnet hier ist Joseph der dritte in der Reihe der Jakobssöhne, der — nach Levi und Juda — der Auferstehung teilhaftig werden soll, obwohl ihm doch altersmäßig dieser Platz keineswegs zukommt. Der Grund für diese Bevorzugung kann nur sein, daß er eben der reinste Typ des frommen und gottwohlgefälligen Israeliten ist, wie Gott ihn haben will — eben des Israeliten als Glied der Nachkommenschaft Abrahams, der weder König noch Priester ist und dem es genügt, ein Israelit zu sein und sich als solcher zu bewähren. Es sind daher auch diese beiden Stellen, die deutlicher und weiterreichend als alles andere, was sonst in den Testamenten über Joseph gesagt ist, seine schlechthin beispielhafte, überragende Position zum Ausdruck bringen. Man könnte geradezu versucht sein zu sagen, die Testamente der zwölf Patriarchen seien daran interessiert nachzuweisen, daß Josephs Brüder doch schließlich jenem Traum von ihm recht geben mußten, in dem er sie um sich versammelt und sich von ihnen als der Überlegene anerkannt gesehen hatte (Gen 37,5 ff.) : in ihren

---

[1] In dem glücklichen Bestehen von zehn Versuchungen steht Joseph neben Abraham als dem Urtyp des von Gott zehnmal erprobten und bewährt gefundenen Frommen in der Haggada (Jub 19, 8; Pirke Abot 5, 3). Die Zehn spielt natürlich in diesem Zusammenhang die Rolle einer runden Zahl.

Testamenten gruppieren sich die Brüder, die ihn aus ihrem Kreis
verstießen, nun gewissermaßen um ihn als ihr, der Jakobssöhne,
eigenes Ideal eines solchen. Auf die biblische Erzählung von den für
ihn selbst zunächst so verhängnisvollen Träumen Josephs wird zwar
in den Testamenten nirgends ausdrücklich Bezug genommen; aber
der Bezug auf sie steht doch wohl überall im Hintergrund. Einen
gewissen Beleg dafür bietet der Zug, daß Joseph auch hier über die
Gabe des offenbarenden Gesichts verfügt, die ihn rettet (TJos 6,1 ff.),
dies verbunden damit, daß er schließlich doch als der von Gott über
sie Erhöhte vor seinen Brüdern steht (17,8; vgl. 10,3 : δόξα, δοξάζειν).

3. Zu welchem Ziel aber hat nun ausgerechnet Joseph in den Testamenten der zwölf Patriarchen diese beherrschende und zugleich vor-
bildliche Stellung zugewiesen erhalten? Zweierlei wird sich nicht
leugnen lassen. Das eine ist, daß dies Josephsbild seiner ganzen Art
nach auf jüdische Herkunft weist, das andere, daß in ihm ein gut
Teil Ideologie steckt. Ist es nun aber damit getan, daß man in dem
Joseph der Testamente lediglich « ein Symbol des ägyptischen Diasporajudentums » erkennt, wie es nun Johannes Thomas zu tun anregt [1]?
Jeder Versuch einer Antwort auf die Frage, was denn nun mit diesem
Josephsbild und seiner betonten Herausstellung in den Testamenten
letztlich beabsichtigt sei, wird zudem auch die Stellung Levis und
Judas in ihnen und ihr Verhältnis zur Position Josephs zu berück-
sichtigen haben. Damit meldet sich eine bisher wohl schon gelegentlich
aufgetauchte, aber noch nicht in aller Form angesprochene Aufgabe.
Ihr gilt es nun sich abschließend zuzuwenden.

Am besten setzen die diesbezüglichen Überlegungen bei der Breite
und der Anschaulichkeit ein, die das Testament Josephs selbst der
Schilderung seiner Erlebnisse und seiner Erfahrungen in Ägypten
zuwendet, aus denen er als « der gute und tiefreligiöse Mann » (TBenj 3,1 :
ὁ ἀγαθὸς καὶ ὅσιος ἀνήρ) [2] hervorgegangen ist, der er für die Testamente ist. Ohne jede Frage umschließt « Ägypten » für die Testamente
mehr als nur den historischen Ort der biblischen Josephserzählung;
es ist die Konkretion gott-losen Landes überhaupt. In der Welt, für
die Ägypten steht, gilt nicht das Gesetz des Herrn; deshalb herrschen
hier auch Gewalt, Ungerechtigkeit und sexuelle Zuchtlosigkeit (TJos
3,8 : πορνεία), weiter Zauberkünste (6,1.5 : γοητεία) und selbst-
verständlich die Verehrung von Götzen (4,5; 6,5 : εἴδωλα). In einem

---

[1] THOMAS, a.a.O., S. 106.

[2] Siehe auch TDan 1, 4 : Joseph als ἀγαθὸς ἀνήρ καὶ ἀληθινός, ferner TSim 4, 4.

solchen Milieu gibt es nur einen Weg, auf dem man vor dem Verfallen an die Gott-losigkeit in ihrem ganzen Ausmaß bewahrt zu bleiben hoffen kann. Es ist der Weg des Gebets und des Fastens.

Darum ist weiter immer wieder im Testament Josephs davon die Rede, daß er diesen Weg ohne jeden Vorbehalt und mit ganzer Hingabe gegangen ist. Auf diese Weise hat er sich an Seele und Leib rein und keusch erhalten. Wahrscheinlich muß dabei die Enthaltung von Nahrung neben der beständigen Wendung an den einen und alleinigen, allmächtigen Gott (TJos 6,5 : κύριος μόνος) weniger als Ausdruck prinzipieller Nahrungsaskese, noch dazu unter Wahrung der körperlichen Unberührtheit, angesehen und verstanden werden als vielmehr als Hinweis darauf, daß Joseph sich auch in seiner totalen religiösen Isolierung in Ägypten an die göttlichen Speisevorschriften gehalten und nur so viel Nahrung zu sich genommen habe, als er zur notdürftigen Erhaltung seines Lebens brauchte. Ein Satz aus seinem eigenen Munde (1,5) läßt sich durchaus in diesem Sinn verstehen : « Ich wurde vom Hunger gequält; aber der Herr selbst ernährte mich ».

So hat sich Joseph in vielfach versuchlicher Lage als der eigentliche Sachwalter des geistlichen Erbes Abrahams, Isaaks und Jakobs, nämlich des Gesetzes des Herrn und seiner Gebote (vgl. TBenj 10,2 ff.), bewährt. Er hat es getan, indem er sich, wie schon gezeigt wurde [1], das göttliche Grundgebot der Liebe zu Gott und zum Nächsten zur Richtschnur seines gesamten Lebens nahm; er erscheint damit als vorbildlicher Erfüller von Deut 6,4 f. und Lev 19,18 als den beiden für das Leben des Gottesvolkes grundlegenden Geboten der Tora — ein wahrer Israelit, ein Israelit nach Gottes Herzen. Aber ganz abgesehen davon, steht er in seinem eigenen Testament auch als Zeuge seines Glaubens vor den Ungläubigen da; denn nach ihm hat er die Frau seines Herrn, die ihn als Haussklaven zu verführen trachtete, unter Ermahnungen sowohl auf ihre eigene Sünde (ἀσέβεια) hin angeredet als auch sie auf seinen Gott als den alleinigen Gott hingewiesen (6,1 ff., besonders 6,7 f.). Da er aber Gott in völliger Hingabe geliebt hat, so hat ihn auch Gott geliebt; « denn jeder, der das Gesetz des Herrn tut, wird von ihm geliebt werden » (11,1; vgl. 1,4 und öfter) — dies einfach deshalb, weil das Halten der Gebote aus der Liebe zu Gott erwächst. Der zitierte Satz ist nicht zuletzt deshalb von hoher Bedeutung, weil durch ihn die persönlichen Erfahrungen, die Joseph als Befolger der göttlichen Gebote gemacht

---

[1] Oben S. 39.

hat, zu allgemeiner Geltung erhoben werden. Wenn sein Eindruck
auf seine heidnische Mitwelt mit den Worten beschrieben werden
kann: « Gnade vom Himmel (nämlich: von Gott) ist auf ihm» (TJos 12,3),
so gilt das eben wie für ihn auch für alle anderen, die es unter dem
Gesetz des Herrn genau so, wie er es tat, mit der Liebe zu Gott und
mit der Achtung vor den Mitmenschen halten. Entscheidend ist
allerdings, daß Joseph diese Erfahrung nicht in der Geborgenheit
einer Gemeinschaft von Menschen gleichen Glaubens und gleicher
sittlicher Grundätze gemacht hat, sondern eben in der Isoliertheit
in einem Land und in einer Gesellschaft, die gott-los sind.

An diesem Punkt gewinnen noch zwei weitere Aussagen der Patriarchen-Testamente ihre eigentliche Bedeutsamkeit.

Zunächst ist nochmals auf eine Äußerung Josephs selbst hinzu-
weisen, in der sich bestimmte Erfahrungen, die er mit seiner ihm
völlig fremden Umwelt gemacht hat, zusammenfassen und die er
bezeichnenderweise in seinem Testament mehrfach wiederholt. Sie
bezieht sich darauf, daß er, der blutmäßig und religiös Fremde, dazu
noch als Unfreier, in seiner Umwelt immer wieder ein ungewöhnliches
Maß an Vertrauen gefunden hat und schließlich nach mancherlei
merkwürdigen Umwegen zu einer fast allmächtigen politischen und
wirtschaftlichen Stellung gekommen ist. Der Joseph der Testamente
sieht darin selbst die Auswirkung der unmittelbaren Fürsorge Gottes
für ihn als seinen treuen Diener. Beim Lesen und Bedenken seines
Testaments hat man den Eindruck, als reflektiere sich für den
Sprecher im Rückblick sogar in dem gierigen Werben der in Liebe
zu ihm entbrannten ägyptischen Frauen ein Stück göttlicher Gnade,
die ihn in seinem Gehorsam gegen Gottes Willen und im Beharren
auf seiner vorehelichen Keuschheit auf diese Weise regelrecht bestä-
tigt [1]. Aber wie es damit auch sein mag — sicher will die hier zur
Sprache gebrachte Erfahrung Josephs wieder generell genommen
werden. Dann läuft sie auf eine Ermutigung der Leser hinaus, sie
möchten es in einer der Lage Josephs ähnlichen Lage halten wie er,
und auf einen Zuspruch der Art, sie dürften wie er der Erhaltung

---

[1] Keinesfalls darf außer Acht gelassen werden, daß Joseph schließlich nach seinen
eigenen Worten doch geheiratet hat, und zwar eine Tochter des Landes (TJos 18, 3 f.).
Josephs Keuschheit ist also in den Testamenten ebenso wie bei Philo (De Josepho 42 ff.)
nicht prinzipiell und nicht asketisch bestimmt. Im übrigen scheint das TJos voraus-
zusetzen, daß er seine blut- und religionfremde Gattin für seinen Glauben gewonnen
hat. Er könnte sonst in seinem Testament seine Söhne nicht so anreden, wie er es dort
tut, nämlich als ihm auch glaubensmäßig zugehörig. Es genügt hier ein Hinweis auf 18, 1.

durch Gott, aber auch der Förderung durch ihn gewiß sein. Wieder ist es nicht uninteressant, daß Philo auch hier die Dinge nicht anders gesehen hat (De Josepho 122 ff.).

Somit ist Joseph, der weder König noch Priester ist und weder mit dem einen noch mit dem anderen in Konkurrenz steht, für die Testamente — wie übrigens auch wieder für Philo (De Josepho 106) — der Typus des Weisen ($\sigma o\phi \acute{o}s$), der sich als solcher dadurch erweist, daß er sich so verhält, wie es vor Gott angemessen ist, weil er von der ihm dazu angebotenen Handhabe im Gesetz sorgfältig und gern Gebrauch macht. Er lebt und bewegt sich auch und gerade in fremder und gott-loser Umwelt im Bereich der Weisheit ($\sigma o\phi \acute{\iota} a$). Sie ist sein eigentliches Lebenselement. Für den Frommen gilt das, ob er im Land der Väter wohnt oder in weiter Ferne von ihm und vielleicht sogar für lange Zeit oder gar für immer ohne Kontakt, geschweige denn Gemeinschaft mit Menschen seines Volks und seines Glaubens. In einer geradezu klassischen Weise ist das TLevi 13,7, ff. formuliert worden, und zwar bezeichnenderweise wieder unter Beschwörung der Gestalt Josephs in Ägypten : « Die Weisheit der Weisen kann niemand wegnehmen, es sei denn, daß es die in der Gottlosigkeit beschlossene Blindheit und die aus der Sünde kommende Verstockung tun ... Auch auf fremder Erde wird sie ihm Vaterland sein, und mitten unter Feinden wird er als Freund erfunden werden. Jeder, der Gutes lehrt und tut, wird mit dem Herrscher thronen — wie ja Joseph, mein Bruder ».

Natürlich hat es angesichts solcher Sachverhalte und Anschauungen guten Sinn, wenn die Patriarchen-Testamente Joseph bei allem, was ihn die Bewältigung seiner prekären Situationen in völliger Einsamkeit schaffen ließ, doch eng mit Levi und Juda verbunden sein lassen und diesen Triumvirat, ob auch unter unverkennbarer Prädominanz Josephs als des idealen Jakobssohnes, zur Mitte und zur Spitze des ganzen Kreises der Stammväter machen. Steht Joseph für die Diaspora und damit die Angehörigen des Gottesvolkes in volks- und glaubensfremder und darum auch gefährlicher Umgebung und macht er erkennbar, wie man sich in der Fremde als Nachkomme Abrahams richtig, nämlich Gott zur Ehre und sich selbst zum Segen, führt, so bedeutet es doch viel für die nach der Art Josephs zur Bewährung draußen aufgerufenen zerstreuten Glieder des Gottesvolks, daß es den Tempel, dargestellt durch Levi, und daß es « das Land », dargestellt durch Juda, gibt. Nicht jeder verfügt über die Kraft der Glaubens- und Lebensbewährung, die Joseph besaß. Deshalb ist es für die zerstreuten Frommen eine hilfreiche und tröstliche Sache, daß es den Tempel und daß es das Land gibt, auch wenn sich mit dem einen wie mit dem anderen — sichtbar an Levi und Juda — mancherlei Unzulänglichkeit verbindet. Von der Unzulänglichkeit der für den Tempel und das Land Verantwortlichen deutet sich in den Patriarchen-Testamenten genug an, besonders in den Ausblicken in die Zukunft, in denen sich doch die Gegenwart reflektiert. Man könnte in solcher Hervorhebung von Mängeln und Mangelhaftigkeit ein Sympton der Mutlosigkeit oder gar der Resignation finden wollen. Aber das würde sicher zu Unrecht geschehen. Von der Konzeption des Buchs der Testamente der zwölf Patriarchen aus hat es, wenn die Sünden Levis und Judas herausgestellt und nicht verschwiegen werden, den guten Sinn, an die unabnehmbare Verantwortung für die Sache Gottes in der Welt zu erinnern, die auf allen Jakobssöhnen liegt, ganz gleichgültig, wo sie sich befinden und zu bewähren haben, nämlich im « Land » oder in der Diaspora. Indes liegt doch angesichts der Nichtjuden, die nicht oder noch nicht an den einen Gott glauben, der der Gott der Väter ist, bei der Diaspora im ganzen wie bei jedem einzelnen ihrer Glieder ein besonders Maß an Verantwortung. Das wollen offenbar die Patriarchen-Testamente einprägen, und dazu wollen sie gerade mit Hilfe der Gestalt Josephs auch Mut machen; hier begründet sich doch wohl auch ihre Konzeption : Es geht um das ganze Israel, so gewiß es dann doch wieder auf jeden einzelnen ankommt.

III

Wie steht es nun abschließend mit der Antwort auf die mit dem Thema « Herkunft und Sinn der Patriarchen-Reden in den Testamenten der zwölf Patriarchen » gestellte Frage ? Zunächst sollte nach dem, was dargelegt wurde, klar sein, daß sich nun im Blickfeld eine Patriarchen-Schrift befindet, die nicht christlichen, die vielmehr nur jüdischen Ursprungs sein kann. Alles, was hier unter völligem Absehen von literarkritischen Fragen aus den Testamenten selbst erhoben worden ist, nötigt zu der Annahme einer jüdischen Grundschrift bzw. eines jüdischen Kerns, für den allerdings ohne Diskussion zuzugeben ist, daß die uns vorliegende Schrift « Testamente der zwölf Patriarchen » erst durch christliche Bearbeitung zu dem geworden ist, als was sie jetzt vorliegt.

Die vorgetragenen Analysen legen es weiter nahe, damit zu rechnen, daß am Anfang ein Joseph-Testament oder etwas Ähnliches gestanden hat, dazu bestimmt, Diaspora-Juden, wahrscheinlich solchen in Ägypten, zu einem an der Geschichte Josephs als gewissermaßen des ersten Diaspora-Juden überhaupt orientierten Selbstverständnis und zu entsprechenden Grundsätzen für die eigene Lebensführung wie auch für den Umgang mit der nichtjüdischen Umwelt zu verhelfen und es zugleich biblisch und von der Volksgeschichte her zu begründen. Es bedarf nicht noch vieler Worte, um zu begründen, daß sich für Bemühungen solcher Art die Gestalt Josephs, wie sie in dem ersten Buch der Tora und in der Haggada zu finden war, geradezu anbot, ja aufdrängte, gerade in Ägypten, wo lange vor der Zeitwende eine starke Judenschaft saß und sich mit speziellen religiösen und kulturellen Problemen konfrontiert sah. Es dürfte kaum auf einem Zufall beruhen, daß Philo von Alexandrien in seiner doppelten Eigenschaft als Paränet nach innen und als Propagandist des Judentums nach außen gerade Joseph als einzigem der Jakobssöhne eine eigene Schrift gewidmet hat. Es würde sich lohnen, sein Bild des Patriarchen mit dem der Testamente zu vergleichen. Das kann jetzt natürlich nicht geschehen. Aber festgestellt werden muß und kann, daß Joseph jedenfalls auch für Philo keinesfalls « ein Symbol des ägyptischen Diasporajudentums »[1] ist. Im übrigen greift die Ausstrahlung der Gestalt Josephs im Sinn eines jüdischen Ideals des Frommen weit über Philo und die Testamente hinaus. Es muß als belangreich gelten, daß hinter der Gestalt Daniels in Dan 2 die Gestalt des Sehers Joseph erscheint, auch wenn das nicht gesagt oder durch Rückverweise angedeutet wird, und daß auch bei Jesus Sirach Joseph als einziger der Jakobssöhne namentlich genannt wird (J Sir 49,15). Auch das breite Interesse, das Josephus an Joseph genommen hat[2], darf hier nicht übergangen werden, da es ebenfalls die Brauchbarkeit dieser Gestalt sowohl für eine innerjüdische Paränese als auch für die Propaganda unter Beweis stellt. Im übrigen unterstreicht es die universale Bedeutung Josephs für die Testamente der zwölf Patriarchen, wenn sich allein im Testament Josephs der sterbende Stammvater nicht nur an seine Söhne, sondern auch an seine Brüder wendet (1,1 f.) — ein Zug, der bis jetzt kaum zur Geltung gebracht ist und der doch auch

---

[1] Vgl. oben S. 40 mit Anm. 1.

[2] Vgl. dazu neben dem reichen Material bei Josephus in seinen Antiquitates und in seiner Schrift gegen Apion auch H. SPRÖDOWSKY, *Die Hellenisierung der Geschichte von Joseph in Ägypten bei Flavius Josephus*, Greifswald 1937.

im Blick auf die Redaktionsgeschichte des Buchs der Testamente
gar nicht hoch genug in Rechnung gestellt werden kann.

Erscheint es von dem allen aus zum mindesten wahrscheinlich zu
sein, daß am Anfang der Entstehung der Testamente der zwölf Patriarchen eine Josephschrift, vielleicht schon in der Form eines letzten
Worts des sterbenden Patriarchen, gestanden hat, so legen die hier
durchgeführten Analysen weiter die Annahme nahe, daß sich mit
einem Testament Josephs irgendwann « Testamente » auch derjenigen
beiden Jakobssöhne verbunden haben, die als die Repräsentanten
des im zentralen Gottesdienst in Jerusalem und in einer institutionellen
Selbstverwaltung im « Land » sich darstellenden Kerns der jüdischen
Gemeinschaft als solcher galten, Levis und Judas. Entsprechende
„Testamente” zu erstellen, war nicht übermäßig schwierig. Nicht
nur die Bibel und deren haggadische Auslegung boten für ein solches
Unternehmen reichlich Material, wie allein schon durch Josephus
gesichert ist [1]; mancherlei Stoff war auch der Geschichte zu entnehmen.
Dafür, daß diese beiden Testamente, noch dazu in der Reihenfolge
Levi-Juda, an das Testament Josephs angewachsen sind, wenn sie
nicht überhaupt bewußt zum Zweck der Bindung der Diaspora an
Tempel und Land konzipiert wurden, spricht die Tatsache, daß sie
äußerlich wie innerlich auf die Geschichte Josephs bezogen sind, ganz
abgesehen davon, daß es überhaupt weithin Joseph ist, der die Grund-
lage der Paränese in ihnen abgibt [2].

Die letzte Stufe der Entwicklung dürfte dann in der Erweiterung
einer Joseph-Levi-Juda-Schrift durch neun weitere Testamente der
übrigen Söhne Jakobs zu sehen sein. Es ließ sich zeigen, daß es hier
allein schon im Blick auf die Unentbehrlichkeit anschaulicher bio-
graphischer Stoffe nicht unerhebliche Schwierigkeiten gegeben haben
muß, die sich nur mühsam und im Grunde unzureichend beheben
ließen, so daß die Folgen noch deutlich auszumachen sind. Die starke
Heranziehung der Geschichte Josephs auch in diesen Testamenten
wird hier ihren Grund haben. Im übrigen dürfte bei allem, was sich
festellen ließ, kaum damit zu rechnen sein, daß dem zu diesem Zeit-
punkt doch wohl immer noch jüdischen Kompositeur diese Schwierigkeiten nicht bewußt gewesen sind. Sie haben ihn aber nicht zu bestimmen vermocht, vor den Schwierigkeiten zu kapitulieren und von

---

[1] Vgl. S. Rappaport, *Agada und Exegese bei Flavius Josephus*, Wien 1930.

[2] Bezüglich des Triumvirats Joseph-Levi-Juda darf noch darauf hingewiesen werden,
daß auch im Jubiläenbuch Levi und Juda insofern unter ihren Brüdern einen Vorzug
erhalten, als ihres Vaters Jakob besonders gesegnet durch Isaak werden (Jub 31, 5 ff.).

seinem Vorhaben abzustehen, weil ihm dieses aus ideologischen Gründen jeglicher Mühe und jedes Risikos wert zu sein schien. In den zwölf Patriarchen-Testamenten reflektiert sich ja jedenfalls das Judentum trotz seiner Zerstreuung mit Einschluß auch seiner sprachlichen Zerrissenheit in der idealen Einheit, die ihm durch seine Abstammung von Abraham in jeder Lage erhalten bleibt. Diese ideelle Einheit dient dem Buch in seiner Endgestalt als Unterpfand der Hoffnung dafür, daß der Gott Josephs und seiner Brüder über Mittel und Wege verfügt, aus dem weithin verstreuten und in der Gefahr der Absorbierung durch die Umwelt stehenden Judentum, wie es der jüdische Redaktor vor sich hat, wieder das eine Volk in seinem Land mit der einen Sprache und mit dem gemeinsamen Gottesdienst in Jerusalem zu machen — in jenem Land, das sich durch die Gräber aller Jakobssöhne eindeutig und für alle Zeit als das Land ihrer Nachkommen erweist.

Nicht möglich ist es, auch noch die Frage zu erörtern und zu beantworten, in welcher Zeit die (jüdische) Grundschrift fertig geworden sein mag, die dann später, wahrscheinlich nach weiteren redaktionellen Bearbeitungen von jüdischer Seite, christlich bearbeitet und in dieser Bearbeitung übernommen worden ist. Indes war das ebenso wenig beabsichtigt wie eine erneute Prüfung des Verhältnisses der hebräischen und aramäischen Fragmente von Patriarchen-Testamenten zu unserer pseudepigraphischen Schrift. Es wird aber doch wohl damit gerechnet werden müssen, daß die Grundschrift zu ihrer endgültigen Gestalt gekommen ist, als im Zeichen der Pax Romana die Verbindung zwischen dem Tempel und dem Land einerseits und der Diaspora andererseits sich mehr und mehr konsolidierte.

B. DEHANDSCHUTTER

LE RÊVE DANS L'APOCRYPHE DE LA GENÈSE

Dans le cadre du séminaire d'A.T. 1968-1969, au cours duquel il s'agissait des récits de rêve dans le livre de la Genèse, nous avons été chargé d'étudier le rêve dans quelques textes non-bibliques. Ce sont les résultats de l'étude vouée à 1 Q Gen. Ap. que nous voulons présenter ici, mettant l'accent sur les rapports de cet apocryphe avec la littérature intertestamentaire.

Précisons au préalable quelques notions. Que faut-il en l'occurrence entendre par le concept de « rêve » ? E.L. Ehrlich a montré qu'au niveau de l'A.T., le rêve n'a qu'une signification littéraire, c.-à-d. n'est qu'une manière de se représenter le contact entre dieu et homme [1]. Les récits bibliques ne révèlent rien de l'expérience faite dans les rêves et c'est dès lors absurde de vouloir les interpréter à la lumière de notre compréhension psychologique moderne. Si cela paraît évident, il faut cependant signaler une étude assez récente, celle de A. Resch [2], qui, voulant remplacer Ehrlich, propose une explication psychologique. Nous nous tenons à l'interprétation de Ehrlich, également en ce qui concerne les récits de rêve non-bibliques.

Il n'est pas requis de vouloir présenter une fois de plus l'apocryphe de la Genèse (= A.G.). Cela a été fait à l'occasion des Journées Bibliques de 1957 [3]. Après l'édition de N. Avigad et Y. Yadin [4], le rouleau a surtout attiré l'attention pour deux raisons : le genre littéraire et la langue. Avant le commentaire de J.A. Fitzmyer (= Fitzm.) [5] les deux meilleurs exposés sur le genre étaient ceux de G. Vermès [6] et de M. Lehmann [7]. Par après, Fitzm. a défini le genre de la façon la plus

---

[1] E. L. EHRLICH, *Der Traum im Alten Testament*, (BZAW 73), Berlin, 1953.

[2] A. RESCH, *Der Traum im Heilsplan Gottes. Deutung und Bedeutung des Traums im Alten Testament*, Freiburg, 1964.

[3] Cfr G. LAMBERT, « *Une 'Genèse Apocryphe' trouvée à Qumran* », dans : *La secte de Qumran et les origines du christianisme*, (Rech. Bibl. IV), Brugge 1959, pp. 85-107.

[4] N. AVIGAD-Y. YADIN, *A Genesis Apocryphon. A Scroll from the Wilderness of Judea*, Jerusalem, 1956.

[5] J.A. FITZMYER, *The Genesis Apocryphon of Qumran Cave I. A Commentary*, Rome, 1966.

[6] G. VERMES, *Scripture and Tradition in Judaism. Haggadic Studies*, Leiden, 1961.

[7] M. LEHMANN, *1 Q Genesis Apocryphon in the light of the Targumim and Midrashim* dans RQ, n° 2, 1958-59, pp. 249-263.

acceptable [1]. La langue de l'A.G. a été décrite par E.Y. Kutscher comme de type transitionnel [2]; elle a surtout joué un rôle dans les discussions concernant l'araméen du temps de Jésus [3]. Tous ces problèmes sont rassemblés et discutés dans l'excellent commentaire de Fitzmyer. Au cours de notre étude, nous nous sommes basé sur le texte araméen de celui-ci.

Le textes dont nous nous occuperons sont 1 Q GenAp XX, 22 et surtout XIX, 14-17, en excluant XXI, 8, bien que Fitzm. l'ait conçu comme rêve [4]. Il s'agit à nos yeux plutôt d'une vision. La distinction entre rêve et vision n'est pas facile [5], surtout lorsqu'il s'agit de l'expression 'vision de nuit'. Nous y reviendrons. Evitons maintenant cette difficulté et limitons-nous aux textes dans lesquels la racine ḥlm est usitée. Pour cette raison, non plus XXII, 27 n'est mentionné. Il s'agit là clairement d'une vision, comme dans le texte biblique correspondant (*Gen.*, 15,1), quoique le livre des Jubilées parle ici d'un rêve : « ... the word of the Lord came to Abraham in a dream ... » [6].

Il est inutile de rappeler le contexte général des colonnes XIX et XX. Celles-ci nous offrent une 'Weiterbildung' du récit de *Gen.*, 12,10-20 (J). La matière des versets bibliques a été retravaillée et élargie par l'auteur de l'A.G., d'une part à partir de traditions inconnues, d'autre part à partir de traditions connues, e.a. dans le livre des Jubilées.

Le contexte immédiat de XX, 22 est l'arrivée de Horqanosh, courtisan du Pharaon chez Abram : « Alors Horqanosh vint vers moi et me demanda de venir et de prier sur (22) le roi et d'imposer mes mains sur lui pourqu'il vive parce que dans un songe (il m'avait vu)» [7]. Ces derniers mots, correspondant avec la lecture de Fitzm. : bḥlm ḥzny [7a], ne sont pas bien conservés dans le manuscrit. Sur bḥlm les

---

[1] Pp. 9-10.

[2] E.Y. KUTSCHER, *The Language of the Genesis Apocryphon : A preliminary Study*, dans *Scripta Hierosolymitana* IV, Jerusalem, 1958, pp. 1-35.

[3] Voir e.a. M. BLACK, *The Recovery of the Language of Jesus*, dans NTS 3, 1956-57, pp. 305-313.

[4] P. 130.

[5] Cfr EHRLICH, *o.c.*, pp. 8-12.

[6] H. CHARLES, *The Book of Jubilees*, (Translations of Early Documents I), London, 1917, p. 95.

[7] Trad. de H. LIGNÉE, dans *Les Textes de Qumran*, *II*, Paris 1963, p. 233. Autre traduction dans H. DEL MEDICO, *L'énigme des Manuscrits de la Mer Morte*, Paris 1957, p. 521. Voir aussi H.C. KEE, *The Terminology of Mark's Exorcism Stories*, dans NTS 14 (1968), pp. 232-46, cf. pp. 233-34.

[7a] P. 56.

opinions s'accordent en général [1]. Pour ḥzny, Fitz. est en désaccord avec les solutions de Vermès et A. van der Woude, qu'il juge trop longues [2]. Vermès traduit : « for the king had dreamt a dream » [3]. L'expression « rêver un rêve » est tout à fait biblique. ḥalam est souvent construit avec ḥalôm [4]. L'A.G. même fait usage de cette expression dans XIX, 14, texte à étudier tout de suite. La solution de van der Woude est plus acceptable : « in een droom was hem dit geopenbaard » [5]. Cela nous rappelle *Gen.*, 20,3, la version élohiste du rapt de Sara par Abimélek de Gérar. Il est certain que *Gen.*, 20 a influencé la rédaction de l'A.G. et, à ce qu'il nous paraît, aussi en cet endroit [6]. C'est pourquoi nous traduisons : « car dans un rêve il avait été informé ». Après bḥlm nous pensons à une forme pual de la racine ḥw', qui signifie en araméen biblique « raconter, informer quelqu'un » [7]. Le rouleau a conservé des traces d'un chet et d'un waw. En tout cas, l'auteur (peut-être inspiré par le texte de *Gen.*, 20, 3) a introduit le thème du rêve de sa propre initiative.

Le texte XIX, 14-17 est le plus important. Son contexte est l'arrivée d'Abram en Égypte, parallèle donc avec *Gen.*, 12,10-11. Inutile de reprendre ici la traduction de tout le passage [8]. Les lignes précédentes de l'A.G. sont plus ou moins comparables avec *Jubilés*, 13,8-11, mais le passage du rêve appartient à la tradition propre de l'A.G. Ce rêve est sans doute du genre symbolique : il a besoin d'être expliqué. P. Winter [9] et Fitzm. [10] ont renvoyé à la catégorie symbolique de Ehrlich [11].

On est aussi invité à la comparaison avec les rêves symboliques du cycle de Joseph dans la Genèse, où Joseph est présenté comme commentateur de rêves à la cour du Pharaon, ainsi qu'avec *Dan.*, 2 et 4, où Daniel interprète les rêves à la cour de Babylone.

---

[1] Exception chez A. DUPONT-SOMMER, *Exorcismes et guérisons dans les écrits de Qumran*, dans *Suppl. VT* 7, 1960, pp. 246-261, la page 248, n. 2.

[2] P. 120.

[3] *Scripture ...* p. 101 ; *Id.*, *The Dead Sea Scrolls in English*, Baltimore, 1962, p. 219.

[4] P. ex. *Gen.*, 37, 5.7/40, 5.8/41, 11.

[5] *Bijbelcommentaren en Bijbelse Verhalen : De Handschriften van de Dode Zee in Nederlandse Vertaling*, Amsterdam, 1958, p. 100.

[6] Cfr E. OSSWALD, ZAW 72, 1960, p. 23 ; LIGNÉE, *o.c.*, pp. 210-211 ; FITZM. p. 120.

[7] Cfr F. ROSENTHAL, *A Grammar of Biblical Aramaic*, Wiesbaden 1963², p. 83.

[8] Voir LIGNÉE, *o.c.*, p. 228 ; DEL MEDICO, *o.c.*, p. 517.

[9] P. WINTER, *Das Aramäische Genesis-Apocryphon*, dans TLZ 82, 1957, Sp. 257-262, notamment Sp. 258, n. 5.

[10] P. 99.

[11] EHRLICH, *o.c.*, p. 58.

Le symbolisme est clair : Abram est le cèdre, Sara le palmier. On a l'intention de tuer Abram mais il est sauvé par l'intervention de Sara. L'abatage de l'arbre comme symbole de la mort a été étudié par O. Betz [1]. Ce symbolisme se retrouve aussi dans *Dan.*, 4 et dans l'apocalypse syriaque de Baruch (36,6). Dans l'excellent commentaire de cette œuvre, P. Bogaert renvoie à l'A.G. [2]. L'interprétation de la part d'Abram est mal conservée mais elle suivait sans doute la ligne que nous venons de tracer. La ressemblance de la ligne 20 avec *Gen.*, 12,13 rend possible de restaurer le texte à l'aide des targums [3]. La place de rêve dans le récit s'explique encore mieux quand on observe les réactions de la littérature juive postérieure, à l'occasion de *Gen.*, 12,11. Le targum Jonathan nous raconte que la beauté de Sara fut révélée à Abram pour le première fois quand, entrant en Égypte, ils traversèrent une rivière. Une autre légende juive raconte que, pour la faire entrer en Égypte, Abram cacha Sara dans un coffre [4]. On a l'impression que l'attitude d'Abram et de Sara demandait une explication aux yeux du lecteur post-biblique de *Gen.*, 12, 10-20. Dans *Gen.*, 20 une certaine explication est fournie mais ce n'était pas le cas dans *Gen.*, 12; ce qui a fait supposer à Gunkel que le récit original de *Gen.*, 12, 10 ss. a été plus complet [5].

N'y a-t-il pas moyen d'expliquer mieux l'arrière-plan de la rédaction des symboles ? La présentation est généralement mise en rapport avec l'application dans la littérature rabbinique du *Psaume* 92, 13, sur la situation d'Abram et de Sara en Égypte. Dans ce sens Avigad et Yadin attirent l'attention sur Gen. Rabba 40, 1 et Tanchuma lek lka v. [6]. Lehmann a ajouté Zohar sur *Gen.*, 12 [7]. Peut-être le *Cantique des Cantiques*, 5, 15 et 7, 7 a-t-il aussi eu une influence [8]. La tradition rabbinique, quoique postérieure, peut avoir existé au temps de la

---

[1] O. BETZ, *The Dichotomised Servant and the End of Judas Iscariot*, dans RQ, n° 17, 1964, pp. 43-58, voir pp. 55, 57-58.

[2] P. BOGAERT, *L'Apocalypse Syriaque de Baruch*, II, (Sources Chrét. 145), Paris, 1969, p. 71.

[3] Voir H.-P. RUEGER, *1QGenAp XIX, 19f. im Lichte der Targumim*, dans ZNW 55 1964, pp. 129-131. — H. GINSBERG, *Notes on some old Aramaic texts*, dans JNES 18, 1959, pp. 143-149, à savoir p. 147.

[4] Cfr *Legends of the Jews* I, 222 ; V, 220, n. 68.

[5] Cfr E. OSSWALD, *Beobachtungen zur Erzählung von Abrahams Aufenthalt in Ägypten im « Genesis-Apocryphon »*, dans ZAW 72, 1960, pp. 7-25, voir p. 9.

[6] *O. c.*, p. 24.

[7] *Art. cit.*, p. 257.

[8] Cfr FITZM. p. 99-100; OSSWALD, *art. cit.*, p. 21, n. 17.

rédaction de l'A.G. [1]. Elle a été élaborée symboliquement par l'auteur et placée dans un cadre de rêve. Il est évident que cette élaboration s'appuie sur la situation de *Gen.*, 12. Mais a-t-elle un arrière-plan littéraire ? A première vue on serait enclin à chercher une comparaison avec certaines manifestations du genre 'adamandugga' de la littérature sapientiale mésopotamique. Ce genre, existant déja à l'époque sumérienne [2], nous livre dans une récension babylonienne l'exemple de la dispute entre le tamaris et le palmier [3]. Une version en a circulé dans la région syro-palestinienne. Les textes à ce propos sont encore à publier [4] de sorte qu'une influence de ce côté ne se prête pas encore à une vérification. Il n'est pas exclu qu'il s'agit simplement d'une fable d'arbres, genre connu dans la Bible [5]. L'élément du dialogue pourrait provenir de *Gen.*, 20, 3-6. Une influence de la part de *Dan.*, 7, 8 ss. ne paraît pas probable.

Parlant de Dan. il faut souligner la proximité de ce livre avec la littérature intertestamentaire. Nous dirons même : il y a dans Dan. plus d'attaches avec la littérature postérieure, surtout apocalyptique, qu'avec la littérature antérieure du canon. Pour illustrer cette proximité, nous nous limiterons à l'influence de Dan, sur la formule d'introduction ou rêve dans l'A.G. [6].

Comparons le matériel des introductions :

A.G. XIX, 14 : ḥlmt 'nh 'brm ḥlm   //   *Dan.*, 2, 1 (hébr.) : ḥalam Neb. ḥalomot

ibid.   : wḥzt bḥlmy   //   *Dan.*, 4, 2 ; 4, 6 ; 4, 15 ; 7, 1 : où se trouve au lieu de ḥlm une forme de ḥzw.

ibid.   : cfr supra   //   la même répétition en 4, 6-7 et 7, 1-2.

---

[1] Cfr LIGNÉE, *o.c.*, p. 229, n. 10.

[2] Voir J.J.A. VAN DIJCK, *La Sagesse suméro-accadienne*, Leiden, 1953. — S.N. KRAMER, *The Sumerians*, Chicago, 1963.

[3] Voir W.G. LAMBERT, *Babylonian Wisdom Literature*, Oxford, 1960, pp. 151-164; 328-330, 346.

[4] Par M. CIVIL à Chicago, dans une série : 'Texts from cuneiform Sources'.

[5] P. ex. *Juges* 9, 7-21.

[6] La relation de l'araméen de Dan. avec celui de l'A.G. a été étudié par H.H. ROWLEY, *Notes on the Aramaic of the Genesis Apocryphon*, dans *Hebrew and semitic Studies..*, *Fs. Driver*, Oxford, 1963, pp. 116-129. — FITZM. pp. 22-24: ID., *Some observations on the Genesis Apocryphon*, dans CBQ 22, 1960, pp. 277-291. [cfr aussi R. NORTH, *Fourth Scroll Deciphered*, CBQ 18, 1956, p. 273].

AG. XIX, 14 : wh' + nominatif   / /   w'alu et w'aru en Dan. (1 fois
                                            h' : 3,25)
    h' est l'équivalent de l'hébreu 'whinne', introduisant la
représentation symbolique dans les rêves bibliques. En
Gen. 28, 12-13 et 37, 5-7 p. ex. 'whinne' introduit les
stades successifs du rêve symbolique.

A.G. XXI, 8 : bḥzw' dy lyly' [1]   / /   *Dan.*, 2, 19 : bḥazwe di lelya
                                            Dan., 7, 1 : bḥazwe'im lelya.

En fait, les expressions de Dan. et de l'A.G. se rapprochent d'une
manière qui n'est plus fortuite. La priorité de Dan. est hors de discussion. Il est clair qu'au niveau de Dan. la différence entre rêve
et vision de nuit n'est pas très nette (voir *Dan.*, 4, 2 et 7, 1, où nous
reconnaissons la difficulté de critique textuelle) [2]. D'autre part l'A.G.
fut trouvé dans un milieu où Dan. était bien connu : des fragments
de ce livre ont été découverts à Qumran [3].

L'influence de Dan. ne s'est pas limité à l'A.G. Beaucoup du 'bagage'
apocalyptique fait partie de la littérature postérieure. L'introduction
de la grande vision dans l'apocalypse syriaque de Baruch (36-42)
est dans la ligne de Dan. : 'wa hzit blilyo hezo who ...'. Mais il y a
plus. La vision de Baruch est de la même structure que celle de *Dan.*, 7 [4].
Voici la comparaison :

introduction au rêve-vision :   *Dan.*, 7, 1 / / *Bar.*, 36, 1
description en phases :   *Dan.*, 7,2-4 / / *Bar.*, 36, 2-6
                                            5-6   7-10
                                            7-8   37,1
                                            9-10
                                            11-12

---

[1] Noté par ROWLEY, *art. cit.*, p. 129; FITZM, p. 23.

[2] Voir l'opinion contraire chez F. DEXINGER, *Das Buch Daniel und seine Probleme*,
(SBS 36), Stuttgart, 1969, p. 22.

[3] Cfr BARTHELEMY-MILIK, *DJD* I, Oxford, 1955, n°s 71-72. — J.C. TREVER, *Com-
pletion of the Publication of some Fragments from Qumran Cave I*, dans RQ n° 19, 1965,
pp. 323-344. — Voir F.F. BRUCE, *The Book of Daniel and the Qumran Community*, dans
Neotestamentica et Semitica. Fs. M. Black, Edinburgh, 1969, pp. 221-35.

[4] Il ne convient pas de rappeler ici tous les problèmes de ce chapitre difficile. Nous
renvoyons à quelques articles récents : J. COPPENS, *La Vision Daniélique du Fils de
l'Homme*, VT 19, 1969, 171-182. — M. DELCOR, *Les Sources du chapitre VII de Daniel*,
VT 18, 1968, 290-312. — Z. ZEVIT, *The Structure and Individual Elements of Daniel 7*,
ZAW 80, 1968, 385-396. En outre : L. DEQUEKER, *Daniel VII et les Saints du Très Haut*,
ETL 36, 1960, 353-392. — J. COPPENS, dans ETL 37, 1961, 5-51; ETL 39, 1963, 87-113;

demande d'interprétation de la
   part du visionnaire :   *Dan.*, 7, 16 | | *Bar.*, 38
interprétation :   *Dan.*, 7, 17-18 | | *Bar.*, 39-40
                                     (Comp. la fin de 40 avec *Dan.*, 2, 36)
demande pour une interprétation
   plus claire de la dernière vision :   *Dan.*, 7, 19-22 | | *Bar.*, 41
Réponse :   *Dan.*, 7, 22-37 | | *Bar.*, 42

Cette comparaison nous fait supposer qu'à partir de Dan., un certain schéma de révélation visionnaire s'est développé et s'est maintenu dans la littérature apocalyptique. Sur cette ligne, l'A.G. se situerait encore proche du point de départ. Toutefois il est inutile de vouloir réduire chaque élément du récit de rêve dans l'A.G. à une source bien déterminée. Concluons comme suit : la tradition sur Abram et Sara, bien connue au temps rabbiniques, a été retravaillée par l'auteur de l'A.G., qui a élargi le symbolisme et l'a placé dans un cadre de rêve. Sur ce dernier point, Dan. a exercé une certaine influence. Ce qui reste incertain, c'est la mesure dans laquelle la relecture doit être interprétée dans une perspective apocalyptique [1].

Notre étude aurait dû pour être complète tenir compte de 4 Q OrNab [2], mais ce fragment pose trop de problèmes pour se prêter à une comparaison fructueuse [3]. *Énoch éthiopien*, 83-84 aurait également pu contribuer à une image plus complète du thème rêve-vision dans la littérature apocalyptique juive. Mais cela aurait débordé les limites d'un

ETL 40, 1964, 72-80; ETL 44, 1968, 497-502; ETL 45, 1969, 122-125; ETL 46 (1970), pp. 112-16.

[1] Voir Lignée, *o.c.*, p. 212 et 229, n. 10.

[2] Une courte bibliographie peut suffir ici : J.T. Milik, « *Prière de Nabonide* » *et autres écrits d'un cycle de Daniel* : *Fragments araméens de Qumran*, dans RB 1956, pp. 407-415. — J. Carmignac, *Les textes de Qumram*, dans RB 1956, pp. 289-294. — R. Meyer, *Das Gebet des Nabonid. Eine in den Qumran-Handschriften wiederentdeckte Weisheitserzählung*, dans *Sitzungsber. Sächs. Akad. Wiss. Leipzig*, Phil. Hist. Klasse B. 107, 3, Berlin 1962. — G. Fohrer, *4Q OrNab, 11Q TgJob und die Hioblegende*, dans ZAW 75 (1963), pp. 93-97.

[3] Surtout pour l'arrière-plan historique de *Dan.*, 4, 4 Q OrNab est de première importance. Voir : D.N. Freedman, *The Prayer of Nabonides*, dans BASOR 145, 1957, pp. 31-32. — M. McNamara, *Nabonides and the Book of Daniel*, dans *IrishTheol Quart* 37 (1970), pp. 131-49. Nous n'avons pas pu consulter la deuxième édition, considérablement augmentée, du commentaire de J.A. Fitzmyer (Rome, 1971), paru depuis la terminaison du manuscrit; voir les comptes rendus dans *Interpretation* 26 (1972), p. 99; CBQ 34 (1972),

'paper' assez court. Nous espérons quand même avoir contribué de manière modeste à expliquer un thème de la littérature intertestamentaire.

------

pp. 359-60 (R.J. Clifford); *RechScRel* 60 (1972), pp. 438-42 (A. Paul)! De la première édition, un compte rendu se trouve dans TLZ 97 (1972), pp. 268-70 (R. Meyer).

Nous supposons que le R.P. Fitzmyer renvoie à la littérature parue depuis 1966. Nous ne voyons qu'un article qu'il n'aura pas pu mentionner : P. Grelot, *Un nom égyptien dans l'Apocryphe de la Genèse*, dans RQ n° 28 (1971), pp. 557-66.

P.-M. BOGAERT

LE NOM DE BARUCH
DANS LA LITTÉRATURE PSEUDÉPIGRAPHIQUE :

L'APOCALYPSE SYRIAQUE
ET LE LIVRE DEUTÉROCANONIQUE

Dans le cadre de ces journées bibliques consacrées à la littérature et à la théologie intertestamentaires, le présent exposé voudrait s'attacher à éclairer quelques aspects de l'utilisation du nom de Baruch.

Une première partie montrera la cohérence existant entre l'ensemble de l'affabulation qui a présidé à la composition de l'*Apocalypse syriaque de Baruch* et le point particulier du choix de son pseudonyme. Cette première partie, indispensable pour saisir la portée de la seconde, n'apportera rien de très neuf par rapport à ce que j'ai écrit récemment à ce sujet [1].

La seconde partie essayera de déterminer à partir de quelle date le nom de Baruch a été utilisé comme pseudonyme littéraire et quel est le plus ancien des écrits conservés à lui être attribué.

I. La pseudonymie au service de l'apocalyptique

Le but de mon ouvrage sur l'*Apocalypse de Baruch* était de replacer cette œuvre juive, transmise en syriaque et connue en Occident depuis 1866, dans un contexte historique que d'autres sources nous permettent d'entrevoir et que les découvertes récentes de Qumran ont permis de mieux connaître.

Pour ce faire, il fallait partir le moins possible des données explicites, susceptibles d'être chiffrées et nécessitant dans cette mesure un déchiffrement, et le plus possible des données implicites non sujettes à semblable mécanisme. Dans la voie difficultueuse qui peut mener à retrouver la clef perdue, il ne fallait négliger aucun aspect.

En attendant une édition critique que le Peshitta Institute de Leyde nous prépare, j'ai pu montrer que les éditions accessibles ne

---

[1] *Apocalypse de Baruch. Introduction, traduction du syriaque et commentaire* (coll. Sources Chrétiennes, t. 144-145), Paris, 1969, 530 et 284 p., cité en abrégé *Apoc. de B.* suivi du tome et de la page.

risquent pas de nous induire gravement en erreur. Mais l'examen des manuscrits avait un autre intérêt : celui de nous rapprocher du contexte historique de la transmission de l'apocalypse.

Retenons ici trois points :

1. La lettre qui termine l'apocalypse a bénéficié d'une diffusion extrêmement large. Sous le titre de « (Première) lettre de Baruch »[1], elle se trouve dans toutes les Bibles syriaques où elle précède le livre deutérocanonique de Baruch.

2. Il existe parmi les papyrus d'Oxyrhynque un fragment grec de l'*Apocalypse de Baruch*[2].

3. La totalité du texte ne se lit que dans un manuscrit syriaque du VIIe siècle. Il s'agit d'une Bible comportant seulement l'Ancien Testament avec en supplément l'*Apocalypse d'Esdras* (*IV Esdras*), le VIe livre de la *Guerre Juive* de Flavius Josèphe et l'*Apocalypse de Baruch* (*II Baruch*). Ces trois écrits ont une relation étroite avec la prise de Jérusalem par les Romains[3] en 70.

Le troisième point est particulièrement important.

Le rôle décisif des événements de 70 dans la composition de *II Baruch* ressort aussi très nettement de l'emploi du genre littéraire des lamentations. Celui-ci, utilisé en concurrence avec d'autres (apocalyptique, testament), ne peut s'expliquer que dans le contexte de la destruction du Temple en 70. Les deux profanations du Temple par Antiochus IV Épiphane et par Pompée ne justifieraient pas la description des chapitres I à XII ni la comparaison avec la première destruction. Mais ce ne sont pas seulement les mentions explicites de la prise de Jérusalem et l'utilisation du genre littéraire des lamentations qui révèlent le point d'insertion de l'*Apocalypse de Baruch* dans l'histoire : le cadre chronologique sur lequel repose l'architecture de l'œuvre est lui-même centré sur la date que Josèphe donne à l'événement, le 8 Gorpiaios[4]. Les recherches du Dr. J. van Goudoever[5] ont ouvert la voie sur ce point.

Voici donc que se dégage la clef de lecture de l'*Apocalypse de Baruch*. Écrivant quelque vingt-cinq années après la deuxième destruction du Temple, l'auteur la représente sous les traits de la première. Les

---

[1] *Apoc. de B.*, t. II, p. 141 et 164.

[2] *Ibid.*, t. I, p. 40-43, 363-370.

[3] *Ibid.*, t. I, p. 38, 161-162.

[4] *Ibid.*, t. I, p. 163-169.

[5] *Fêtes et calendriers bibliques*, Paris, 1967³, p. 153-161.

Chaldéens sont les Romains ; Babylone est Rome ou l'Empire romain [1] ; Baruch, contemporain de Jérémie, est l'auteur de l'apocalypse.

Ainsi, en même temps qu'il souligne le caractère tragique des événements de 70, l'écrivain laisse percer une espérance — la première destruction n'a pas été sans une restauration — et il fait voir l'aspect providentiel de la catastrophe en la montrant alignée sur un archétype : ce ne sont ni les Chaldéens ni les Romains qui ouvrent une brèche dans les remparts et incendient le Temple, mais les anges mêmes de Dieu [2].

Cette identification des événements de 70 et de 587 a dû se faire progressivement. Josèphe est sans doute le premier à avoir signalé que l'incendie eut lieu le même jour la première et la seconde fois. Il écrit :

> « En vérité, Dieu avait depuis toujours condamné la Demeure à l'incendie. Maintenant le jour désigné par le retour des temps était arrivé, le 10 du mois de Lôos, date à laquelle elle avait été brûlée la première fois par le roi de Babylone » (*BJ* VI, iv, 5 ; § 250).

Quand elles racontent la première destruction, les sources rabbiniques emploient régulièrement l'expression « et pareillement la seconde fois » [3]. La coïncidence des anniversaires n'est qu'approximative, historiquement parlant, et la liturgie a sans doute beaucoup contribué au rapprochement. Plus tard, peut-être dans le souci de montrer que la destruction de Jérusalem relevait d'un décret divin, sans doute aussi parce que c'était une pente naturelle, la tradition a progressivement aligné les détails du siège de 70 sur ceux que les sources scripturaires ou autres donnaient a propos du siège de 587.

La date de la composition de *II Baruch* ressort de son rapport avec les événements de 70. J'ai essayé de préciser davantage à l'intérieur de deux points extrêmes, 70 et 135. Une série d'indices convergent vers les années 95-96. D'une part, la ruine du Temple est encore un événement assez récent pour justifier de vives plaintes ; d'autre part, les guides du peuple, tout en faisant la part d'un chagrin légitime, ont eu le temps de proposer une attitude constructive en réponse à la nouveauté de la situation — sans manifester encore les marques d'agressivité contre l'Empire que les documents font deviner au début du deuxième siècle de notre ère.

---

[1] *Apoc. de B.*, t. I, p. 336-339.

[2] Cfr *II Bar.* vii-viii ; lxxx, 1-5.

[3] *Apoc. de B.*, t. I, p. 103 et n. 2.

L'auteur de l'apocalypse est palestinien; il se situe lui-même à mi-chemin entre les deux dispersions, celle de l'Ouest et celle de l'Est. C'est en tant que responsable qu'il s'adresse à elles, abandonnant la forme traditionelle orale de l'enseignement de l'École pour utiliser, dès lors qu'il le met par écrit, la forme apocalyptique qui respecte quelque chose de son arcane.

Il n'est pas tout à fait inutile, en fonction du problème que nous aurons à traiter, de nous arrêter au problème de la langue originale de *II Baruch*. Voici résumés en deux points les résultats de mon travail :

1. Dès lors que le grec, perdu aujourd'hui dans sa quasi-totalité, a été traduit en syriaque, langue sémitique et dialecte araméen, il devient presque impossible de recourir utilement à la notion d'hébraïsme ou d'aramaïsme. De plus le bilinguisme qui était le fait de la Palestine du 1er siècle justifie certains hébraïsmes ou aramaïsmes à l'intérieur même d'un original grec. Un original sémitique ne s'imposait nullement pour l'*Apocalypse syriaque de Baruch*. Le grec facilitait même sa diffusion.

2. Si le grec est une version faite à partir de l'hébreu ou de l'araméen, il faut admettre en tout cas qu'il n'est pas strictement une traduction, mais une adaptation hellénisante [1].

Comme les tannaïm de la fin du 1er siècle, dont les sources juives nous ont conservé les noms, l'auteur de *II Baruch* a pris son parti de la destruction du Temple. Il reconstruit les bases du Judaïsme en substituant la Loi au Temple : « Mais à présent les justes sont morts, les prophètes se sont endormis, et nous aussi nous avons quitté notre terre; Sion nous a été ravie; nous n'avons plus rien que le Tout-Puissant et sa Loi (LXXXV, 3) ». Il est éclairant de mettre en regard de ce programme la vision de l'Apocalypse johannique : « De Temple, je n'en vis point … C'est que le Seigneur, le Dieu tout-puissant, est son Temple, ainsi que l'Agneau (*Apoc.* XXI, 22) ».

En acceptant que la souffrance puisse avoir un sens, en mettant l'homme libre au centre de la création, l'auteur de l'*Apocalypse de Baruch* refusait les voies d'une trop facile résignation ou la recherche de l'évasion dans les spéculations angélologiques et dans la gnose. Pour lui, le mal est dans l'homme depuis qu'Adam, le premier, a fait entrer la souffrance dans le monde. Mais, en regard, s'exprimant dans

---

[1] L'auteur connaît la Septante (*Apoc. de B.*, t. I, p. 356-358) : il utilise des figures de style et des images non juives (*ibid.*, t. II, p. 102-103); les sirènes viennent de la mer (*ibid.*, t. II, p. 28-29); le supplice de Manassé rappelle le taureau de Phalaris (*ibid.*, t. I, p. 317); l'idole polymorphe est d'inspiration romaine (*ibid.*, t. I, p. 304-307).

l'attente messianique au plan national et dans le renouvellement du
monde à venir au plan universel, l'espérance est une des notes les
plus insistantes. Une telle sobriété, un tel humanisme ne se retrouvent
que chez les tannaïm. C'est peut-être à l'un d'eux, à Yehoshua ben
Hanania [1], qu'on pensera en cherchant quelle est la personnalité
influente qui a pu ainsi marquer par un message original l'histoire
de son temps. C'est ce docteur, ou un contemporain ayant avec lui
plusieurs traits communs, qui a choisi le pseudonyme de Baruch,
fidèle au genre apocalyptique qui suggérait la pseudépigraphie, fidèle
aussi à l'affabulation d'ensemble d'une œuvre où la destruction de
70 était représentée sous les traits de celle de 587.

II. Origine de l'utilisation pseudépigraphique du nom de Baruch

J'en viens maintenant à la partie nouvelle de cet exposé. Certains
indices révèlent que l'identification des événements de 70 et de 587,
bien qu'évidemment postérieure à 70, est dans son principe antérieure
à la composition de *II Baruch*, antérieure au moins à la date de 95
que je propose pour sa composition. Le point de départ d'une telle
équation se lit déjà dans la *Guerre Juive* de Josèphe, composée entre
75 et 79. Mais l'utilisation du nom de Baruch, qui n'est qu'un élément
secondaire de l'affabulation, pourrait bien être l'innovation propre
à une apocalypse, dont le genre littéraire poussait à la pseudonymie.
Et dans ce cas il est tout naturel de penser que l'*Apocalypse syriaque
de Baruch*, de quelques années postérieure, est le premier écrit à
utiliser le nom de Baruch.

Cette thèse se heurte à deux objections extrinsèques, d'importance
inégale, qu'il est nécessaire d'écarter avant de la recevoir.

A. Le fragment interpolé dans les Testimonia.

Il existe dans les *Testimonia* de saint Cyprien un fragment anciennement interpolé et attribué à Baruch [2]. Pareille attribution est
d'autant plus remarquable que, nous le verrons, le livre deutérocanonique de Baruch est cité toujours sous le nom de Jérémie dans la
litterature patristique latine. Ce fragment n'a qu'un rapport assez
lointain avec *II Bar.* XLVIII, 33-36. Mais il a une saveur « qumranienne »
prononcée. Si une telle saveur pouvait être la preuve d'une origine

---

[1] *Apoc. de B.*, t. I, p. 443-444.
[2] *Ibid.*, t. I, p. 259-269.

proprement qumranienne, alors il faudrait placer ce fragment avant
70 et conclure à l'utilisation du pseudonyme avant cette date. Mais
cette conclusion ne s'impose pas. Il reste parfaitement permis d'attribuer le fragment à un milieu moins étroit, dualiste, peut-être
baptiste, juif ou judéo-chrétien. Il a pu être emprunté par l'interpolateur à une adaptation dualiste — mais pas nécessairement gnostique au sens strict du terme — de l'apocalypse juive de Baruch.
Faut-il rapprocher cet apocryphe de celui que cite Evagrius, l'auteur
de l'*Altercatio Simonis et Theophili* [1]? On aimerait en savoir davantage.
Mais il nous paraît que le fragment ne peut constituer une objection
sérieuse aux bonnes raisons qui font croire que l'utilisation pseudépigraphique du nom de Baruch est lié à la prise de Jérusalem et à la
destruction du Temple en 70.

B. *Le livre deutérocanonique de Baruch*

La véritable objection vient tout naturellement à l'esprit. Elle
ressort de l'existence du livre canonique de Baruch.

Mais deux remarques sont d'abord nécessaires.

1. Ce n'est pas avant le début du XIIIe siècle, avec Étienne Langton
et les « Bibles parisiennes », que l'Épître de Jérémie est comptée comme
chapitre VI du livre de Baruch [2]. L'ordre habituel des Bibles grecques
est d'ailleurs : Jérémie, Baruch (I à V), Lamentations, Épître de
Jérémie (= *Bar.* VI).

De tout ce qui va être dit, l'Épître de Jérémie est habituellement
exclue.

2. Il ne faut pas confrondre titre et contenu. L'existence à une
époque ancienne des chapitres I à V de Baruch à la suite de Jérémie
est indiscutable, mais il faut la dissocier de l'attribution de ces mêmes
chapitres à Baruch.

Ceci dit, que savons-nous du livre canonique de Baruch? Les travaux
récents de B.N. Wambacq ont renouvelé la question. Je voudrais
ici les prolonger par l'apport de données supplémentaires sur l'histoire
du livre de Baruch dans les Églises de langues grecque et latine.

Voici comment le professeur Wambacq résume un de ses articles [3]
qui vient au terme d'autres études [4] :

---

[1] *Ibid.*, t. I, p. 456.

[2] Voir E. MANGENOT, art. « Chapitres de la Bible », dans *Dictionnaire de la Bible*,
t. II, 1899, col. 559-565, spéc. col. 564.

[3] « L'unité du livre de Baruch », dans *Biblica* 47, 1966, p. 574-576.

[4] *Jeremias. Klageliederen. Baruch. Brief van Jeremias,* uitgelegd door B.N. WAMBACQ

En conclusion, le livre de Baruch aurait été composé de la façon suivante. Vers 63 (58 ?) l'auteur a rédigé 4, 4 - 5, 9. Il a ajouté à son œuvre la prière pénitentielle qui circulait à cette époque, et qui elle aussi déplorait la fameuse déportation de [Pompée].

Comme il écrivait en grec, l'auteur a pris la traduction grecque existante. Par une brève notice ajoutée par lui (3, 10-13), il a adapté un psaume didactique, où les Israélites étaient exhortés à méditer sur la transcendance de la loi (3, 9-4, 4). Il a fait précéder le tout d'une introduction, rédigée elle aussi en grec, probablement avec l'intention de donner à son œuvre un caractère liturgique (1-14).

La déportation avait eu lieu au temps de Jérémie qui, lui, avait eu recours à Baruch pour mettre par écrit ses oracles. Observant la coutume de la pseudépigraphie, en vogue à son époque, l'auteur de notre livret a divulgué son œuvre sous le nom de Baruch, qui jouissait d'une certaine renommée, et qu'il estimait être l'homme qualifié pour traiter le sujet [1].

Autrement dit — et c'est le seul point qui importe ici — si quelques-uns des matériaux utilisés sont antérieurs à Pompée, le titre de l'œuvre, « Livre de Baruch », est quelque peu postérieur à 63 et est lié au contexte de déportation. Telle est la thèse du professeur Wambacq.

Tout ce que dit l'exégète romain à propos du contenu du livre de Baruch est très vraisemblable et cohérent. Mais il suppose qu'à partir de 58 avant J.-C. environ il a existé un « Livre de Baruch » dans la conscience des lecteurs. Ceci n'est pas prouvé.

Il y a longtemps que les éditeurs de textes patristiques, et les anciens mieux que les modernes, ont observé que le livre de Baruch est souvent cité sous le nom de Jérémie. Cette observation a été systématisée par G. Hoberg [2] en 1902 dans un ouvrage qui, pour le reste, laisse beaucoup à désirer et a été presque oublié. Plus récemment, en 1917, la dissertation de R.R. Harwell [3] est revenue sur le sujet. Elle n'a eu qu'une diffusion très restreinte, et son auteur n'était informé de la tradition latine que de seconde main.

(De Boeken van het Oude Testament, 10), Roermond et Maaseik, 1957, et « Les Prières de Baruch (1, 15-2, 19) et de Daniel (9, 5-19) », dans *Biblica* 40, 1959, p. 463-475.

[1] « L'unité du livre de Baruch », p. 576.

[2] *Die älteste lateinische Uebersetzung des Buches Baruch*, Fribourg-en-Br., 1902, [vi]-91 p.

[3] *The Principal Versions of Baruch. A Dissertation presented to the Faculty of the*

Dans l'exposé qui suit je préciserai et compléterai la démonstration de Hoberg et j'y ajouterai une étude sur la tradition manuscrite des Bibles latines et grecques de telle sorte qu'il sera permis d'affirmer non seulement que Baruch est cité anciennement sous le nom de Jérémie, mais encore que son contenu a fait partie intégrante du livre de Jérémie avant que la comparaison avec la Bible hébraïque ne fasse apparaître son caractère d'appendice et n'invite à en faire un livre indépendant auquel il fallait dès lors trouver un titre.

Voici les faits.

I. *Les Pères*

1. Chez les Pères *latins* [1] et dans la liturgie latine, tant romaine que mozarabe, le livre de Baruch est constamment cité sous le nom de Jérémie. Les exceptions, très peu nombreuses, ne sont qu'apparentes : elles se rencontrent dans des textes traduits du grec [2]. Augustin connaît cette manière de citer l'appendice deutérocanonique de Jérémie comme livre de Baruch, du moins vers la fin de sa vie, mais il s'en tient constamment à la coutume latine. Jérôme qui rejetait le « Livre de Baruch » [3] n'a été suivi ni par ses contemporains ni par ses successeurs. Son attitude n'a eu d'influence — et encore n'est-ce pas absolument certain — que sur la tradition manuscrite des Bibles latines : les meilleurs manuscrits, et les plus nombreux parmi les anciens, n'ont pas Baruch, nous le verrons.

Les citations des Pères sont nombreuses, en raison surtout du passage III, 36-38 qui est un leitmotiv de la théologie de l'incarnation. La lecture de *Bar.* III, 9-38 est traditionelle dans la liturgie romaine pour le samedi avant la Pentecôte et la Vigile de Pâques ; elle apparaît dans

---

Graduate School of Yale University in Candidacy for the Degree of Doctor of Philosophy, [1915], 66 p.

[1] Il est inutile d'aligner ici cette liste, très longue. Pour l'essentiel, j'ai utilisé des notes de dom D. De Bruyne et je les ai complétées.

[2] Voir *ACO* I, III, 1, p. 148 (grec : ibid. I, I, 2, p. 93) et I, V, 1, p. 185 ; il s'agit de traductions latines de Cyrille d'Alexandrie. Voir aussi la note 3, p. 70-71 (Horsièse).

[3] Dans le *De ciuitate Dei* XVIII, 33 (*CC*, t. 48, p. 627), entre 420 et 426, Augustin écrit : « *Hoc testimonium quidam non Hieremiae sed scribae eius adtribuunt, qui uocabatur Baruch ; sed Hieremiae celebratius habetur* ». C'est à l'usage grec, non à l'ostracisme de Jérôme, que saint Augustin fait ici allusion. Quant à Jérôme, il s'explique dans ses préfaces à sa traduction (voir *PL* 28, 903 et [D. DE BRUYNE], *Préfaces de la Bible latine*, Namur, 1920, p. 124) et à son commentaire (cfr *CSEL*, t. 59, p. 3-4 ; éd. S. Reiter). Il emploie les termes *liber* ou *libellus Baruch*.

toutes les sources anciennes sous le nom de Jérémie [1]. Pareillement
les longs passages cités dans le *Liber commicus* de Tolède [2] et dans
la liturgie milanaise (IIe dim. de l'Avent, Circoncision, Ier, IIe, IIIe dim.
d'Octobre).

Les seuls textes attribués à Baruch — c'est la contre-épreuve —
sont les apocryphes déjà cités. Revenons à Evagrius (première moitié
de Ve siècle, Sud de la Gaule). Dans l'*Altercatio*, il met *Bar.* III, 36-38
dans la bouche du chrétien Théophile en l'attribuant à Jérémie,
receptissimus prophetarum (*CSEL*, t. 45, p. 5, éd. Bratke). Mais plus
loin dans sa controverse avec le Juif Simon, Théophile invoque le
témoignage de Baruch, « si du moins, dit-il, tu crois à Baruch, fils
de Nérias, qui prophétisa à Babylone (ibid., p. 19) ». Simon s'indigne :
« me crois-tu si mécréant que je ne reçoive l'autorité de Baruch ?
… Cependant il n'a rien prophétisé au sujet du Christ ». A ce moment,
il serait tout naturel à nos yeux que Théophile répète *Bar.* III, 36-38.
Et bien non, c'est un pseudépigraphe qu'il cite. Voilà donc un exemple
très clair. Dans la pensée d'Evagrius et d'autres auteurs latins, Baruch
est l'auteur d'un livre, mais non de celui qui porte ce nom dans nos
Bibles; ce dernier est attribué à Jérémie.

L'affirmation n'a pas besoin de sourdine : l'Église latine cite Baruch
sous le nom de Jérémie, au moins jusqu'au VIIIe siècle. Elle n'a pas
conscience d'une existence indépendante de ce que nous appelons
« Livre de Baruch ».

2. Chez les Pères *grecs*, la situation est plus confuse. S'il n'y a guère
de risque d'omettre de nombreuses citations des Pères des trois premiers siècles, il est difficile d'être exhaustif. Pour les Pères du IVe siècle
et des suivants, il faut le plus souvent se contenter des anciens index

---

[1] L'attribution à Jérémie de *Bar.* III, 9-38 est attestée dans le Sacramentaire Grégorien (éd. Lietzmann, p. 69; éd Wilson, p. 76), dans le Supplément au Grégorien (éd.
Wilson, p. 154 et 158), dans les Gélasiens du VIIIe s. : par ex. SAINT-GALL *Stiftsbibl.*
348 (éd Möhlberg, p. 85 et 123), un fragment de Munich (*Eph. Liturg.* 48, 1934, p. 301-
309), PADOUE D 47 (éd. Möhlberg-Baumstark, p. 36), Sacramentaire d'Angoulème,
Sacramentaire de Salzbourg (éd. Dold-Gamber, p. 13*), dans le *Liber comitis* (LÉNINGRAD
Q. v. I. nº 16 : pas de nom pour la Vig. de Pâques; Jérémie pour le sam. av. la Pentec.);
dans les mss PARIS *B.N.* lat. 9452 et 9451, dans le Comes de Murbach (*Rev. bénéd.*
30, 1913, p. 41 et 43), dans un fragment de Munich (Cod. Lit. Lat. Ant., 2e éd., nº 1230,
dont le texte nous a été communiqué très aimablement par Mgr Kl. Gamber), ainsi
que dans deux missels du N. de l'Italie du Xe s. (*Cod. Lit. Lat. Ant.*, 2e éd., nº 1465 et
1470). Cet inventaire que nous avons poussé très avant laisse croire qu'il n'y a aucune
exception au moins jusqu'au XIe s.

[2] Ed. F.J. Perez de Urbel et A.G. y Ruiz-Zorilla, Madrid, 1950, p. 58-59 : *Bar.* IV,
2-3, 21-22, 36-37; V, 1, 3-5, 9.

des Mauristes. Observons cependant que seules les citations explicitement attribuées ont un intérêt dans le présent travail. Elles échappent moins aisément que les autres. La vraie difficulté vient de ce que l'homogénéité absolue de la tradition latine n'a pas d'équivalent dans la tradition grecque. Ce que nous appelons « Livre de Baruch » est cité tantôt sous le nom de Jérémie, tantôt sous le nom de Baruch, parfois chez un même écrivain.

L'enquête que j'ai pu faire est loin d'être exhaustive, surtout à partir du Ve siècle. Elle permet cependant des conclusions.

Les Pères grecs les plus anciens, Athénagoras peut-être [1], certainement Irénée [2], Clément d'Alexandrie [3], Méthode d'Olympe [4] attribuent Baruch à Jérémie.

Ensuite s'installe progressivement l'habitude de le citer sous le nom de Baruch, sans que se perde l'usage traditionnel. Comme les Alexandrins sont les premiers à manifester le nouvel usage, il est tentant de le faire remonter à Origène [5] et aux Hexaples.

Parmi les auteurs qui citent sous le nom de Baruch se trouvent au premier chef des alexandrins : Origène, Denys d'Alexandrie [6], Athanase (dans ses citations [7] et dans la liste de la trente-neuvième *Lettre Festale* de l'année 367 [8]). Je puis y ajouter Grégoire de Nysse [9]

---

[1] Dans le *Libellus pro Christianis*, § 9, le nom de Jérémie est cité, et l'on s'attendrait à une citation de lui dans la suite. Il n'y en a pas sinon *Bar.* iii, 36. Ce témoignage reste douteux.

[2] *Adv. Haer.* V, 35, 1, et *Démonstration de la Préd. Apostolique*, § 97.

[3] *GCS*, t. 12, p. 143 et 145 (Pédagogue, livre I).

[4] *GCS*, t. 27, p. 84 (Banquet) et 431 (De cibis).

[5] Je n'ai pu repérer qu'une seule citation dans Origène (*GCS*, t. 6, p. 225) ; voir aussi la *subscriptio* de Baruch dans la recension origénienne de la Septante (éd. J. Ziegler, p. 467).

[6] Voir *The letters and ohter Remains of Dionysus of Alexandria*, éd. Ch. L. Feltoe, Cambridge, 1904, p. 207-208.

[7] Pour les œuvres de saint Athanase, nous avons le *Lexicon Athanasianum* de G. MÜLLER. Athanase cite Baruch et non Jérémie. La seule exception (PG 23, 1024) se lit dans le traité « Sur l'Incarnation et contre les Ariens » dont l'authenticité a été contestée par M. SIMONETTI (« Sulla paternità del *De incarnatione Dei Verbi et contra Arianos* », dans *Nuovo Didaskaleion* 5, 1952, p. 5-19). Au sujet du texte biblique d'Athanase, voir H. NORDBERG, « On the Bible Text of St. Athanasius », dans *Arctos, N.S.* 3, 1962, p. 119-141.

[8] Cfr *PG* 26, 1178 et 1438 ; *CSCO*, t. 151, p. 34-35 et 36-37 et W. CURETON, *The Festal Letters of Athanasius*, Londres, 1848, p. 53 (chiffres syriaques). Listes similaires antérieures chez Cyrille de Jérusalem, Catéchèse IV (*PG* 39, 497-501) datée de 348 ou 350 et au canon 60 du Concile de Laodicée vers 360 (E. PREUSCHEN, *Analecta ... II. Zur Kanonsgeschichte*, Tübingen, 1910, p. 70-71).

[9] *PG* 46, 464 ; *Gregorii Nysseni Opera*, t. 9, Leyde, 1967, p. 102.

et les *Constitutions Apostoliques* [1], l'*Asceticon* d'Isaïe [2] et Sévère d'Antioche [3].

Certains éprouvent le besoin de s'expliquer, ainsi Didyme l'Aveugle [4], Jean Chrysostome [5], Sévérien de Gabala [6]. Certains encore présentent des fluctuations, Eusèbe [7], Jean Chrysostome [8], Cyrille d'Alexandrie [9]. Des meilleures éditions ou une meilleure critique d'authenticité permettront un jour de savoir s'il s'agit vraiment de fluctuations.

II. *Les manuscrits bibliques.*

Personne ne s'étonnera de ce que les différents états de la vieille version latine de la Bible nous fassent remonter plus haut que la tradition manuscrite grecque. Le témoignage des manuscrits bibliques confirmera celui des Pères.

1. *Les Bibles latines.*

Quelques données sur l'histoire du livre de Baruch dans les Bibles latines sont nécessaires pour comprendre la suite de l'exposé. Elles sont réduites ici à l'essentiel. Il faut savoir premièrement que, jusqu'à la diffusion généralisée des Bibles de l'Université de Paris, au cours du XIIIe siècle, le livre de Baruch manque fréquemment dans les Bibles latines. Il manque en particulier dans le plus grand nombre des Bibles anciennes. En France par exemple, au IXe siècle, seules les Bibles de Théodulfe ont le texte de Baruch [10]. Deuxièmement,

---

[1] Livre V, § 19-20 ; éd. F.X. Funk, t. I, p. 293, 295 ; voir *Apoc. de B.*, t. I, p. 158-161.

[2] Voir *CSCO*, t. 294, p. 340-341 (trad. R. Draguet).

[3] Voir *PO*, t. 26, p. 278.

[4] Voir *PG* 39, 397 (*De Trinitate* ; authenticité douteuse) ; cf. *PG* 29, 705 (*Adv. Eunomium* IV, faussement attribué à Basile).

[5] « Baruch qui est dans Jérémie … » (*PG* 51, 37). Le plus souvent, mais pas toujours, Jean Chrysostome est fidèle à l'ancien usage. Voir note 8.

[6] Dans une œuvre faussement attribuée à Jean Chrysostome : *PG* 56, 424.

[7] Baruch : *GCS*, t. 23, p. 284 ; Jérémie : *GCS*, t. 14, p. 99, ligne 26.

[8] Il cite les mêmes versets sous le nom de Baruch et de Jérémie dans la même œuvre : *PG* 55, 216 (Baruch) et 481 (Jérémie) ; *PG* 48, 815 (Jérémie) et 824 (Baruch). Voir aussi *PG* 56, 21 (Baruch).

[9] Voir p. 63, note 2 ; nous avons trouvé une référence à Jérémie pour Baruch III, 3 : voir « Sources Chrétiennes », t. 97, p. 206 : *Sur l'Incarnation*.

[10] Ainsi Baruch est absent des Bibles de Tours qui représentent la recension d'Alcuin. Celles-ci ont eu une diffusion bien plus grande que les Bibles de Théodulfe. Sur l'histoire du livre de Baruch, on trouvera des données éparses mais éclairantes dans les articles de dom B. FISCHER. « Bibelausgaben des frühen Mittelalters », dans *La Bibbia nell'alto*

là où le texte de Baruch est présent, il offre quatre formes bien distinctes, dont l'une est devenue le texte de la Bible parisienne, puis des Bibles imprimées et de la Clémentine.

L'explication de ces phénomènes peut se résumer en deux mots : disparition, puis réintégration.

Deux motifs peuvent justifier la disparition du livre de Baruch. D'abord Jérôme n'acceptait pas la canonicité de ce livre et n'a daigné ni le traduire ni le commenter. Cette raison n'aurait pas suffi à elle seule, puique les Maccabées, la Sagesse, l'Ecclésiastique, absents de l'hébreu et négligés par Jérôme, n'ont jamais disparu. Une deuxième raison me paraît décisive. Lorsque la version de Jérôme s'est imposée, la nouvelle traduction de Jérémie sur l'hébreu, qui ne comportait pas Baruch, fut substituée à l'ancienne faite sur le grec sans qu'à première vue rien ne paraisse omis, puisque Baruch n'avait pas de titre propre, je le montrerai.

Très vite cependant, mais à des endroits et à des époques diverses, son absence se fit sentir, car III, 36-38 était fréquemment cité par les Pères et de longs passages lus dans la liturgie. On eut recours alors à des exemplaires vieux latins de Jérémie dont la fin, Baruch, fut détachée — maladroitement dans certains cas — pour combler cette lacune.

Non seulement il y eut, selon les régions, quatre textes différents, mais encore il n'est pas rare que ces textes soient écrits de seconde main ou ajoutés à des places tout à fait insolites, à la fin de l'Ancien ou du Nouveau Testament par exemple [1].

---

medioevo (Settimane di Studio del centro italiano di studi sull'alto medioevo, 10), Spolète, 1963, p. 572-573, 594, n. 10, 595 fin; et « Bibeltext und Bibelreform unter Karl dem Grossen », dans *Karl der Grosse, Lebenswerk und Nachleben*, t. II, 1966[2], p. 178, 205 en haut, 205-206.

[1] Voici une liste qui pourrait certainement être allongée :
AVRANCHES 1 (XIII s. ; Mont Saint-Michel) : *Bar.* après *II Macc.* ;
BERLIN *Staatsbibl.* theol. fol. 59 (XI s.) : *Bar.* sur des folios ajoutés au milieu des *Lam.* (XII s.) ;
CAMBRIDGE *Trinity College* 155 (B. 5.9) (déb. XV s.) : *Bar.* après *Mal.* ;
CAVA 1 ou XIV (IX s.) : *Bar.* après *Mal.* ;
DOUAI 6 (XI s.) : *Bar.* ajouté d'une main un peu plus récente en 2 col. ;
ESCURIAL b II 17 (XIII s.) : *Bar.* ajouté au début (XV s. ?) ;
ESCURIAL P II 15 (XIII s.) : *Bar.* après les Sapientiaux ;
HEVERLÉ (Louvain) : *Abbaye de Parc* (a. 1263) : *Bar.* après *Apoc.* ;
MADRID *B.N.* 3997-3998 (fin XIII s.) : *Bar.* après *Mal.* ;
MOULINS 1 (XII s. ; Bible de Souvigny) : *Bar.* à la fin du N.T. ;
MUNICH 3301 (XIII s.) : *Bar.* après Mal. ;

Voici brièvement l'énumération des quatre types de texte. Les deux derniers apportent un témoignage décisif.

Un premier type de texte est représenté par la Bible de Cava [1]. Il n'en existe pas d'autre témoin.

Un second type de texte est répandu exclusivement en Espagne [2]. Il se caractérise entre autres par un ordre très particulier : ɪ, 1-4; ɪɪɪ, 9-v, 9; ɪ, 5-ɪɪɪ, 8, sur lequel il n'y a pas à s'attarder ici. Dans ces manuscrits, la suite des livres, sauf exception[3], est celle qui est habituelle en grec : Jérémie, Baruch (ɪ-v), Lamentations, Épître de Jérémie (*Bar.* vi).

Munich 6480-6481 (xv s.) : *Bar.* après *II Macc.*;

Munich 18118 (a. 1469) : *Chron., I-IV Esd., Bar.*;

Oxford *Exeter College* 36 (xɪɪɪ s.) : *Bar.* après *II Macc.*;

Paris *Arsenal* 1 (xɪɪ s.) : fragment de *Bar.* après les XII Proph.;

Paris *Arsenal* 65 (xɪɪɪ s.) : *Bar.* à la fin du N.T.;

Paris *B.N.* lat. 4 (ɪx-x s.) : *Bar.* au t. II, fol. 134v ajouté au xɪɪ s.;

Paris *B.N.* lat. 14 (xɪɪɪ-xɪv s.) : *Bar.* en fin de ms. après *III Esd.*;

Paris *B.N.* lat. 116 (fin xɪɪ-xɪɪɪ s.) : *Bar.* après *Apoc., Ps.*;

Paris *B.N.* lat. 134 (fin xɪ-xɪɪ s.) : *Bar.* après *II Esd.*;

Paris *B.N.* lat. 165 (xɪɪɪ s.) : *Bar* après *Ez.*;

Paris *B.N.* lat. 11951 (xɪɪ s.) : *Bar.* après *Mal.*;

Paris *B.N.* lat. 16744 (xɪɪ s.) : *Bar.* après *Mal.*;

Paris *B.N.* lat. 17199 (xɪɪɪ s.) : *Bar.* de 2e main après *Lam.*;

Paris *Chambre des Députés* 2 (xɪɪ s.) : *Bar.* après *II Macc.*;

Paris *Sainte Geneviève* 9 (fin xɪɪ s.) : *Bar.* après *Mal.*;

Parme *Bibliot. de Rossi* lat. 3 (xɪɪɪ s.) : *Bar.* après *Mal.*;

Reims 1 (ɪx s.; Bible d'Hincmar) : *Bar.* de 2e main (xɪ s. ?) sur un folio ajouté à la fin de *Jér.*;

Rome *Vallicell.* D 8 (xɪɪ s.) : *Bar.* après *Mal.*;

Rome *Vallicell.* F 71 (xɪɪɪ s.) : *Bar.* de 2e main après le *N.T.*;

Rouen 8 (xɪ s.) : *Bar.* de 2e main (xɪɪ s.) après *II Macc.*;

Saint-Gall *Stiftsbibl.* 39 (ɪx s.) : *Bar.* ajouté de 2e main;

Trèves *Séminaire* 1 (xɪɪ s.) : *Bar.* après *Mal.*;

Trèves *Séminaire* 89 (xɪɪ s.) : *Bar.* après *Mal.*;

Vatican lat. 8557-8558 (xɪ s.) : *Bar.* après *Soph.*;

Vatican *Ross.* lat. IX 11 (xɪv s.) : *Bar* après *III Esd.*;

Vienne *Nationalbibl.* 1094 (xɪv s.) : *Bar.* en tête.

[1] Texte édité par L. Mattei-Cerasoli, *Liber Baruch secondo il testo del codice biblico Cavense* (Analecta Cavensia 1), 1935, 15 p.

[2] C'est le texte que G. Hoberg a publié d'une manière tout à fait insuffisante. On le trouve dans les mss Léon *Arch. Catedr.* 6 (a. 920), *S. Isidoro* Codex gothicus (a. 960), *S. Isidoro* 1, 3 (a. 1162); Madrid *Acad. de la Historia* 20 (déb. x s.); Burgos *Séminaire* Bible de Cardeña (x s.); Madrid *B.N.* 3997 (fin xɪɪɪ s.).

[3] Codex gothicus : *Jér., Bar., Ep. Jér., Lam.*; Madrid *B.N.* 3997 : après *Mal.*

Dans ces deux premiers textes, *Bar.* i-v est précédé et suivi d'un titre nommant Baruch.

Un troisième type de texte est celui que Théodulfe a inséré dans ses Bibles [1] et qui, repris dans les Bibles de l'Université de Paris, est devenu le texte officiel. Dans sa forme pure, il se caractérise extérieurement par l'addition dans le texte d'une série de *tituli.* Mais ce qui importe ici, c'est que dans ces Bibles écrites autour de l'an 800, Baruch suit *sans titre* le livre de Jérémie et que l'explicit du livre de Jérémie se lit après *Baruch* v, 9. Les textes de Baruch issus de cette recension largement diffusée ont reçu d'autres présentations, des titres propres, un prologue [2], etc. Mais il ne fait aucun doute que Théodulfe en intégrant totalement Baruch à la version hiéronymienne de Jérémie n'a fait que suivre le modèle vieux latin auquel il empruntait son texte.

Le quatrième type de texte est encore plus étonnant. Il a été publié plusieurs fois; on connaît aujourd'hui plus de dix témoins manuscrits du texte complet [3] et d'autres témoins d'un texte mixte [4]. Il commence non en *Bar.* i, 1 mais en *Jér.* lii, 12. La suite du texte est nettement caractérisée et distincte des trois premiers. Dans les témoins mélangés, il y a passage au texte de Théodulfe a partir de i, 4. L'explication est limpide. Dans le texte manuscrit qui a servi à la récupération de Baruch, celui-ci n'était pas distingué de Jérémie, et le verset *Jér.* lii, 12 ressemblait au début de Baruch :

> *Jér.* lii, 12 : et factum est in anno quinto (*var.* : quinto anno) decima mensis, uenit nabuzardan ....
>
> *Bar.* i, début ($\pm$ vers. 2) : et factum est post annum quintum et mensem septimum quo ceperunt chaldei ......

La similitude des deux débuts de verset fut cause d'une mauvaise césure; elle nous vaut la conservation du texte vieux latin de la fin de Jérémie.

Il est donc tout à fait clair que, dans les deux derniers cas, la réintégration de Baruch s'est opérée à partir d'exemplaires vieux latins

---

[1] Sur les Bibles de Théodulfe, voir B. FISCHER, « Bibeltext und Bibelreform unter Karl dem Grossen », p. 176-183.

[2] Le prologue *Liber iste* est déjà inséré de seconde main dans la luxueuse Bible de Théodulfe PARIS *B.N.* lat. 9380.

[3] MONT-CASSIN 35 ; PARIS *Arsenal* 4 ; PARIS *B.N.* lat. 161, 166, 11951, 16744 ; REIMS 1 ; ROME *Vallicellane* A 17 et B 7, etc. Pour le texte, voir par ex. P. SABATIER, *Bibliorum Sacrorum Latinae Versiones seu Vetus Italica* ..., t. II, 2, Paris, 1751², p. 737-749.

[4] PARIS *Arsenal* 65 et 70 ; PARIS *B.N.* lat. 11 ; REIMS 16, 22, 34, 91.

où rien ne distinguait ce que nous appelons « Livre de Baruch » du livre de Jérémie. Telle devait être aussi la situation dans les manuscrits grecs anciens de la Bible.

2. *Les Bibles grecques*

La tradition manuscrite de la Bible grecque n'a conservé que des vestiges d'un état de fait que la tradition latine, Bibles et Pères, révèle avec limpidité. Le plus important est que dans presque tous les manuscrits l'ordre est le suivant : Jérémie, Baruch (i à v), Lamentations, Épître de Jérémie [1]. Cette disposition nous rappelle que le lien entre Baruch et l'Épître de Jérémie est purement accidentel et surtout que Baruch n'est séparé que par un titre, généralement très discret, de Jérémie. De plus il existe un manuscrit qui place l'explicit de Jérémie après Baruch [2]. Sans la tradition latine, on ne pourrait rien conclure, ni expliquer pourquoi les Pères grecs citent parfois Baruch sous le nom de Jérémie.

Ces faits joints à ce que la tradition patristique grecque révèle autorisent une hypothèse. Les travaux de comparaison du grec avec l'hébreu auxquels Origène consacra une part importante de son activité devaient aboutir nécessairement à isoler l'appendice deutérocanonique de Jérémie. Celui-ci pouvait naturellement recevoir le nom de Baruch, puisque le disciple de Jérémie est cité deux fois tout au début (i, 1 et 3). Je crois donc que les manuscrits grecs antérieurs aux Hexaples ne distinguaient pas Baruch de Jérémie. Ainsi s'explique toute la tradition latine et une partie de la tradition grecque. La tradition manuscrite des Bibles grecques, même celle qui n'était pas directement tributaire des Hexaples, fut influencée par eux, de telle sorte que tous les manuscrits bibliques conservés donnent à Baruch un titre spécial. Dans le monde latin, l'influence de Jérôme et de sa version sur l'hébreu ne s'exerça qu'à retardement et laissa intact l'usage ancien [3].

---

[1] Voici les exceptions. Dans le *Sinaiticus*, les Lamentations suivent Jérémie, puis il y a une longue lacune. Le ms. minuscule n° 106 a l'ordre *Jér.*, *Lam.*, *Bar.*, *Ep. Jér.*; le n° 538, *Jér.*, *Lam.*, *Ep. Jér.*, *Bar.* (d'après une lettre de W. Kappler à D. De Bruyne, du 12 déc. 1932).

[2] Le n° 538, cité à la note précédente.

[3] Ce travail est fondé essentiellement sur l'étude des traditions grecque et latine. La tradition copte, tant patristique que biblique, est pauvre en ce qui regarde l'objet de cette étude. De plus, sauf pour les mss bibliques, il est difficile d'en faire l'inventaire. Un examen des tables scripturaires de la *Patrologia Orientalis* (*PO*) et du *Corpus Scrip-*

Conclusion

Il ressort de cet exposé que le livre deutérocanonique de Baruch
ne peut intervenir que d'un manière limitée dans une histoire de
l'utilisation pseudépigraphique de ce nom. Avant le IIIe siècle de
notre ère dans le monde grec, avant le VIIIe siècle dans le monde
latin, la conscience de l'existence d'un livre de Baruch est ou inexis-
tante — jusqu'au troisième siècle — ou réservée au monde grec et
à quelques spécialistes latins au courant de la tradition grecque et
hébraïque.

Dans ma thèse sur l'*Apocalypse syriaque de Baruch*, j'ai écrit : « Ce
stade intermédiaire [celui de Baruch auteur du livre deutérocanonique]
n'est pas inutile — encore qu'il ne soit pas indispensable — pour
expliquer le passage de Baruch, scribe de Jérémie, au Baruch, visionnaire de l'Apocalypse », tout en laissant entrevoir que la question
du titre de Baruch canonique se posait et demandait un examen [1].

Il est possible aujourd'hui d'être plus précis.

1. Ce que nous appelons chapitres I à V de Baruch n'a formé à
l'origine qu'un appendice de la version grecque de Jérémie. Seule
la comparaison du texte grec de Jérémie avec l'hébreu, plus court,
pouvait en faire découvrir le caractère particulier.

2. Ni de ce côté donc ni du côté du fragment interpolé dans les
Testimonia de Cyprien, il n'y a d'objection à ce que l'*Apocalypse
syriaque de Baruch* soit le premier écrit à avoir porté ce pseudonyme
lié aux événements de 70. A titre de pure hypothèse, on pourrait

---

torum Christianorum Orientalium (*CSCO*), examen non limité au copte d'ailleurs, n'a pas
donné de résultats intéressants, sauf pour Athanase, voir p. 65, n. 8, et pour Horsièse
qui cite Baruch comme tel : voir *CSCO*, t. 160, p. 71, et le Testament conservé dans une
version latine de Jérôme (A. Boon, *Pachomiana Latina*, Louvain, 1932, p. 109). La
tradition syriaque patristique n'est pas moins difficile à inventorier. En revanche, les
mss bibliques sont décrits dans la *List of Old Testament Peshitta Manuscripts* (Leyde,
1961). L'ordre habituel des Bibles syriaques est *Jér.*, *Lam.*, *II Bar.* LXXVIII-LXXXVII,
Bar., *Ep. Jér.* Le Baruch deutérocanonique est toujours appelé de ce nom dans les mss
bibliques ; souvent il est intitulé « deuxième lettre de Baruch ». Le Dr. W. Baars m'a très
aimablement signalé lors des Journées Bibliques que des lectionnaires syriaques citent
Baruch sous le nom de Jérémie. De même, les traditions liturgiques représentées par
le *Grand Lectionnaire de l'Église de Jérusalem* (CSCO, t. 205, p. 131) en géorgien et par
les *Liber Nativitatis* et *Liber Trinitatis* éthiopiens (*CSCO*, t. 236, p. 52-53) citent Baruch
comme Jérémie.

[1] Voir *Apoc. de B.*, t. I, p. 453 et 259, n. 1.

imaginer un écrit postérieur à 70 dont *II Baruch* se serait inspiré. Mais cela est superflu [1].

3. Nous savions déjà que l'apocalypse syriaque était à la source de l'appellation et d'une partie du contenu des *Paralipomena Jeremiae* (encore nommés « Reste des paroles de Baruch ») et, par leur intermédiaire, de l'appellation, et non du contenu, de l'*Apocalypse grecque de Baruch* [2]. Nous pouvons ajouter maintenant que c'est aussi l'existence de *II Baruch*, connu au minimum en Égypte et en Osrhoène, qui a permis ou facilité l'appellation actuelle de l'appendice deutéro-canonique de Jérémie.

4. Certaines des observations faites ci-dessus intéressent au plus haut point l'exégèse du livre deutérocanonique de Baruch. Mais ce n'est pas le lieu ici d'en reprendre l'étude.

---

[1] Même pour expliquer la ressemblance des *Paralipomena Jeremiae* : voir *Apoc. de B.*, t. I, p. 221.

[2] Voir *Apoc. de B.*, t. I, p. 455.

M. PHILONENKO

JOSEPH ET ASÉNETH

QUESTIONS ACTUELLES

Après avoir été trop longtemps ignoré, le roman de *Joseph et Aséneth* a fait l'objet de plusieurs travaux. Deux livres ont paru, celui du Dr Burchard [1], puis le nôtre [2], pour ne rien dire des articles. Les questions que soulève *Joseph et Aséneth* méritent, en effet, une attention soutenue, qu'il s'agisse des problèmes d'édition ou des problèmes d'interprétation. Il ne saurait être question de les traiter toutes, ni même de les évoquer toutes. Je me propose ici de débattre de quelques problèmes sur lesquels Burchard et moi-même sommes d'un sentiment différent.

Le problème textuel

Il y a d'abord le problème textuel. Il est d'une grande complexité. Je voudrais en souligner certains aspects méthodologiques.

Point n'est besoin de rappeler le caractère défectueux des éditions de Batiffol et d'Istrin. Le besoin d'une nouvelle édition s'imposait. C'est cette édition que j'ai voulu donner. J'ai plaisir à reconnaître le caractère très méritoire des recherches de Burchard et à dire ma dette à son endroit. Il a, le premier, fait un relevé très complet des divers manuscrits de *Joseph et Aséneth* et proposé un classement raisonnable de ces manuscrits en familles. Le texte grec de *Joseph et Aséneth* nous a été conservé en quatre familles : *a*, *b*, *c*, *d*. Ce point ne fait pas difficulté. Ce sont les rapports entre ces quatre familles que Burchard et moi-même concevons de façon différente.

Selon Burchard, je le rappelle, *a* doit être considéré comme une recension secondaire, alors que les familles *b*, *c* et *d* représentent un texte qui n'aurait pas fait l'objet d'une recension [3].

---

[1] C. BURCHARD, *Untersuchungen zu Joseph und Aseneth*, Tübingen, 1965.

[2] M. PHILONENKO, *Joseph et Aséneth*. Introduction, texte critique, traduction et notes, Leiden, 1968.

[3] Dans son ouvrage, p. 22, Burchard ne distingue guère à cet égard *c* de *b* et *d*. Dans son article, Zum Text von « Joseph und Aseneth », *Journal for The Study of Judaism,*

Selon moi, *b* et *c* sont déjà des recensions antérieures au texte attesté par *a*. Cette divergence d'appréciation s'explique de la façon suivante : Burchard et moi ne comprenons pas de la même façon le travail des remanieurs. Pour Burchard, ce travail est d'ordre stylistique; pour moi, outre les remaniements stylistiques qui tendent à polir un texte jugé imparfait, il faut constater dans le texte de *a* la présence d'importantes surcharges qui allongent le récit de façon sensible et en altèrent jusqu'à l'ordonnance.

Ce sont, au chapitre 18 les deux apparitions de l'intendant, au chapitre 19 le dialogue de Joseph et d'Aséneth, au chapitre 22 le portrait de Jacob et, au chapitre 11, ce que j'ai appelé, après Istrin, « la prière secrète ». Peut-être eût-il mieux valu parler de monologue intérieur ou de débat intérieur, mais ce qu'il faut maintenir, en tout état de cause, c'est le caractère secondaire de ce passage. Quant au fait qu'un monologue puisse servir d'introduction à une prière dans tel roman antique, cela pourrait tout simplement expliquer cette addition.

Or, *c*, outre ces surcharges, porte déjà la marque des retouches stylistiques que l'on retrouvera amplifiées dans *a*. En *b*, on relève bien les mêmes additions qu'en *a* et *c*, mais *b* n'a pas été l'objet de remaniements stylistiques. Il est dès lors aisé de classer ces trois familles, en allant de la plus ancienne, *b*, à la plus récente, *a* ; *c* occupant une place intermédiaire. En d'autres termes, *b* constitue une première recension longue, *c* est une seconde recension longue, *a* est une troisième recension longue.

Le texte de la quatrième famille, ou *d*, attesté par les manuscrits B, D et la version slave est exempt de ces remaniements et de ces additions. Ce texte court est, selon nous, le plus ancien. Pour Burchard, c'est un abrégé.

Enfin, pour Burchard et pour moi-même, le texte de *Joseph et Aséneth* n'est pas de même nature. Selon moi, *Joseph et Aséneth* a vécu la vie des textes hagiographiques. Ces textes, on le sait, ont été sans cesse remaniés, retouchés, interpolés. Ils l'ont été si souvent que l'on peut parfois dire qu'il y a autant de recensions que de manus- crits. Il y a eu, certes, un original de *Joseph et Aséneth*, mais, à moins d'une découverte inespérée, c'est chimère que de vouloir le reconstituer. Retrouver l'original de *Joseph et Aséneth* n'est pas la tâche d'un éditeur,

---

1, 1970, p. 10, il reconnaît que *c* a subi une revision de caractère stylistique et pourrait être plus récent que *b* et *d* : c'est ce que j'avais indiqué moi-même, *Joseph et Aséneth*, p. 10.

c'est celle de l'archéologue. Ce qui est possible, c'est isoler certaines strates de la tradition. J'ai tenté de dégager la plus ancienne en donnant le texte de *d*.

Burchard souhaite éditer le texte de *b*. Ce travail jettera un éclairage intéressant sur l'histoire de la tradition textuelle. L'exégèse de *Joseph et Aséneth* en sera-t-elle renouvelée ? Il est permis d'en douter.

Le genre littéraire

Il faut considérer comme un progrès d'avoir fait à *Joseph et Aséneth* une place dans la collection des Pseudépigraphes de l'Ancien Testament. Le problème du genre littéraire de notre écrit n'avait toutefois fait l'objet d'aucune étude. Burchard, dans sa thèse, était resté muet là-dessus. J'ai voulu montrer avec quelque ampleur que *Joseph et Aséneth* doit être rangé dans le corpus des romans grecs.

Le sujet fourni par le texte de la *Genèse*, savoir le mariage de Joseph avec la fille du prêtre d'Héliopolis, se prêtait admirablement à cette exploitation. Il est aisé de montrer que d'un roman d'amour l'auteur connaît tous les clichés : l'exceptionnelle beauté de l'héroïne et du héros, le coup de foudre, le mal d'amour, le baiser, la séparation, le rival sans scrupule, la virginité des héros. L'utilisation de ces motifs révèle le désir très conscient chez l'auteur de s'exprimer dans une forme littéraire dont le succès en milieu païen n'était plus à faire.

Burchard aujourd'hui converti, si je puis dire, au genre romanesque, voudrait, si je le comprends bien, faire un pas de plus et retrouver dans *Joseph et Aséneth* une adaptation de matériaux mis en œuvre dans le Conte d'Amour et de Psyché et dans l'histoire de Lucius [1].

Cette hypothèse me paraît fondée sur des rapprochements qui, pour la plupart, sont artificiels. Il y a bien des motifs communs à *Joseph et Aséneth* et aux *Métamorphoses*, il n'y a pas de parenté de structure. S'il y a parfois une progression comparable dans l'apparition de ces motifs, c'est que leur déroulement suit la marche stéréotypée d'une histoire d'amour : on commence par le coup de foudre et l'on finit par un mariage.

Quant aux rapprochements avec l'histoire de Lucius, ils s'expliquent par le fait que l'auteur de *Joseph et Aséneth* a voulu présenter la conversion de l'héroïne au Judaïsme, comme l'entrée dans un culte à mystères.

---

[1] C. Burchard, *Der dreizehnte Zeuge*, Göttingen, 1970, p. 63-83.

L'arrière-plan religieux

Une autre hypothèse de Burchard, amenée d'ailleurs par la première appelle d'expresses réserves. Selon lui, il y aurait lieu de retrouver dans *Joseph et Aséneth* des matériaux empruntés à un « Isis-(Osiris-Sarapis)-Traditionskreis » [1]. Ici encore, c'est faire fausse route. Dans une note, qui a peut-être échappé à l'attention de Burchard, j'avais, par avance, mis en garde contre une telle interprétation : « On ne cèdera pas à la tentation de se livrer à une relecture isiaque du roman. Joseph, qui ailleurs fut assimilé à Osiris, n'a dans le roman aucun trait proprement osirien » [2]. Ce n'est pas dire que le roman de *Joseph et Aséneth* ne baigne pas dans une atmosphère égyptisante. Tout au contraire. L'auteur a une connaissance précise de certains chapitres de la théologie égyptienne. Derrière Aséneth, dont le nom avait pour l'auteur sa pleine signification : « qu'elle appartienne à Neith », c'est la Dame de Saïs, Neith la déesse, qu'il retrouve et à laquelle il fait des allusions aussi savantes que subtiles [3]. *Joseph et Aséneth* est le plus égyptien des romans grecs.

Les positions de Burchard et de moi-même sont donc assez différentes sur des problèmes importants.

« Il y avait une grande discorde parmi eux à cause d'elle » rapporte l'auteur de notre roman [4]. Peut-être était-il dans la nature de la belle Aséneth d'être une cause de discorde ? C'est l'objet d'une rencontre telle que celle-ci d'en mettre à nu les ressorts et de faire avancer le débat.

---

[1] C. BURCHARD, *Der dreizehnte Zeuge...*, p. 85.

[2] M. PHILONENKO, *Joseph et Aséneth*, p. 163.

[3] Sur ce point, voir la réaction d'un égyptologue, Ph. DERCHAIN, dans *Chronique d'Égypte*, 44, 1969, p. 372-374.

[4] *Joseph et Aséneth* 1, 10.

C. BURCHARD

JOSEPH ET ASÉNETH

QUESTIONS ACTUELLES[*]

Parmi les livres apocryphes et pseudépigraphiques de l'Ancien Testament il n'y en eut guère de plus populaire, autrefois, que l'histoire de *Joseph et Aséneth*. Roman d'amour et d'enlèvement en même temps que journal d'une conversion, voilà notre apocryphe pourvu de toutes les caractéristiques qui sont encore de nos jours les garants du succès littéraire — sexe, crime et religion. Un peu plus long que l'évangile de Marc, écrit dans un grec inspiré des Septante, *Joseph et Aséneth* se répandit non seulement dans sa langue originale, mais aussi en syriaque, en arménien, en latin, en serbo-slave, en éthiopien, en grec moderne et en roumain. Très tôt, le texte grec eut une influence sur certaines passions, notamment sur celle de sainte Irène[1]. Plus tard, son écho se fera entendre dans l'histoire musulmane de Youssouf et Zouleïkha, dont il existe d'innombrables versions [1a]. Au XIIIe siècle, Vincent de Beauvais résuma l'essentiel d'une traduction latine de notre roman dans son *Miroir historial* II 118-124, et cet abrégé connut un succès autonome dans bien des littératures européennes [2]. Vers le XVIIIe siècle, enfin, *Joseph et Aséneth* tomba dans l'oubli, d'où il fut retiré par P. Batiffol il y a quatre-vingts ans [3]. Batiffol assura la première édition intégrale du texte grec et du texte latin abrégé par Vincent. Il a pourtant eu le malheur de placer Aséneth aux IVe et Ve siècles ap. J.-C., ce qui explique sans doute en quelque mesure le peu d'attention qu'a attiré son livre dans les années suivantes. Ce fut à G. D. Kilpatrick et J. Jeremias, en 1952, de sauver pour de bon la belle Aséneth de l'exil

---

[*] M. Philonenko s'est amicalement chargé de la tâche ingrate de revoir mon manuscrit et d'assouplir dans la mesure du possible ma lourde prose. Qu'il veuille bien trouver ici l'expression de ma gratitude la plus sincère.

[1] C. BURCHARD, *Untersuchungen zu Joseph und Aseneth*, Wissenschaftliche Untersuchungen zum Neuen Testament 8, Tübingen, 1965, p. 134-137; M. PHILONENKO, *Joseph et Aséneth*, Studia Post-Biblica 13, Leiden, 1968, p. 110-117; M. VAN ESBROECK, compte-rendu des ouvrages cités, *Analecta Bollandiana*, 80, 1968, p. 404-410.

[1a] PHILONENKO, *Joseph et Aséneth*, p. 117-123.

[2] BURCHARD, *Untersuchungen*, p. 41-45.

[3] P. BATIFFOL, « Le Livre de la Prière d'Aseneth », dans Batiffol, *Studia Patristica*, Paris, 1889-1890, p. 1-115.

hagiographique et de la rapatrier au milieu dont elle était issue, c'est-à-dire le judaïsme hellénistique d'Égypte vers le début de notre ère [1]. Une fois rétablie chez elle, Aséneth n'a pas cessé d'intéresser le monde savant, comme le montre la bibliographie dressée par M. Philonenko dans son ouvrage cité en note 1 et qui est le dossier le plus récent et le plus complet de notre sujet [2]. Il n'a pas lieu de s'en étonner. *Joseph et Aséneth* est une source de tout premier ordre pour mieux comprendre le judaïsme hellénistique et du coup même l'arrière-fond du Nouveau Testament. Ou disons plutôt : le livre pourra être tel au fur et à mesure où il sera lui-même mieux compris. Pour donner une idée de ce qui a été fait et qui reste à faire, on nous permettra de mettre en relief brièvement trois problèmes cardinaux, celui du texte, celui de la structure littéraire et celui de l'arrière-fond religieux.

I. Le problème du texte

Joseph et Aséneth nous est conservé dans seize manuscrits grecs et huit versions faites sur le grec. Cela fait un total d'environ quatre-vingt-dix manuscrits. Heureusement, il est facile de mettre un peu d'ordre dans cette foule effrayante de témoins. Ils se divisent sans difficulté en quatre familles que voici [3] :

---

[1] G. D. Kilpatrick, « The Last Supper », *The Expository Times*, 64, 1952/53, p. 4-8; J. Jeremias, « The Last Supper », *ibid.*, p. 91s. Ce mérite leur revient en dépit du fait qu'ils avaient des devanciers, parmi lesquels il faut citer avant tout V. Aptowitzer, « Asenath, the Wife of Joseph. A Haggadic Literary-Historical Study », *Hebrew Union College Annual*, 1, 1924, p. 239-306; P. Rießler, « Joseph und Asenath. Eine altjüdische Erzählung », *Theologische Quartalschrift*, 103, 1922, p. 1-22, 145-183. Sur la date et le lieu de composition de notre apocryphe voir Burchard, *Untersuchungen*, p. 133-151; Philonenko, *Joseph et Aséneth*, p. 99-109.

[2] P. 239-249. Voir aussi Burchard, *Untersuchungen*, p. 153-164 et le supplément dans « Zum Text von 'Joseph und Aseneth' », *Journal for the Study of Judaism*, 1, 1970, p. 3, n. 3. Ajouter E. Brandenburger, *Fleisch und Geist. Paulus und die dualistische Weisheit*, Wissenschaftliche Monographien zum Alten und Neuen Testament 29, Neukirchen-Vluyn, 1968, p. 64, 120, 125, 166, 182, 186, 188, 202, 207; A.-M. Denis, *Introduction aux Pseudépigraphes grecs d'Ancien Testament*, Studia in Veteris Testamenti Pseudepigrapha 1, Leyde, 1970, p. 40-48; Burchard, *Der dreizehnte Zeuge. Kompositions- und traditionsgeschichtliche Untersuchungen zu Lukas' Darstellung der Frühzeit des Paulus*, Forschungen zur Religion und Literatur des Alten und Neuen Testaments 103, Göttingen, 1970, § 4,1a; « Fußnoten zum neutestamentlichen Griechisch », *Zeitschrift für die neutestamentliche Wissenschaft*, 61, 1970, p. 157-171.

[3] Liste des manuscrits et analyse détaillée dans Burchard, *Untersuchungen*, p. 2-49; voir aussi Philonenko, *Joseph et Aséneth*, p. 3-26. On désigne les manuscrits grecs par

Famille a

O   Sinaï, Sainte Cathérine, Gr. 504, Xe s. (perdu)
A   Rome, Biblioteca Vaticana, Vat. Gr. 803, XI-XIIe s.
P   Athos, Konstamonitou 14, XVe s.
Q   Rome, Biblioteca Vaticana, Pal. Gr. 364, XVe s.
C   Oxford, Bodleian Library, Barocc. Gr. 148, XVe s.
R   Sinaï, Sainte Cathérine, Gr. 530, XV-XVIe s. (copie de C ?)
     paraphrase en grec moderne (XVIe s. ou avant, 3 mss très différents).

Famille b

E   Athos, Vatopédi 600, XVe s.
G   Chillicothe, Ohio, en la possession de D. McC. McKell, XVIe s. (illuminé)
F   Bucarest, Biblioteca Academiei Republicii Populare Romîne, Gr. 966, XVIIe s.
W   Sinaï, Sainte Cathérine, Gr. 1976, XVIIe s. [1]
     version syriaque (VIe s., 2 mss)
     version arménienne (VI-VIIe s., une quarantaine de mss)
     version latine I (XIIe s., 10 mss)
     version latine II (XIIe s., 5 mss)
     version roumaine (XVIIIe s., 4 mss)
     version éthiopienne (date incertaine, texte disparu à l'exception de quelques citations)

Famille c

H   Jérusalem, Patriarchat orthodoxe, Saint Sépulchre 73, XVIIe s.
J   Jérusalem, Patriarchat orthodoxe, Saba 389, XVIIe s.
K   Jérusalem, Patriarchat orthodoxe, Saba 593, 1802

Famille d

B   Rome, Biblioteca Vaticana, Pal. Gr. 17, XI-XIIe s.
D   Oxford, Bodleian Library, Barocc. Gr. 147, XVe s.
     version serbo-slave (XVe s. ou avant, 2 mss)

non identifié

Breslau, Biblioteka Uniwersytecka, Rehdig. 26, XIe s. (première main d'un palimpseste, s'apparente vraisemblablement à *b*)

Pour caractériser quelque peu ces quatre familles, notons d'abord que deux d'entr'elles sont des recensions au sens strict du mot, à savoir

des capitales. — Il faut ajouter à ma liste deux manuscrits arméniens et un en grec vulgaire : Jérusalem, St. Jacques (Patriarchat Arménien), 1927 et 1934 (M. STONE, *The Testament of Levi. A First Study of the Armenian Mss of the Testaments of the XII Patriarchs in the Convent of St. James, Jerusalem*, Jerusalem, 1969, p. 16, 17); Athos, Vatopédi 83 (DENIS, *Introduction*, p. 42).

[1] F et W forment un groupe à part qui est caractérisé par des interpolations parénétiques chrétiennes. C'est d'un manuscrit de ce type que dépend la version roumaine.

a et *c*. Dans *a*, « on discerne un effort persévérant pour récrire en un grec recherché un texte jugé trop lourd, vulgaire, voire incorrect », écrit fort justement Philonenko [1]. Le cas de *c* est semblable, bien que les retouches y soient plus légères. Par contre, *b* et *d* sont des rejetons naturels de l'évolution textuelle. On remarquera ensuite que les familles sont de longueur inégale. *b* paraît en être la plus longue ; elle comporte certains passages que l'on ne trouve pas ailleurs, notamment un psaume d'Aséneth après le chapitre 21 [2]. *a* est moins longue que *b*, mais pas de beaucoup. *c* s'approche de *b*, mais aucun des trois manuscrits ne va au delà de 16,17. Par contre, *d* est un texte court. Y font défaut non seulement des mots et des phrases isolés, mais aussi de paragraphes entiers, notamment dans les chapitres 11, 18, 19, 21 et 22. Dans l'ensemble, *d* ne comprend que les deux tiers de ce qu'on lit dans *abc*. Finalement, l'âge des familles. La recension *a* a été réalisée avant le Xe siècle, peut-être pas beaucoup plus tôt. *c* est sans doute bien plus récent. *d* est également antérieure au Xe siècle, mais on ne sait pas de combien. *b* est pour la première fois attestée au VIe siècle et peu après par le syriaque et l'arménien.

Voilà les matériaux dont dispose la critique textuelle à présent. Que peut-on en faire ?

Constatation préliminaire, mais qui ne va pas de soi : *Joseph et Aséneth* n'est pas de ces contes populaires qui n'ont pas d'auteur ou qui en ont trop. C'est bien l'ouvrage d'un individu. Il a par conséquent dû exister de notre apocryphe un texte primitif. Autre chose est de savoir si et comment on peut le retrouver à travers la nuée de témoins qui vient d'être décrite. Pour répondre à cette question, il faut avoir une idée de l'histoire du texte, soit, plus simplement, de l'affiliation des familles. Trois ou quatre hypothèses ont été avancées. La première ne l'était que de façon implicite. En choisissant le manuscrit A pour le texte de son édition, Batiffol donna à entendre qu'il fallait chercher l'original dans la direction de *a* ; à part cela, il ne souffla pas mot du problème textuel. Quelques années plus tard, V. M. Istrin, dans son édition passée presque inaperçue [3], parvint sans grand-peine à démontrer que *a* est un remaniement qu'il appela « la rédaction longue ». Elle dérive, selon lui, de « la rédaction courte », à savoir *d*. Batiffol et Istrin

---

[1] *Joseph et Aséneth*, p. 6.

[2] J'ai essayé de reconstruire le texte du psaume et de certains autres passages non représentés en *a* dans *Untersuchungen*, p. 49-90.

[3] « Apokrif ob Iosifě i Asenefě », in *Drevnosti*, Trudy slavjanskoj kommissii Imperatorskago moskovskago archeologičeskago obščestva 2, Moscou, 1898, p. 146-199.

ne tenaient cependant pas compte, l'un et l'autre, de l'ensemble de la tradition manuscrite. La famille *b* leur échappait puisqu'ils ne la connaissaient qu'à travers les versions; *c* leur était totalement inconnue. Aussi, une fois reconnues les quatre familles, une autre solution me parut-elle s'imposer. La meilleure famille est la plus ancienne, *b*; *a*, *c* et *d*, tout en étant plus récentes, en sont indépendantes, si bien qu'il est possible de reconstruire avec leur aide un texte éclectique qui serait encore meilleur et plus ancien que celui de *b*[1]. Contre cette vue des choses s'est dressé M. Philonenko en précisant l'hypothèse d'Istrin[2]. Parmi les quatre textes représentés par les quatre familles, il en discerne un qui est l'ancêtre de tous les autres; c'est le texte court de la famille *d*. Ce n'est pas là le texte primitif; *d* est, elle aussi, une recension, mais qui est encore toute juive et si proche de l'original qu'elle offre « une base solide à l'exégèse »[3]. De bonne heure, ce texte court fut élargi, ce qui donna *b* (« première recension longue »); Philonenko y décèle une influence gnostique, soit juive, soit chrétienne. A force de certaines retouches indubitablement chrétiennes, *b* devint ensuite *c* (« seconde recension longue »). Une revision fondamentale, toujours chrétienne, transforma enfin *c* en *a* (« troisième recension longue »).

Selon moi, cette hypothèse ne s'impose pas. Car il est bien évident que le texte *d* est inférieur à l'un au moins des autres ou à plusieurs dans plus d'un passage. Occupons-nous d'abord de la brièveté de *d* parce que c'est elle qui est le propre de ce texte (variantes de longueur et variantes positives ne sont du reste pas gouvernées par une même loi). Prenons, par exemple, 8,9 (8,11 Ph.), passage où Joseph intercède pour Aséneth :

καὶ πιέτω ποτήριον (+ τῆς D) εὐλογίας σου
ἣν ἐξελέξω πρὶν γεννηθῆναι   BD sl (*d*)

καὶ πιέτω ποτήριον εὐλογίας σου
καὶ συγκαταρίθμησον αὐτὴν τῷ λαῷ σου
ὃν ἐξελέξω πρὶν γεννηθῆναι (γενέσθαι ΑΗ) τὰ πάντα   F (*b*) A (*a*) H (*c*)

Dans *d*, la phrase relative « que tu as choisie » va mal avec « bénédiction »[4]. Dans *b* et *a*, non seulement la phrase relative est à propos,

---

[1] *Untersuchungen*, p. 18-49.

[2] *Joseph et Aséneth*, p. 3-26.

[3] P. 101.

[4] Philonenko s'est tiré d'affaire en traduisant « elle que j'ai choisie (lapsus pour 'tu as choisie') avant sa naissance » (p. 159). C'est à la rigueur possible, mais on s'étonnerait de trouver un tour de phrase aussi recherché dans un ouvrage du genre de *Joseph et Aséneth*.

mais l'ensemble fournit aussi un parallélisme parfait à ce qui suit. Manifestement, *d* est à ce point défectueux, le stique « et compte-la parmi ton peuple élu » étant tombé par *homoiotéleuton*. Dans ce cas la différence de longueur n'est cependant pas bien grave. Examinons donc un second exemple, à savoir le chapitre 11 qui n'a qu'un seul verset dans *d* alors qu'il en a quinze dans *abc*. Ce chapitre, sous sa forme longue, est selon Philonenko « une prière secrète » qui fait double emploi avec la confession de péché d'Aséneth aux chapitres 12 et 13 et qui n'est, en fait, qu'un « véritable pastiche » de cette confession [1]. Quand on y regarde de près, le chapitre 11 n'est pas une prière, mais un monologue où Aséneth fait l'inventaire de sa situation et s'encourage elle-même à se livrer à Dieu. Loin d'être une anticipation de la confession qui va suivre, le monologue sert d'introduction à cette confession. Il y a plus. On trouve des parallèles de l'ensemble : monologue plus confession dans les romans antiques, constatation que nous devrons reprendre plus tard. Pour le moment, retenons-en que la présence, dans le chapitre 11, d'un monologue avant la grande confession d'Aséneth n'a rien d'extra-ordinaire et ne permet pas de juger plus primitif le texte *d* qui l'omet. Une fois de plus, *d* se révèle lacuneux. On pourra objecter, certes, que l'argument tiré des parallèles romanesques est ambivalent, un remanieur ayant pu s'inspirer du roman pour compléter un texte jugé trop pauvre. Mais une fois admis que la forme longue du chapitre 11 est sans reproche du point de vue littéraire, sur quoi s'appuyera-t-on pour déclarer plus primitif le texte court ? La brièveté, à elle seule, ne suffit point, puisque les textes hagiographiques et semblables, on le sait, ont tous sans exception l'habitude de s'amenuiser dans une mesure plus ou moins forte au cours de leur transmission écrite [2]. On observe d'ailleurs que les lacunes vont en général s'accroissant du début à la fin. *d* paraît se conformer à cette loi, à en juger d'après un examen rapide [3]. Il résulte de tout cela que le texte *d* de *Joseph et Aséneth* est dans l'ensemble un abrégé.

Restent les endroits où il y a décalage entre *d* et *b*, *c* ou *a* dans le

---

[1] P. 7.

[2] Il suffit d'examiner les trois témoins qui constituent la famille *d* pour en avoir la preuve. Le chapitre 21 a presque disparu dans les manuscrits grecs, B et D. Si le slave ne l'avait pas préservé, Philonenko n'aurait-il pas conclu, ici aussi, que le texte plus complet de *a* et *b* (*c* n'existe plus) était, une fois de plus, gonflé ?

[3] Par exemple, le texte de Philonenko n'est guère plus court que celui de Batiffol en *Joseph et Aséneth* 1-3, et il l'est encore moins quand on s'aperçoit que Philonenko écarte à tort en 3,1 et 3,6 (3,1 et 3,9 Ph.) le texte de B sl qui est proche de celui de A et s'en tient à D qui est plus bref.

texte positif. Là non plus *d* n'est pas partout sans défaut par rapport
aux autres familles. Citons 12,3 (12,4 Ph.) à titre d'exemple :

προσσχες την δεησιν μου	D sl (*om* B) (*d*)
προς σε εκχεω την δεησιν μου	H (*c*) arm (+ *et* au début) (*b*) Lat I (*b*) Lat II
	(*in conspectu tuo domine* pour προς σε) (*b*)
σοι προσχεω την δεησιν μου	F (*b*)
προς σε την δεησιν μου εκχεω	A (*a*)

La formule en est entourée d'autres qui ont toutes le verbe à la première
personne. πρόσσχες est donc sans doute une corruption de σοὶ προσχέω
ou de πρός σε ἐκχέω.

En somme, le texte de la famille *d* n'est pas à tous les égards supérieur
à ceux des autres familles. Bien au contraire, il est inférieur presque
partout où il est plus court, et il est inférieur par endroits dans le texte
positif, surtout en comparaison avec *b*. Cela revient à dire que le tableau
de l'histoire textuelle que brosse Philonenko ne saurait être juste. Il
n'y a pas eu évolution de *d* à *a* en passant par *b* et *c*. Grâce à ses lacunes,
d n'a même pas la plus grande valeur relative.

Quelle est alors la vraie situation ? On ne la connaît à présent
qu'imparfaitement. Il est évident que les familles *a*, *d* et *c* sont indépendantes l'une de l'autre, ayant chacune un archétype à elle [1]. Ce
qui est moins clair, c'est le caractère de la famille *b* qui est extrêmement
diversifiée et ses rapports avec les autres familles, sauf qu'elle ne saurait
en aucune manière dépendre de l'une d'elles. Dans mon livre j'ai
soutenu sans plus de façon que les témoins du type *b* dérivent d'un
archétype commun et que *a*, *c* et *d* en sont indépendantes [2]. C'était
aller trop vite. Il faudra plus de recherches pour savoir si *b* est en vérité
une famille comme les autres ou un choix de rejetons divers qui n'ont
d'unité que par contraste avec *acd*, et pour déterminer la position de
a, *c* et *d* par rapport soit à *b*, soit à ses composantes. Quoi qu'il en soit,
j'ose dire dès maintenant qu'il sera possible de reconstruire à partir de
l'ensemble de la tradition manuscrite un texte très ancien [3], sans doute

---

[1] Malgré ce que dit Philonenko, *Joseph et Aséneth*, p. 10, *c* ne saurait être la *Vorlage*
de *a*. *c* est sans doute la plus récente des familles. Il n'est d'ailleurs pas certain qu'elle ait
jamais existé au delà de 16,17.

[2] *Supra*, p. 81.

[3] Philonenko estime que c'est impossible ou presque parce que « *Joseph et Aséneth*
a vécu la vie des textes hagiographiques » (*Joseph et Aséneth*, p. 21), si bien que « la tradition de *Joseph et Aséneth* est à ce point embrouillée qu'il n'y a plus d'espoir d'atteindre
le texte original » (*ibid.*, p. 22). On lira avec profit ce qu'écrit H. Delehaye, *Les
passions des martyrs et les genres littéraires*, Bruxelles, 1921, p. 365-423, sur la tradition
des *vitae sanctorum*, mais on comprend mal comment ces remarques s'appliquent

assez semblable à celui que nous laissent entrevoir les témoins du type *b* et qui, sans être identique au texte original, nous offrira ce que Philonenko a cru posséder en *d*, « une base solide à l'exégèse » [1]. Provisoirement je voudrais recommander d'admettre *b* sauf dans les cas où *a*, *c* ou *d* fournissent des variantes nettement supérieures. Cette règle est pourtant difficile à suivre parce qu'aucun manuscrit grec du type *b* n'est imprimé et que les versions sont mal éditées (toutes sauf la syriaque), inédites (version latine II) ou fort lacuneuses (syriaque, latine I). Il ne reste donc pour le moment que d'utiliser le texte de Philonenko en comblant ses lacunes par Batiffol.

II. La structure littéraire

Joseph et Aséneth n'est pas un apocryphe du genre de l'*Apocryphe de la Genèse* de Qumrân ou du livre des *Jubilés*, ouvrages brodés sur la trame du récit biblique. Il s'agit plutôt de l'un des efforts qui ont été faits pour combler une lacune dans le texte sacré. Plus exactement, *Joseph et Aséneth* représente un double effort en ce sens. Car l'ouvrage se divise en deux parties qui s'insèrent à deux endroits différents dans l'histoire biblique de Joseph aux chapitres 41 et 46 de la *Genèse*. On lit d'abord en *Joseph et Aséneth* 1-21 comment Aséneth arriva, la première année de l'abondance, à épouser Joseph (voir le résumé détaillé, *infra*); la narration s'ouvre sur un rappel de *Genèse* 41,46 en 1,1 et se termine en résumant Genèse 41,50-52 en 21,9. Viennent ensuite les chapitres 22-29 où il est raconté comment Aséneth, la deuxième année de la famine après la venue en Egypte de Jacob, faillit être enlevée par le fils premier-né de Pharaon qui s'était assuré les mauvais services de Dan et Gad. L'entreprise fut mise en échec par Siméon, Lévi et Benjamin qui, tel un David avant la lettre, lança une pierre contre le fils de Pharaon et lui fractura la tempe gauche. Le villain mourut le trosième jour après; Pharaon, emporté par le chagrin, le suivit dans

à une situation où l'auteur lui-même ne reconnaît point *tot recensionses quot codices*, mais quatre recensions bien distinctes et dont il est à même de préciser l'ordre généalogique. La situation n'est donc pas du tout désespérée, et s'il n'est plus d'espoir de récupérer l'original de *Joseph et Aséneth*, ce n'est pas parce que la tradition est embrouillée, mais parce qu'elle est incomplète.

[1] Vu le caractère diversifié de *b*, les autres familles pourront servir même dans le cas où elles se dévoileraient, en dernière analyse, comme des rejetons de *b*. Il reste à voir, il est vrai, si l'on peut reconstruire un seul texte partout. Parfois les ramifications sont telles qu'il sera peut-être prudent de se contenter d'une juxtaposition, sur différentes colonnes, des formes divergentes du texte.

la tombe, laissant sa couronne à Joseph pour 48 ans. Le début de cette partie, en 22,1s., rappelle *Genèse* 41,53s. et 45,26-46,7.27. Lue dans le cadre des citations bibliques qui l'entourent, la première partie de *Joseph et Aséneth* explique pourquoi le pieux Joseph pouvait épouser une femme païenne; le sens de la seconde partie est moins clair, mais on dirait qu'elle voudrait mieux motiver la haute position que Joseph occupait en Égypte.

Bien entendu, en elle-même l'histoire de *Joseph et Aséneth* fait mieux que de justifier le mariage de Joseph et son accès au pouvoir égyptien. D'où faut-il dériver ces histoires? La Bible et l'haggada juive ne nous offrent que très peu de chose [1]. Il faudra donc aller chercher plus loin. Un tour d'horizon embrassant les littératures juive et païenne, tant grecque qu'égyptienne, a permis à Philonenko de relever nombre de passages dont l'auteur de *Joseph et Aséneth* a pu s'inspirer, passages tirés de la légende palestinienne d'Aséneth qui en fait la fille de Dina, de l'apocryphe *Prière de Joseph*, du conte égyptien du *Prince prédestiné*, de la légende grecque d'Hélène de Troie et d'autres. Philonenko a en plus noté, le premier, que notre auteur se sert généreusement des clichés caractéristiques de ce curieux genre littéraire que l'on appelle le roman antique. C'est donc en amalgamant, à l'aide des *topoi* familiers du roman, de motifs divers puisés un peu partout que l'auteur de *Joseph et Aséneth* a composé sa narration [2].

De ces rapprochements utiles il faut retenir surtout, je crois, l'heureuse idée qu'a eue Philonenko de comparer *Joseph et Aséneth* aux romans grecs et latins [3]. Je pense même qu'il est possible de développer cette idée, modifiant par là, il est vrai, la conception que s'est faite Philonenko de la genèse de notre apocryphe [4]. S'il est vrai que « d'un roman d'amour, l'auteur connaît tous les clichés » [5], on peut aussi constater

---

[1] Les parallèles bibliques et rabbiniques ont été notées par APTOWITZER, « Asenath, the Wife of Joseph », qui a cependant manqué de reconnaître le caractère judéo-hellénistique de notre apocryphe.

[2] *Joseph et Aséneth*, p. 32-48.

[3] On trouvera tous les romans, sauf Xénophon, dans le recueil magnifique de P. GRIMAL, *Romans grecs & latins*, Bibliothèque de la Pléiade 134, Paris, 1958; quant à Xénophon, on consultera G. DALMEYDA, *Xénophon d'Éphèse, Les Éphésiaques*, Collection des Universités de France, Paris, 1926.

[4] Je reprends ici certaines idées que j'ai exposées en plus de détails dans *Der dreizehnte Zeuge*.

[5] PHILONENKO, *Joseph et Aséneth*, p. 43. Philonenko n'a pas réussi à convaincre van Esbroeck, qui déclare que cet « aspect de son étude nous paraît entièrement dénué de fondement. ... Nous avons relevé scrupuleusement tous les points du commentaire où

d'assez frappants parallèles entre la structure de *Joseph et Aséneth* et celle de certains textes romanesques, notamment de la fable d'Amour et Psyché que raconte Apulée, *Métamorphoses* IV 28 - VI 24, de la *reformatio* de Lucius dans *Métamorphoses XI* [1] et du mariage d'Habrocomès et Anthia chez Xénophon d'Éphèse, *Éphésiaques* I. Qu'on nous permette d'illustrer la parenté de ces textes par une synopse où l'on

---

M. Ph. signale une analogie de vocabulaire (6,5 ; 6,8 ; 7,11 ; 8,8 ; 12,6 ; 19,3 ; 24,16 ; 25,8) : le rapprochement ne porte jamais que sur un seul mot qui, dans chaque cas, se trouve employé dans bien d'autres contextes » (compte-rendu cité, p. 407s.). Sans doute y a-t-il eu ici malentendu. Il n'est pas question d'analogies de vocabulaire, mais d'un parallélisme de motifs. Quoi qu'on puisse dire des rapprochements signalés par Philonenko dans ses notes, la présence, dans *Joseph et Aséneth*, de maints motifs du roman est hors de doute. A comparer, par exemple, *Joseph et Aséneth* 1, 3-6 (trad. PHILONENKO 1, 4-10, p. 129, 131) et CHARITON. *Chéréas et Callirhoé* I 1 (trad. GRIMAL, p. 385) :

Il y avait un homme dans cette ville (Héliopolis), satrape de Pharaon, et qui était le chef de tous les satrapes et des magnats de Pharaon. Cet homme était très riche, sage et prudent ; il était conseiller de Pharaon, s'appelait Pentéphrès et était prêtre d'Héliopolis.

Hermocrate, le général syracusain, celui qui fut le vainqueur des Athéniens,

Pentéphrès avait une fille d'environ dix-huit ans, vierge, grande, gracieuse et qui, par sa beauté faite de décence, surpassait toutes les vierges du pays. Elle n'avait rien de semblable aux filles des Égyptiens, mais elle était en tous points semblable aux filles des Hébreux. Elle était grande comme Sara, gracieuse comme Rébecca et belle comme Rachel ; cette vierge s'appelait Aséneth.

avait une fille, qui faisait l'étonnement de la Sicile entière ; car sa beauté n'était pas humaine, mais divine ; ce n'était pas seulement la beauté d'une Néréide ou d'une Nymphe de montagne, mais celle d'Aphrodite encore vierge.

La renommée de sa beauté se répandit dans tout ce pays et jusqu'à ses limites extrêmes, et elle eut comme prétendants tous les fils des magnats, des satrapes et des rois ; tous étaient fort jeunes. Il y avait une grande discorde parmi eux à cause d'elle, et ils entreprirent de se faire la guerre à cause d'Aséneth.

Le bruit d'un spectacle si miraculeux s'était répandu partout et l'on voyait affluer à Syracuse, pour demander sa main, des rois et des fils de tyrans qui venaient non seulement de Sicile mais aussi d'Italie et d'Épire et des îles d'Épire.

Toutefois, van Esbroeck a raison d'être « stupéfait de lire en conclusion, p. 109 : « On a le sentiment que Joseph et Aséneth est postérieur à Chéréas et Callirhoé, par exemple, ou à Leucippe et Clitophon » (p. 408). C'est là un sentiment qu'avait Philonenko — et rien de plus.

[1] C'est une composition bipartite où Lucius raconte d'abord sa rétransformation d'âne en homme — c'est la fin du roman proprement dit — et ensuite son initiation aux mystères d'Isis, épisode dont la retransformation est l'anticipation romancée.

trouvera arrangés, sous forme de résumés, la première partie de *Joseph et Aséneth* (JA 1-21) et les passages correspondants d'*Amour et Psyché* (AP), des *Éphésiaques* (HA) et des *Métamorphoses* XI (Lucius).

JA	*AP*	*HA*
Il était à Héliopolis un prêtre-viceroi nommé Pentephrès. Il avait une fille de dix-huit ans qui était si belle que des jeunes hommes de bonne naissance venaient d'un peu partout pour l'épouser. Le fils premier-né même de Pharaon demanda à son père de lui donner Aséneth en mariage, mais il essuya un refus (JA 1,1-9).	Il était dans une certaine ville un roi et une reine qui avaient trois filles, dont la plus jeune était si belle qu'elle attirait des soupirants d'un peu partout et finissait par être vénérée comme Vénus (*Métam.* IV 28,1-29,4).	Il était à Ephèse un homme important nommé Lycomédès. Il prit pour femme Thémisto. Ils avaient un fils, Habrocomès. Chef-d'œuvre de beauté, il était recherché des gens de toute l'Asie ; quelques-uns allaient même jusqu'à l'adorer comme un dieu (*Éphés.* I 1, 1-3).
Aséneth, elle, dédaignait tout homme et vivait toute seule, à l'exception de sept servantes vierges, dans un appartement luxueux en haut d'une tour qui était voisine de la maison de son père (2, 1-12). Quand Joseph s'approcha d'Héliopolis pour en ramasser le blé, Pentephrès proposa à sa fille de la donner à Joseph en mariage. Elle refusa nettement : jamais elle n'épousera ce fuyard cananéen qui avait été en prison ; c'est le fils de Pharaon qu'elle voulut (3,1-4,12).	La déesse se mit en colère et ordonna à son fils, Cupidon, de rendre Psyché (tel était le nom de la fille) éprise du plus misérable des hommes (IV 29,5-31,7). Psyché se voyait vénérée, mais point épousée. Son père, inquieté, engagea les services de l'oracle de Milet pour obtenir un mari pour sa fille. Il apprit qu'un dragon lui était destiné et qu'il fallut l'exposer sur le haut d'un certain roc. Zéphyr la porta dans une vallée herbeuse (IV 32,1-35,4). Là-bas Psyché trouva un palais magnifique. Elle s'y installa et y reçut chaque nuit la visite d'un amant qu'elle ne doit pas voir. Pour se divertir un peu, elle lui demanda permission d'inviter ses sœurs. Celles-ci, jalouses, lui suggérèrent que l'inconnu serait en vérité un bête	Habrocomès en éprouvait de l'orgueil et il finissait par se refuser de regarder Éros comme un dieu en disant que nul ne se prendrait d'amour à moins de le vouloir de son propre gré (I 1,4-6). Éros s'irrita de ces mépris et machina un piège pour y prendre le jeune homme (I 2,1). Or, c'était le temps de la fête patronale d'Artémis. Habrocomès qui avait en ce moment seize ans, conduisit le cortège des éphèbes au temple. Au premier rang de la procession des jeunes filles était Anthia, une fort belle vierge de quatorze ans (I 2, 2-9).

Aséneth fut pourtant assez curieuse pour regarder Joseph de sa fenêtre quand il entra dans la maison de Pentephrès, paré à l'instar du Soleil. Du coup, elle s'éprit passionnément de lui (5-6).

Joseph vit Aséneth et voulut la renvoyer parce qu'il avait peur d'être importuné des femmes égyptiennes. Quand Pentephrès lui apprit que c'était sa fille, Joseph consentit à la saluer « puisqu'elle est ma sœur » (7).
Pentephrès introduisit Aséneth à Joseph et l'invita à lui donner un baiser. Joseph refusa en déclarant qu'un homme pieux qui mange le pain de vie n'embrasse pas une femme étrangère qui mange le pain d'étouffement des idoles (8,1-7).
Aséneth se mit à pleurer (8,8).

Joseph, miséricordieux, pria Dieu de donner le pain de vie à Aséneth et de la recevoir dans son peuple élu (8,8s.).
Aséneth se réfugia dans sa chambre, toute bouleversée. Elle se détourna des dieux. Puis elle attendit le soir sans manger ni boire (9,1s.).
Joseph s'en alla ramasser

féroce qui la dévorerait, elle et l'enfant qu'elle a conçu ; il faudra donc le tuer (V 1,1-21,2).
Psyché alluma une lampe pour égorger son amant. Elle reconnut alors Cupidon dans toute sa splendeur. Ravie, elle le regarda et admira ses armes. Touchant ses flèches elle se piqua. *Sic ignara Psyche sponte in Amoris incidit amorem* (V 21,3-23,3).
Psyché embrassa son époux dormant. Mais hélas, une goutte d'huile bouillante tomba de la lampe sur l'épaule droite du dieu, qui s'envola sans mot dire (V 23,3-6).
Psyché s'accrocha à sa jambe droite jusqu'à ce qu'elle glissât à terre, épuisée. Cupidon la réprimanda avec force et la quitta pour de bon (V 24).

Psyché, désespérée, se jetta dans un fleuve, mais les flots la déposent sur la rive (V 25,1s.).
Là, Psyché rencontra Pan qui lui conseilla de quitter son chagrin et de mériter Cupidon par des prières (V 25,3-6).

Arrivés au temple, voilà d'un coup Habrocomès et Anthia face à face. Il devint aussitôt fou d'elle ; elle s'éprit de lui. Habrocomès est tenu « captif du dieu » (I 3,1s.).

Les amants durent rentrer chez eux sans possibilité de rencontre. Le reste du jour leur passion s'accrut de plus en plus (I 3,3s.).

le blé du territoire; auparavant, il avait promis à Pentephrès de retourner le 8ᵉ jour (9,3-5). Pentephrès s'en alla travailler dans son champ d'héritage (10,1).

Le soir, Aséneth, toujours gémissante, alla chercher de la cendre. Elle renvoya ses servantes devenues sensibles aux souffrances de leur maîtresse. Puis Aséneth déposa sa robe précieuse et brisa ses idoles. Elle revêtit un sac et passa la nuit dans la cendre en pleurant et se frappant la poitrine (10,1-16). Ainsi fit-elle pendant 7 jours, sans manger ni boire (10,17).

Le matin du 8ᵉ jour Aséneth, toute épuisée, se mit à réfléchir (11,1s.): Malheureuse, où m'enfuirai-je, abandonnée que je suis par tous les hommes et Dieu (11, 3-9)?

Pourtant, on m'a parlé de la bonté du dieu des Hébreux. Je vais me tourner vers lui en lui confessant mes péchés (11, 10s.).

Qui sait s'il n'aura pitié de ma condition d'orpheline et de pénitente? (11,12-14).

Psyché vagabonde à travers le monde, à la recherche de son amant perdu. Elle parvint d'abord aux cités où vivaient ses sœurs méchantes et en usant des ruses elle les porta à se tuer elles-mêmes (V 26,1-27,5).

[V 28,1-31,7 s'occupent de Cupidon et de Vénus.]

Psyché en arriva à un temple de Cérès; la déesse se refusa à l'aider, par peur de Vénus (VI 1,1-3,2). Juno en fit de même (VI 3,3-4,5).

Psyché, désespérée, se mit à réfléchir: Où avoir recours, quand les déesses mêmes ne sauraient m'être d'appui? Où me cacher de l'œil de Vénus? (VI 5,2s.)

Prends courage et soumets-toi à ta souveraine (VI 5,3).

Sais-tu même si tu ne trouveras celui que tu cherches dans la maison de sa mère? (VI 5,4)

Ne pouvant dormir, Habrocomès s'arrachait les cheveux et déchira ses vêtements (I 4,1). Anthia n'allait pas mieux; elle s'efforçait pourtant de cacher son mal à ceux qui l'entouraient (I 4,6).

Habrocomès, toujours orgueilleux, s'écria: Malheureux, tu reconnais maintenant Éros pour un dieu? Non point. Jamais Éros ne sera mon maître (I 4,1-3). Anthia, par contre, réfléchit: Malheureuse que je suis, où s'arrêtera cette passion? Où verrai-je Habrocomès? (I 4,6s.)

Lucius

Au bout de ses aventures Lucius, le jeune playboy transformé en âne, se reposa au bord de la mer près de Cenchrées. La lune se leva et lui inspira des réflexions qui l'amenèrent à ce que « je résolus d'implorer l'image vénérée de la déesse présente à mes yeux » (*Métam.* XI 1,1-3).

Aséneth réalisa aussitôt son intention moyennant une longue confession : Créateur de l'univers — j'ai péché contre toi en vénérant des idoles — délivre-moi de mes persécuteurs, notamment du diable — regarde ce que j'ai fait pour marquer ma repentance (elle énumère ses actes) — pardonne-moi les blasphèmes que j'ai dits contre Joseph et donne-moi à lui pour esclave (12-13).

L'étoile du matin se leva alors. Aséneth la salua du titre d'« ange et héraut de la lumière du grand jour ». Près de l'étoile s'ouvrit le ciel et un homme semblable à Joseph descendit chez Aséneth. C'était (dit-il) le stratiarche de la maison de Dieu, et il demanda à Aséneth de se rhabiller (14,1-15,2). Puis il lui déclara : Courage, Dieu t'a exaucée. Tu seras des maintenant récréée et tu mangeras le pain de vie. Dieu t'a donnée à Joseph pour épouse. Du reste, ton nom ne sera plus Aséneth, mais Ville de Refuge, car beaucoup de pénitents se refugieront en toi à Dieu. J'irai raconter tout ceci à Joseph. Prépare-toi à le recevoir (15,2-10).

Psyché n'arriva pas à réaliser son intention. Vénus avait demandé à Mercure de répandre, en crieur public, le mandat d'arrêt de Psyché, ce qu'il fit (VI 6,1-8,4). Il n'en fallut pas plus pour couper court aux hésitations de Psyché (VI 8,4). Mais au moment où elle s'approcha du palais de Vénus, Habitude, l'une des servantes de la déesse, l'intercepta et la traîna par ses cheveux devant sa maîtresse. Vénus fit maltraiter Psyché avant qu'elle n'eût une chance de faire sa supplication (VI 8,5-9,6).

Habrocomès se vit presser avec plus de force par Éros. Il s'abandonna enfin au dieu : Tu as vaincu. Rends la vie à celui qui s'enfuit auprès de toi. Donne-moi la possession d'Anthia (I 4,4s.).

Lucius

Après un bain de purification dans la mer (XI 1,4), Lucius adressa une prière à la *Regina caeli* : en l'invoquant d'une longue séquence de noms différents (car il ignore lequel en est le bon), il lui demande d'être rétransformé en homme, à moins de mourir (XI 2,1-4).

Lucius se rendormit. A peine avait-il fermé ses yeux que lui apparut Isis venant de la lune (XI 3,1-4,3).

Elle lui déclara : *En adsum tuis commota, Luci, precibus, rerum naturae parens... Adsum tuos miserata casus ... Mitte iam fletus ... Iam tibi providentia mea inlucescit dies salutaris.*

Demain on célébrera par une procession, comme d'habitude, la fête de *Ploiaphesia*. Le prêtre qui sera en chef du cortège portera une couronne de roses. Dévore-la et tu regagneras ta forme humaine. En ce moment même où je viens à toi je suis aussi présent

Pleine de joie, Aséneth invita l'homme céleste à goûter du pain et du bon vin très vieux (15,11-15). Son visiteur lui demanda aussi du miel et en fit apparaître un rayon miraculeusement, parce que Aséneth n'en avait aucun (sans utiliser le mot, le texte laisse sous-entendre qu'il s'agit de la manne) (16,1-12). Puis l'homme céleste rompit un morceau du rayon, il en mangea et donna le reste à Aséneth en disant : Mange ! Aséneth mangea, et l'homme ajouta : Maintenant tu as mangé le pain de vie et tu vivras à jamais (16,13-16).

L'homme céleste traça de son doigt une croix sur le rayon de miel, et la croix devint sanglante. Des milliers d'abeilles sortirent du rayon et entourèrent Aséneth pour construire un nouveau rayon sur ses lèvres, rayon dont elles mangèrent. Après, l'homme les chassa chez elles. Certaines voulurent piquer Aséneth, mais elles tombèrent par terre, mortes ; l'homme les résuscita et les renvoya également (16, 24s. 17-23). Puis l'homme toucha le rayon ; du feu s'éleva et le dévora (17,1-3). Aséneth

à mon prêtre pour l'instruire à ton sujet. Réformé, entre dans mon service et tu vivras à jamais sous ma protection (XI 5,1-6,7).

Lucius obéit aux paroles d'Isis qui s'avérèrent mot pour mot (XI 7,1-14,5). Le prêtre, informé par Isis, déclara à Lucius que c'est la déesse même qui l'avait rédimé et l'invita à se laisser initier (XI 15,1-5). Lucius se glissa dans le cortège et on termina la fête comme d'habitude (XI 16,1-17,5).

demanda à l'homme de bénir également ses sept servantes, ce qu'il fit (17, 4-6). Quand Aséneth lui tournait le dos pour enlever la table, l'homme remonta au ciel sur un char de feu (17,7-10).

On annonça alors le retour de Joseph. Aséneth alla se parer en épouse et se laver. Quand elle se pencha sur le bassin, elle s'aperçut que son visage brillait et que toute sa figure resplendissait d'une beauté céleste (18, 1-11).

Lucius, après avoir reçu la visite de ses amis de chez lui ayant apprit sa réformation (XI 18.1-19,1), s'enlogea au temple de Cenchrées pour mieux connaître les exigences de la religion isiaque (XI 19,1-3). Après quelque hésitation bien vite dissipée à la suite d'un signe d'en haut (XI 20,1-7), il demanda au grand prêtre d'être initié. On lui apprit que le jour, le prêtre-initiateur et les frais nécessaires ne sauraient être désignés que par Isis elle-même; qu'il attende donc ce moment en s'abstenant de certains aliments comme les cultores (XI 21,1-9). Peu après, Isis informa Lucius de nuit que le *dies semper optabilis* était venu, elle lui indiqua ce qu'il aurait à dépenser pour la cérémonie et lui donna le grand prêtre pour initiateur (XI 22,1-3).

Ce fut à ce moment qu'arriva Joseph. Aséneth descendit à sa rencontre. Joseph ne la reconnut plus. Elle lui raconta la visite de l'homme céleste et lui demanda si l'homme était venu le voir également (19,1-7). Joseph répondit : Bienheureuse es-tu ! Oui, l'homme m'a parlé de toi. Viens ici auprès de moi; pourquoi te tiens-tu éloignée ? (19,8s.)

Ils s'embrassèrent alors et Joseph donne à Aséneth, par trois baisers, l'esprit de vie, de sagesse et de vérité (19,10s.).

HA

[A comparer, dans la description de la nuit nuptiale d'Habrocomès et Anthia : « Elle unit leurs lèvres en un baiser, et la pensée de chacun d'eux passa ainsi d'une âme dans l'autre » (I 9,6).]

Aséneth conduisit Joseph dans la maison et lui lava les pieds. Joseph s'assit sur le trône de Pentephrès et plaça Aséneth à sa droite. Ce fut le moment du retour de Pentephrès qui venait avec toute sa famille du champ de leur héritage. Ils se réjouirent et louèrent Dieu qui vivifie les morts. Puis ils mangèrent et burent, heureux (20,1-8). Pentephrès proposa à Joseph de célébrer les noces le lendemain; Joseph s'y refusa,

Avant l'aube, Lucius alla trouver le grand prêtre. Celui-ci venait de sortir de sa chambre et adressa Lucius :

O Luci, te felicem, te beatum..., parce que la déesse te juge digne de sa faveur. *Quid nam nunc stas otiosus teque ipsum demoraris ?* Le voilà, le jour tant désiré de ton initiation (XI 22,4-6).

On instruisit Lucius des livres saints, puis on lui fit subir un bain de purification. Au bout de dix jours sans viande et vin, il est, de nuit, initié (XI 22, 7-23,7).
Le matin, on présenta Lucius à la foule, paré à l'image du Soleil (Sarapis). Il célébra ensuite le jour de sa naissance spirituelle par un banquet, de même le 3e jour (XI 24,1-5).
[Quelques jours après, Lucius partit pour Rome où il connut deux initiations de plus qui suivirent le même schéma (XI 24,5-30,5).]

voulant obtenir de Pharaon la main d'Aséneth (20,8-10).

AP

[Vénus avait donné à Psyché trois tâches à accomplir, dont la dernière était d'aller chercher une boîte de formonsitas de Proserpine. Psyché y avait réussi, ou presque. Sur son chemin de retour, sa curiosité la piquait d'ouvrir la boîte, ce qui lui était interdit. Un sommeil infernal sortit, Psyché s'écroula sur le champ, demi-morte. En ce moment, Cupidon la rejoignit et la réveilla. Il lui ordonna d'accomplir sa mission. *Cetera egomet videro* (VI 10,1-21,4).]

Le lendemain, Joseph se rendit auprès du Pharaon et lui demanda la main d'Aséneth. Pharaon fit venir Pentephrès et Aséneth. A la voir, Pharaon proclama heureuse la future épouse de Joseph, puis il posa des couronnes d'or sur les têtes des deux amants, les unit par une bénédiction et leur ordonna de s'embrasser. Il organisa ensuite leurs noces pendant sept jours en invitant tous les magnats d'Égypte et les rois étrangers. Il était interdit dans toute l'Égypte de travailler ce temps-là. Le banquet terminé, Joseph entra chez Aséneth, elle conçut et mit au monde Manassé et Éphraim (21, 1-9).

Cupidon s'envola auprès de Jupiter et plaida sa cause devant lui. Jupiter lui promit son assistance, à condition que Cupidon lui offre des beautés terrestres en récompense. Puis il ordonna à Mercure de convoquer tous les dieux, sous peine de dix milles sesterces, et les informa que Psyché serait la femme légitime de Cupidon. Mercure alla chercher Psyché. Jupiter lui tendit une coupe d'ambroisie en disant : Prends et sois immortelle; vous serez pour toujours unis par le mariage. Suivit le banquet de noces où contribuaient tous les dieux, au fur et à mesure de leur occupation. Ainsi Psyché passa selon les rites sous la puissance de Cupidon; et le terme arrivé, il leur naquit une fille, que nous nommons la Volupté (VI 22,1-24,4).

Pour suppléer à une analyse détaillée des textes dépouillés pour la synopse, signalons deux ou trois parallèles qui me paraissent particulièrement étroits. Souvenons-nous de cette scène aux chapitres 5 et 6 de *Joseph et Aséneth* où l'héroïne jette ses yeux sur Joseph et s'éprend de lui. Développement analogue pour Psyché : elle s'aperçoit qui est son amant inconnu qu'elle allait tuer, et se sent aussitôt la proie d'une violente passion. De même, l'orgueilleux Habrocomès devient fou de la belle Anthia au moment même où il la regarde pour la première fois face à face. Ce coup de foudre qui fait jaillir un amour insensé dans une âme auparavant hostile est suivi, dans les trois textes, d'une séquence d'événements qui se déroulent d'après le même schéma : refus et séparation inéluctable — éveil d'un petit espoir (non pas chez Xénophon) — période de tourments (chez Apulée, les errances de Psyché en tiennent lieu) — monologue « que fais-je ? » aboutissant à une reprise de courage — prière de soumission (Psyché n'y arrive pas). Après la prière qui occupe en *Joseph et Aséneth* les chapitres 12 et 13, les trois textes ne se recoupent plus. Les chapitres 14 et suivants, c'est-à-dire la visite de l'homme céleste et l'engagement d'Aséneth à Joseph, ne sont pour autant pas dépourvus de parallèles romanesques. On en trouve dans le onzième livre des *Métamorphoses*. Le livre s'ouvre sur un monologue et une prière de Lucius analogues à ce que nous avons déjà constaté dans *Joseph et Aséneth* 11-13 et les textes parallèles. L'apparition d'Isis qui vient répondre à la prière du pauvre âne correspond par son rôle — non pas par son contenu, à quelques formules près — à la première partie de la visite de l'homme céleste, *Joseph et Aséneth* 14-15. A noter que les deux textes se servent l'un et l'autre du motif des apparitions (ou rêves) parallèles [1]. Plus loin, la seconde rencontre de Joseph et Aséneth au chapitre 19 a son pendant dans la conversation matutinale du grand-prêtre isiaque et de Lucius en *Métamorphoses* XI 22, 4-6. Les paroles dont Joseph se sert pour s'adresser à Aséneth sont presque identiques à celles dont se sert le grand-prêtre pour accueillir Lucius. Pour conclure, Aséneth rejoint Psyché à la fin. *Joseph et Aséneth* 21 où Joseph obtient de Pharaon la main d'Aséneth ressemble à tant d'égards à l'heureux dénouement des tribulations de Psyché en *Métamorphoses* VI 22-24, que l'on croirait les deux passages calqués du même modèle.

Dès lors, une conclusion s'impose. Pour mieux comprendre la struc-

---

[1] Cf. A. Wikenhauser, « Doppelträume », *Biblica*, 29, 1948, p. 100-111 ; R. Merkelbach, *Roman und Mysterium in der Antike*, Munich, 1962, p. 132, n. 2 etc. Dans le Nouveau Testament, cf. *Actes* 9 et 10 s.

ture littéraire, et du même coup le sens, de *Joseph et Aséneth*, il faut s'en tenir en premier lieu aux romans grecs et latins. Contrairement à ce que pense Philonenko, notre auteur n'a pas composé son livre en amalgamant des matériaux puisés à droite et à gauche; il a plutôt adapté des contes, ou des épisodes, tout faits. Quels étaient ses modèles et comment les a-t-il retravaillés — voilà un deuxième problème qui mérite notre attention. En attendant une analyse plus serrée, j'aimerais penser que *Joseph et Aséneth* 1-21 est construit à partir de deux modèles différents, l'un un conte d'amour du type *Amour et Psyché*, l'autre la description d'une initiation semblable à celle de Lucius [1].

III. L'ARRIÈRE-FOND RELIGIEUX

Joseph et Aséneth est un ouvrage d'origine juive. Certains y ont reconnu aussi un élément chrétien. Batiffol alla même jusqu'à attribuer à un auteur chrétien l'apparition de l'homme céleste, en plus d'autres retouches dont les plus importantes seraient les passages concernant le pain de vie (8,5-7; 8,9; 15,5; 16,16; 19,5; Psaume v. 3s.11) et qui refléteraient la Sainte-Cène [2]. C'est dire que l'ouvrage tel qu'il nous est parvenu est essentiellement chrétien. D'autres ont suivi Batiffol, quand bien même la plupart d'entre eux considérait son hypothèse comme tant soit peu exagérée [3]. T. Holtz vient de la réprendre en parlant d'interpolations chrétiennes [4]. Il est douteux que les considérations du professeur de Greifswald, bien que plus nuancées que celles de ses devanciers, emportent la conviction. Nombre des arguments avancés s'expliquent par le caractère romanesque de *Joseph et Aséneth* dont Holtz n'a pas tenu compte. Ainsi, par exemple, les qualités divines revêtues par Joseph ne relèvent pas de la figure du

---

[1] Point n'est besoin de souligner que l'auteur de *Joseph et Aséneth* n'a pas lu Apulée ni Xénophon puisqu'ils sont plus récents. *Joseph et Aséneth* risque d'être le plus ancien des romans qui nous sont parvenus complets.

[2] Le Livre de la Prière d'Aseneth, p. 19-35.

[3] Il convient cependant de noter que Batiffol s'est rétracté sous l'impression d'un compte rendu de L. DUCHESNE dans le *Bulletin critique*, 10, 1889, 461-466. Duchesne plaida pour l'origine juive de notre roman et le déclara « contemporain de Jésus-Christ, ou même antérieur à lui » (p. 466). Batiffol y consentit sous la réserve d'une « possibilité de fortes retouches chrétiennes, notamment en ce qui a trait à l'eucharistie » (compte rendu de *Texts and Studies*, vol. 5, Cambridge, 1897, *Revue Biblique*, 7, 1898, p. 303).

[4] « Christliche Interpolationen in 'Joseph und Aseneth' », *New Testament Studies*, 14, 1967/68, p. 482-497; compte rendu de BURCHARD, *Untersuchungen*, *Theologische Literaturzeitung*, 93, 1968, col. 837-839.

Christ, mais de l'héros du roman dont Joseph s'est approprié les contours [1]. Tel n'est pas le cas, il est vrai, des formules quasi-eucharistiques qui sont la pièce de résistance du dossier chrétien, mais elles sont, elles aussi, parfaitement susceptibles d'une interprétation juive [2]. Admettons donc que notre roman est juif et rien que juif, en précisant que le judaïsme qui l'a produit était à coup sûr un judaïsme hellénisé, à situer sans doute en Egypte [3].

Mais il faut plus que cela pour déterminer l'arrière-fond religieux de *Joseph et Aséneth*. La diaspora égyptienne est un champ très vaste et dont nous ne connaissons que certaines parcelles [4]. Or, ce qui frappe, pour qui lit notre apocryphe avec les yeux d'un historien des religions, c'est l'espace qu'y occupe, au moins dans la première partie, l'élément non-juif, tant grec qu'égyptien et qui relève dans une large mesure du culte des mystères. Philonenko a établi à ce sujet une très ample documentation que viennent appuyer, dans sa ligne générale, les idées que j'ai développées plus haut sur la genèse et la structure littéraire. On pourra sans doute discuter de tel ou tel renvoi particulier, mais on tiendra désormais pour admis que l'atmosphère où baigne *Joseph et Aséneth* est imbue de notions « mystérieuses ».

S'il en est ainsi, la question si souvent discutée à l'égard de l'œuvre de Philon est de rigueur : mystère littéraire ou mystère cultuel ? Poser cette question est d'autant plus naturel que *Joseph et Aséneth* est un roman, genre littéraire dont R. Merkelbach a souligné l'affinité avec les mystères [5], et à encore plus forte raison qu'il y est raconté une conver-

---

[1] *Der dreizehnte Zeuge*, p. 82s.

[2] Voir *infra*, p. 98s.

[3] *Untersuchungen*, p. 91-151; PHILONENKO, *Joseph et Aséneth*, p. 99-109.

[4] Notons en passant que les efforts de lier *Joseph et Aséneth* aux Esséniens (RIEßLER, « Joseph und Asenath », p. 4-8, 13) ou aux Thérapeutes (K. G. KUHN, « Repas cultuel essénien et cène chrétienne », dans *Les manuscrits de la Mer Morte. Colloque de Strasbourg 25-27 mai 1955*, Travaux du Centre d'Études supérieures spécialisé d'Histoire des Religions de Strasbourg, Paris, 1957, p. 75-92; « The Lord's Supper and the Communal Meal at Qumran », dans K. STENDAHL, *The Scrolls and the New Testament*, New York, 1957, et Londres, 1958, p. 65-93, 259-265; M. DELCOR, « Un roman d'amour d'origine thérapeute : Le Livre de Joseph et Asénath », *Bulletin de Littérature Ecclésiastique*, 63, 1962, 3-27) ont échoué (*Untersuchungen*, p. 107-112: PHILONENKO, *Joseph et Aséneth*, p. 104s.). Il n'est peut-être pas inutile de rappeler que nous n'avons aucune obligation de retrouver en *Joseph et Aséneth* des idées qui nous seraient par ailleurs connues. Notre dossier du judaïsme égyptien n'est pas assez complet pour exclure à priori que notre roman représente un aspect, voir une branche de la diaspora qui nous échappait jusqu'ici.

[5] *Roman und Mysterium*. Il n'y pas lieu ici de prendre position à l'égard des inter-

sion. Or, il y a sans aucun doute un reflet d'une pratique réelle dans les
formules citées plus haut. Cela ressort sans équivoque des paroles de
Joseph en 8,5 : « Il ne convient pas à un homme pieux, qui bénit de sa
bouche le Dieu vivant, et qui mange le pain bénit de la vie, et qui
boit la coupe bénite d'immortalité, et qui est oint de l'onction bénite
d'incorruptibilité, d'embrasser une femme étrangère, elle qui bénit de
sa bouche des idoles mortes et muettes, et qui mange à leur table le
pain d'étouffement, et qui boit, lors de leurs libations, la coupe de traî-
trise, et qui est ointe de l'onction de perdition » [1]. Que nous ayons là,
selon l'avis de certains auteurs, un renvoi à un repas sacré qui aurait
été célébré dans le milieu dont est issu *Joseph et Aséneth* [2], ou, comme
je préfère le penser à la suite de Jeremias, un ensemble de *théologoumena* destinés à tracer la différence du repas ordinaire juif et du païen [3],
peu importe; en tout état de cause, on est là sur le plan de la réalité.
Toutefois, l'alternative que nous venons de poser n'est pas pour
autant tranchée. Le vrai problème reste ailleurs. Dans quelle mesure
l'action même de notre apocryphe repose-t-elle, sous une forme romancée sans doute et qu'il faudrait déchiffrer avec prudence, sur un
fundamentum in re cultica? N'aurait-on pas, par exemple, dans la
conversion d'Aséneth une liturgie d'initation pour qui voudrait se faire
juif? C'est une hypothèse séduisante, notamment pour qui se ralliera
à notre vue qu'Aséneth est en quelque sorte la sœur de Lucius et que
son entrée au judaïsme a pour toile de fond une initiation isiaque. Ne

----

prétations de Merkelbach, qui sont sans doute souvent artificielles (voir R. Turcan,
« Le roman 'initiatique' : A propos d'un livre récent », *Revue de l'Histoire des Religions*,
163, Janvier-Juin 1963, p. 149-199; B. E. Perry, *The Ancient Romances. A Literary-
Historical Account of Their Origins*, Sather Classical Lectures 37, Berkeley et Los Angeles,
1967, p. 336, n. 17 : « This is all nonsense to me »). Dire que les romans ne sont pas tels
quels, comme le soutient Merkelbach, des liturgies romancées n'est pas pour autant
dénier qu'ils se soient servis, çà et là, de données cultuelles pour construire la trame de
leurs narrations.

[1] Philonenko, *Joseph et Aséneth*, p. 155, 157. Le texte de Philonenko se confond ici
avec celui de Batiffol.

[2] Kilpatrick, « The Last Supper », p. 5-8; Kuhn, « The Lord's Supper », p. 74-77;
Delcor, « Un roman d'amour », p. 9-12 (ces deux auteurs identifient le repas sacré
de *Joseph et Aséneth* avec celui des Thérapeutes, ce qui me paraît hors de question);
Philonenko, « Initiation et mystère dans Joseph et Aséneth », dans C. J. Bleeker, *Initiation. Contributions to the Theme of the Study-Conference of the International Association
for the History of Religions Held at Strasburg, September 17th to 22nd 1964*, Leiden, 1965,
p. 147-153; *Joseph et Aséneth*, p. 89-98.

[3] Jeremias, « The Last Supper », p. 91s.; Burchard, *Untersuchungen*, p. 121-133.
Philonenko n'a pas prêté beaucoup d'attention à mon argument.

nous laissons pourtant pas séduire trop facilement. Aséneth subit en
effet une initiation. C'est l'homme céleste qui l'opère. Elle s'achève
au moment où il dit à Aséneth que les mystères de Dieu lui ont été
révélés et où il lui tend un morceau du miel qui est la manne en déclarant
qu'elle a dès maintenant mangé le pain de vie (16, 14-16). S'il faut en
croire Philonenko, cette scène est le calque d'une communion au miel
qui aurait été l'ouverture de l'initiation proprement dite et aurait été
suivie du repas sacré où étaient administrés le pain de vie, la coupe et
l'onction [1]. Cette interprétation, difficile en elle-même [2], n'est pas sans
soulever un problème méthodologique. A supposer que l'application
du miel représente un acte liturgique, ne faudrait-il pas en dire autant
de tout ce qui se passe durant la visite de l'homme céleste — de l'apparition miraculeuse du rayon de miel, du signe de la croix, de l'épisode
des abeilles, de la bénédiction des sept servantes d'Aséneth, voire de
la descente même du messager divin ? Attribuer un arrière-fond cultuel
à tout cela, est-ce concevable ? Ces histoires ne sont-elles pas tout
aussi romanesques que la retransformation de Lucius en *Métamorphoses*
XI 7-17, épisode dont nul ne conclura que les mystes d'Isis fussent
consacrés lors d'une procession moyennant la manducation d'une
couronne de roses ? Il est possible, certes, pour qui sait ce qu'arriva
à Lucius redevenu homme, de relire sa retransformation comme une
anticipation de son initiation. Mais on ne saurait faire autant d'Aséneth.
L'initiation qu'elle reçoit sous la direction de l'homme céleste ne va pas
se répéter sur le plan humain. Elle devrait l'être après le moment où
Joseph, tel un mystagogue, reconnaît qu'Aséneth a reçu une vocation d'en haut (19,8s.) ; c'est après un accueil analogue, nous l'avons
vu, que commence l'initiation de Lucius (*Métamorphoses* XI 22,5s.).
En *Joseph et Aséneth*, rien de pareil. Pas d'instruction de l'Écriture
Sainte, pas de présentation de la Loi, pas de baptême, aucune mention
du pain de vie, aucune présence de la communauté juive. Par contre,
Aséneth reçoit les trois esprits, elle lave les pieds de Joseph, Pentephrès
survient, on loue Dieu, mange et boit. Tout cela est dans la ligne du
roman d'amour et prête difficilement à une interprétation cultuelle,
sauf peut-être le don des trois esprits (*philéma hagion* ?).

Il va sans dire qu'il faudra plus pour y voir plus clair. Mais je ne

---

[1] *Joseph et Aséneth*, p. 98.

[2] Selon 16,16, Aséneth a goûté du pain de vie en mangeant le miel. Comment alors
séparer sur le plan réel ce qui paraît se confondre sur le plan littéraire ? Il est vrai, cependant, que ce problème est sans inquiéter Philonenko puisque 16, 16 fait défaut dans le
texte *d*.

serais pas étonné d'apprendre, en fin de compte, que l'initiation
d'Aséneth, toute « mystérieuse » qu'elle soit, n'est pas un mystère
cultuel de façon à nous permettre une vue de la manière dont s'effec-
tuait l'entrée au judaïsme, mais un mystère littéraire où sont exprimées
les implications spirituelles de la conversion.

M. DELCOR

LE MILIEU D'ORIGINE ET
LE DÉVELOPPEMENT DE L'APOCALYPTIQUE JUIVE [1]

Un double fait n'a pas manqué d'intriguer les exégètes. D'une part, les pseudépigraphes de l'Ancien Testament, tels que le livre des Jubilés, le livre d'Hénoch, le Testament des douze patriarches ne sont mentionnés nulle part dans le Talmud et les Midrashim [2]. Comme ils n'ont pas été par ailleurs insérés dans le Canon des Écritures, tout laisse supposer que le Judaïsme officiel les a rejetés. D'autre part, le livre de Daniel dont la deuxième partie s'apparente pourtant de façon étroite par son caractère apocalyptique à ce groupe d'écrits a été seul canonisé. Cette double constatation pose à elle seule le problème du milieu d'origine de l'apocalyptique juive.

Je voudrais essayer de montrer que la deuxième partie du livre de Daniel est une œuvre d'origine assidéenne composée par des Juifs hyperorthodoxes, ce qui expliquerait la canonisation de cette apocalypse, puisque l'apocalyptique s'est principalement développée en milieu essénien et que c'est grâce à l'ancienne Église chrétienne que cette littérature nous a été conservée.

I. L'ORIGINE ASSIDÉENNE DE LA DEUXIÈME PARTIE DE DANIEL

Elle a dû être composée vers 165, en tout cas, avant la mort d'Antiochus Épiphane comme l'indique le chap. 11,45 prédisant la mort du persécuteur impie en Terre sainte « entre la mer et la montagne glorieuse et sainte ». Cela prouve, en effet, que l'auteur ignorait encore la mort d'Antiochus qui survint, comme on le sait, en Perse en 164 et non en Palestine.

Étant donné la date de composition de la deuxième partie et surtout la mentalité qui s'en dégage, cet écrit semble être un produit du parti

---

[1] Il s'agit uniquement ici de la littérature qui s'est développée à la suite du livre de Daniel, et qui est comptée au nombre des pseudépigraphes selon la phraséologie protestante, et des apocryphes selon le langage catholique.

[2] Cf. R. TRAVERS HERFORD, *Les Pharisiens*, Paris, Payot, 1928, p. 221 et GEORGE FOOT MOORE, *Judaism, in the first centuries of the Christian Era*, Cambridge, 1950, vol. I, p. 127.

assidéen dont malheureusement nous savons bien peu de choses. Cette vue qui était déjà celle de plusieurs auteurs avant la découverte des manuscrits de la Mer Morte me paraît avoir maintenant acquis plus de vraisemblance. G. Behrmann est un des plus anciens exégètes qui, à ma connaissance, ait soutenu l'origine assidéenne de Daniel. En raison de Dan. 12,3, il rattache l'auteur de Daniel aux cercles assidéens. Il rappelle les passages de Daniel, 9,3 ;10,3 où les jeûnes constituent une préparation pour recevoir les révélations divines, il souligne le développement de l'angélologie daniélique et la croyance en Daniel de la Providence, idées, qui toutes, sont attestées chez les Esséniens. Il conclut : « dass das Danielbuch aus der essäischen Richtung der Asidäer hervorging, findet darin ihre Bestätigung, dass die fernere apokalyptische Literatur innerhalb derselben entstanden und gepflegt worden ist ; denn wo fände man sonst die Leser dieser Schriftwerke, die doch keineswegs für die grosse Masse, sondern für ganz bestimmte Kreise verfasst waren ? » [1] La position de Behrmann a été acceptées pour l'ensemble du livre de Daniel par des auteurs qui défendent l'unité d'auteur. On peut citer : Pfeiffer, Introduction to the Old Testament, Londres, 1953, p. 773 ; A Lods, Histoire de la littérature hébraïque et juive, Paris, 1950, p. 846 ; J. Montgomery. A critical and exegetical commentary on the book of Daniel, Édimbourg, 1927, p. 87 et D. S. Russell, The method and message of Jewish apocalyptic, Londres, 1964, p. 16.

Dès le premier moment où paraissent les Ḥasidim, nous savons qu'ils étaient groupés déjà en confréries d'après le témoignage de 1 Mac. 2,42 qui parle de « la synagogue des Assidéens » (συναγωγὴ Ασιδαίων) Ils se rallièrent (συνήχθησαν πρὸς) au prêtre Mattathias et à ses fils dans le mouvement de révolte contre l'Hellénisme et prirent leur parti. « Ce sont des hommes valeureux d'entre Israël et tout dévoués à la Loi ». En effet, le mot grec Ασιδαίοι n'est apparemment qu'une transcription de l'araméen ḥasidayya « pieux ». Les Assidéens se constituèrent en parti probablement quand Jérusalem devint cité grecque en 174, après l'avènement d'Antiochus IV Épiphane en septembre 175. Les Ḥasidim apparaissent comme les troupes de choc de Judas Maccabée ainsi que nous l'apprend la dénonciation qu'Alcime fait à Démétrius. « Ceux des Juifs qu'on appelle Assidéens, dont Judas Maccabée a pris la direction, fomentaient la guerre et les séditions et

---

[1] Cf. Georg Behrmann, *Das Buch Daniel* (Handkommentar zum alten Testament), Göttingen, 1894, pp. xxv-xxvi.

ne laissaient pas le royaume jouir du calme » (II Maccabées 14,6).
Alcime se plaint même d'avoir été chassé ou exclu du souverain pontificat, semble-t-il, par les Assidéens. Telle est l'opinion d'Abel (Les livres
des Maccabées, Paris, 1949). Cependant, les Assidéens ne furent pas
toujours des partisans inconditionnels de la politique maccabéenne. Le
Premier livre des Maccabées raconte comment, à l'avènement de
Démétrius premier, une délégation conduite par Alcime, alla dénoncer
les agissement de Judas Maccabée, accusé d'avoir fait périr et d'avoir
expulsé du pays les amis du roi. Démétrius envoya en Judée Bacchidès
comme gouverneur et il donna l'ordre d'introniser Alcime comme grand
prêtre. Or, on voit les Assidéens être les premiers d'entre les Israélites
à demander la paix et à reconnaître « Alcime, prêtre de la race d'Aaron ».
Ce dernier qui n'était pas un Oniade mais appartenait peut-être à la
classe sacerdotale de Yakim (cf. le Commentaire d'Abel, p. 130),
malgré ses discours pacifiques fit arrêter soixante Assidéens qu'il exécuta le même jour. Alors, ajoute l'auteur de I Maccabées, la crainte et la
terreur s'emparèrent de tout le peuple. Il n'y a chez eux (= Alcime et
ses partisans), dit-on, ni vérité, ni justice, car ils ont violé leur engagement et le serment qu'ils avaient fait (I Maccabées 7,4-18). Ces mêmes
Ḥasidim, qui abandonnent le parti de Judas Maccabée après l'avoir
soutenu, estimaient sans doute suffisante la liberté religieuse accordée
aux Juifs par Antiochus V (voir 1 Maccabées 6,59). Par la suite, ces
Ḥasidim deviendront de véritables sectaires; ils donneront naissance
aux Pharisiens et aux Esséniens.

Tels sont les quelques renseignements que l'histoire nous a conservés
de ce groupe de pieux. C'est dans ce milieu qu'a dû voir le jour le livre
de Daniel comme on le peut inférer de l'examen du livre.

1) Lods remarque très justement qu'on a quelquefois présenté à
tort l'auteur du livre de Daniel comme un des promoteurs de l'insurrection des Maccabées. Si notre livre a contribué à ce résultat, dit-il, c'est
contre le gré de son auteur. En effet, l'attitude que l'auteur du livre
de Daniel a conseillée, ce n'est pas la lutte à main armée mais l'attente
(12,12). Il faudra savoir attendre jusqu'à la mort, si c'est nécessaire. Le
soulèvement des Maccabées ne constitue en effet, aux yeux de l'auteur
de Daniel, qu'un petit secours pour les Ḥasidim fidèles à l'Alliance et
à la Loi, appelés en Daniel, les intelligents, les Sages (מַשְׂכִּילִים)
(cf. 11,34). Ce groupe s'oppose à ceux qui violent l'alliance et il s'identifie à « ceux qui connaissent Dieu » (11,32). « Ces sages du peuple »
sont destinés à instruire beaucoup de gens (11,33) et un sort glorieux
leur est promis lors de la résurrection (12,3). Il semble aussi que ce

groupe constitue ce que Daniel appelle « l'alliance sainte », expression qui est liée en 1 Mac. 1,15,63 au début du soulèvement assidéo-maccabéen. En effet, il faut entendre par « alliance sainte » non seulement « le contrat qui reliait le peuple à son Dieu et formait le cœur de la religion juive, mais aussi la communauté elle-même qui observait les préceptes de l'Alliance ». (Cf. A. Jaubert, La notion d'Alliance dans le Judaïsme aux abords de l'ère chrétienne, Paris, 1963, p. 83).

2) L'hypothèse d'un Daniel assidéen est fortifiée par la découverte des manuscrits de Qumrân. Il est en effet à peu près unaniment admis que le mouvement essénien auquel ces manuscrits appartiennent plonge ses racines dans le mouvement assidéen. Un certain nombre de rapprochements s'imposent. D'après 1 Mac. 2,42, les Assidéens sont dévoués à la Loi ($\dot{\epsilon}\kappa o\upsilon\sigma\iota\alpha\zeta\dot{o}\mu\epsilon\nu o\iota$), terme qui, dans la LXX, traduit le verbe *ndb* qui est caractéristique de IQS (cf. 1,7,11 ; 5,1,6,8,10,21,22 ; 6, 13) pour les membres de la communauté engagés volontairement et généreusement au service de la Loi. D'après le témoignage de 1 Mac. 2,42, ils sont organisés en synagogue ou congrégation $\sigma\upsilon\nu\alpha\gamma\omega\gamma\dot{\eta}$ ce qui est la traduction dans le grec des LXX de l'hébreu, עֵדָה, terme qui à Qumrân est une des désignations de la communauté essénienne (cf. IV Q p. Ps. XXXVII, 2,16 ; IQS, 5,20). Les Ḥasidim sont enfin attachés aux fils d'Aaron qui avaient une grande place à Qumrân.

Or il existe des affinités certaines entre le livre de Daniel et les Documents de Qumrân :

a) On notera des rapprochements curieux de vocabulaire. Nous avons déjà parlé plus haut des « sages ou intelligents » (מַשְׂכִּילִים) « qui enseigneront les nombreux (רַבִּים) » (Dan. 11,33). Or, à Qumrân, le terme *rabbim* sert à désigner les membres de la secte.

Par ailleurs, dans les documents qumraniens, on appelle *maśkîl*, « l'homme intelligent » qui doit communiquer l'enseignement (IQS 3,13 ; 9,12,21 ; IQSb 1,1 ;5,20). Il faut supposer que ces rapprochements de vocabulaire ne sont pas sans doute fortuits puisque, s'appliquant aux membres des deux communautés, ils révèlent une continuité de milieu.

b) Il faut aussi noter que les procédés d'exégèse mis en œuvre pour expliquer la prophétie des Semaines de Jérémie (chap. 9, cf. aussi chap. 5) sont apparentés aux pesharim de Qumrân.

c) J'ajouterai enfin que l'Hymne de Sion de la grotte XI de Qumrân récemment publié par Sanders (cf. The Psalm Scroll of Qumran Cave 11 [11 Q Ps a] dans Discoveries in the Judaean Desert of Jordan IV, Oxford, 1965, pp. 85-9) me paraît apporter un *confirmatur* à la thèse assidéenne. Cet hymne où apparaît un groupe de Juifs fidèles à la Loi appelés tour à tour les « pieux » et les « bien-aimés », les « parfaits », désirant de tout leur cœur le salut de Sion sur laquelle ils ne cessent de se lamenter, semble bien révéler les luttes des milieux assidéens lors de la révolte contre l'Hellénisme sous Antiochus IV. Il paraît en tout cas émaner de l'époque préessénienne et plus précisément des milieux assidéens, car les grands thèmes de la théologie essénienne qu'on rencontrera plus tard dans la littérature de Qumrân y font défaut. Or cet hymne réclame de la part des habitants de Jérusalem l'adhésion confiante au contenu du chap. 9 de Daniel annonçant la restauration de Jérusalem et du sanctuaire, « la justice perpétuelle » צדק עלמים du verset 24. L'hymne dit : « Puisses-tu parvenir à une justice perpétuelle et les bénédictions des notables puisses-tu recevoir! Accepte la vision qui est dite de toi et les songes des prophètes tu rechercheras (pour toi) ». Cette adhésion au contenu de Daniel par l'auteur assidéen de l'hymne de Sion se comprend d'autant mieux si l'apocalypse daniélique est née elle-même en milieu assidéen. Ajoutons d'ailleurs que les Esséniens de Qumrân, les successeurs des Ḥasidim, possédaient des exemplaires de Daniel parmi leurs livres. Cf. M. Delcor, L'hymne à Sion du rouleau des Psaumes de la grotte 11 de Qumrân (11 Q Ps. a) dans Revue de Qumrân no. 21, 1967, pp. 71-88, et du même auteur Le livre de Daniel (Sources Bibliques), Paris, 1971.

II. Le milieu de développement
de la littérature apocalyptique

Avant la découverte des manuscrits qumraniens, les auteurs étaient partagés entre eux sur l'identité du milieu juif dans lequel s'était développée la floraison apocalyptique du IIe - I^e siècle av. J.-C. Pour les uns, c'étaient des écrits provenant de la secte pharisienne (Charles). Pour d'autres, il fallait penser aux Zélotes. Ce fut, entre autres, la thèse de Herford au moins pendant un certain temps. Voici comment il s'exprimait : « Les Zélateurs ou Zélotes aspiraient à voir le jour où les Gentils, Romains ou autres seraient détruits et où Dieu établirait son royaume sur la terre. Maintenant il y avait persécution, sans aucun doute, et oppression qui donnait l'occasion à ces idées de se préciser et de passer de la parole à l'action. Mais il est clair que la matière de ces idées était prête dans les Écrits pseudo-prophétiques apocalyptiques. Ceux-ci avaient beaucoup à dire sur la destruction finale du monde païen, la délivrance et la victoire des saints, effectuée par l'intervention de Dieu lui-même au moyen du Messie. Ils montraient la félicité future des justes et les tourments des méchants et présentaient ces peintures en traits hardis, avec des couleurs éblouissantes ». Herford concluait : « En un mot, la littérature apocalyptique, c'est la littérature des Zélateurs » [1]. Herford avait au préalable essayé de montrer la fondamentale et irréconciliable différence qui distingue la littérature pharisienne de la littérature apocryphe. Elle consistait, d'après lui, en ce que les écrits apocalyptiques insistaient sur la Haggadah à l'exclusion de la Halakah, moyen d'arriver, dit-il, pour les Pharisiens, à la consécration de la vie, à la discipline de la volonté, et à la direction des actions. Ce fut, ajoute-t-il, le génie spécial du Pharisaïsme qui développa à la fois la Haggadah et la Halakah en donnant la primauté à la Halakah et il conclut : « Si les Pharisiens avaient admis les livres apocryphes comme autorité canonique, ils auraient sapé toute leur position et supprimé la force directrice de leur enseignement » [2]. Il faut rappeler ici que Herford abandonna par la suite la thèse zélote [3].

De son côté, Schürer, il y a plus d'un demi siècle, après avoir affirmé que le point de vue de tous ces écrits est essentiellement celui du Judaïsme orthodoxe, soulignait en même temps que ce n'est pourtant pas le Judaïsme officiel des Pharisiens qu'ils expriment, car, dit-il, l'accent principal est placé non pas sur ce que le peuple a *à faire*, mais sur ce ce qu'il *doit espérer*. Mais Schürer se refusait à admettre l'origine essénienne de cette littérature car il estimait les points de contact trop minces pour qu'ils puissent constituer un début de preuve. Pour lui, ils sont le produit non d'une école mais d'une individualité religieuse libre [4].

Mais tout à fait différente était la position de Hilgenfeld au milieu du XIXe siècle. Il avait remarqué que l'affaire principale des Esséniens était la prédiction de l'avenir à laquelle s'était précisément vouée l'apocalyptique post-prophétique. Il énumère les cas de prédiction de l'avenir que Josèphe met au compte des Esséniens qui interprètent aussi les songes, ce qui joue un grand rôle dans l'apocalyptique. Il précise même que déjà en 106 av. J.-C. il y avait une véritable école qui se réunissait au sanctuaire de Jérusalem autour de Judas l'Essénien.

---

[1] Les Pharisiens, *op. cit.*, pp. 231-232.

[2] *Op. cit.*, p. 228.

[3] Cf. *Talmud and Apocrypha*, Londres, 1933, p. 193.

[4] Cf. E. Schürer, *Geschichte des jüdischen Volkes im Zeitalter Jesu Christi*, Leipzig, 1909, t. III, p. 262.

Il conclut que l'on doit reconnaître dans les anciens Esséniens l'école apocalyptique dont émanait les écrits apocalyptiques [1].

Il faut avouer que depuis Hilgenfeld, l'origine essénienne d'un certain nombre d'écrits apocalyptiques du IIe siècle av. J.-C. a gagné du terrain surtout depuis la découverte des manuscrits de la Mer Morte.

Sans pouvoir faire ici une démonstration complète qui nécessiterait plusieurs conférences, je voudrais poser quelques jalons :

1º) La présence parmi les écrits qumrâniens de fragments du livre d'Hénoch, des Jubilés et des Testaments à côté d'autres apocalypses jusqu'ici inconnues, pose avec acuité le problème de leur origine essénienne.

On a déjà remarqué le goût que les Esséniens de Qumrân avaient pour les visions et les révélations. Dans leurs écrits on peut en effet lire qu'ils sont des « hommes de vision » [2], « qu'ils voient les anges saints, qu'ils ont l'oreille ouverte et qu'ils entendent des choses profondes » [3].

Le fruit de ces visions, c'est avant tout une littérature apocalyptique jusqu'ici inconnue qui a vu le jour dans la secte essénienne de Qumrân. Un des écrits les plus importants est la *Guerre des Fils de Lumière contre les Fils des Ténèbres*. C'est une sorte de Règlement militaire destiné à préparer les Fils de Lumière dans leur lutte apocalyptique contre les Fils des Ténèbres. Outre le rouleau de 1947, on a trouvé quatre autres manuscrits de ce livre. Cet écrit est influencé par le livre de Daniel auquel il a emprunté certaines expressions comme les « violateurs de l'Alliance » (Daniel XI, 32 et IQM 1, 2), certaines doctrines comme la

---

[1] Cf. A. HILGENFELD, *Die jüdische Apokalyptik in ihrer geschichtlichen Entwickelung*, Jena, 1857, p. 254 et ss. Dans le même sens que Hilgenfeld on peut citer : LUCIUS, *Der Essenismus in seinem Verhaeltniss zum Judentum*, Strasbourg, 1881 ; J. E. H. THOMSON, art. "Apocalyptic Literature", dans *International Standard Bible Encyclopaedia*, t. I, Chicago, 1915, p. 161-178. Mais certains auteurs attribuent seulement tel ou tel livre aux Esséniens. SCHMIDT et MERX en 1870 font de *l'Assomption de Moïse* un écrit essénien (cf. *Die Assumptio Mosis*, MERX, *Archiv für wissenschaftliche Erforschung des A.T.* 1/2 1870, pp. 111-152). A. Dillmann penche aussi pour l'origine essénienne de l'Hénoch éthiopien (cf. A. DILLMANN, *Das Buch Henoch*, 1853). Deux ans plus tard, A Ritschl accepte les vues de Dillmann dans son article sur les Esséniens dans *Theol. Jahrbücher*, XIV, 1855, p. 451). On trouvera commodément résumées les diverses positions des auteurs dans le récent ouvrage de Johann Michael SCHMIDT, *Die jüdische Apokalyptik, Die Geschichte ihrer Erforschung von den Anfängen bis zu den Textfunden von Qumran*, Neukirchener Verlag, 1969, p. 75 et ss. Cf. aussi l'art. apocalyptique de J. B. FREY dans *DBS*, col. 342.

[2] *Hymnes*, XIV, 7.

[3] *IQM* X, 10-11.

résurrection des corps (IQM XII, 1-5) et le rôle joué par Michel protecteur d'Israël (IQM, XVII, 6-7). Notons d'ailleurs en passant que l'influence de Daniel sur les écrits de la secte se concrétise tout particulièrement dans la Prière de Nabonide qui a appartenu, semble-t-il,
à un cycle du pseudo-Daniel. Parmi les autres fragments d'écrits apocalyptiques, on peut citer le *livre des Mystères*, la *description de la
Jérusalem nouvelle* et aussi une *apocalypse* de Michel dont le titre est :
« *Paroles du livre que Michel a dites aux anges* ».

2°) La présence dans la bibliothèque qumrânienne de certains fragments des livres des Jubilés, d'Hénoch et des Testaments des XII
Patriarches, constitue déjà à lui seul un indice favorable à leur origine
essénienne. Mais à s'en tenir exclusivement à cette constatation, on
n'aurait encore rien démontré. Il faut montrer dans le détail, les affinités de ces ouvrages avec les autres écrits qumrâniens. Voici seulement
quelques indications pour chacun de ces trois écrits.

1. *Du livre des Jubilés*, qui n'est pas à proprement parler une
apocalypse, on a trouvé à Qumrân jusqu'à neuf manuscrits différents.

a) On a noté des parentés évidentes entre cet écrit et l'*Apocryphe
de la Genèse*, ouvrage qumrânien composé en araméen, qui tient à la
fois du targoum et du midrash [1]. Les éditeurs ont souligné l'identité de
conceptions géographiques entre les deux écrits et leur étroit parallélisme dans l'expression même pour ce qui est des développements souvent imaginaires par rapport au texte biblique [2]. On a relevé de part et
d'autre, les mêmes procédés de composition, une même chronologie,
les mêmes noms de personnages [3]. D'après les éditeurs, le caractère de
récit des Jubilés plus concis que celui de l'apocryphe de la Genèse
indiquerait que c'est à cette dernière source que l'auteur de Jubilés
a puisé [4].

b) On a également souligné des points de contact intéressants entre

---

[1] M. R, Lehman, *IQ Genesis Apocryphon in the light of the Targumim and Midrashim*,
dans *Revue de Qumran*, 1958, pp. 249-263. Mais J. Fitzmyer, *The Genesis Apocryphon of
Qumran Cave I* (Biblica orientalia, no. 18), Rome, 1966, p. 11 a souligné cependant qu'il
y a peu de théologie essénienne dans cet écrit et qu'il n'y a rien dans le texte qui montre
clairement les liens avec les idées et les coutumes de la secte essénienne. Par contre,
H. Lignée, *Les textes de Qumran*, Paris, 1963, t. II, pp. 211-212 met au compte du milieu
qumrânien, la tendance apocalyptique de cet écrit.

[2] Cf. Avigad et Yadin, *A Genesis Apocryphon. A Scroll from the wilderness of Judaea*,
Jerusalem, 1956, p. 20.

[3] Cf. Michel Testuz, *Les idées religieuses du livre des Jubilés*, Genève, Paris, 1960,
p. 189.

[4] Cf. Avigad et Yadin, *op. cit.*, p. 21.

le livre des Jubilés, d'une part, et le Document de Damas, d'autre part, reconnu maintenant à peu près universellement comme un écrit essénien. On n'a pour se persuader de ces parentés qu'à noter les références au livre des Jubilés dont les commentateurs se servent pour expliquer l'écrit de Damas [1]. On sait d'ailleurs que le livre des Jubilés est nommément cité dans cet écrit quand il est question du « Livre de divisions des temps selon leurs jubilés et leurs semaines » (CDC XVI, 3-4). On sait en effet que le livre des Jubilés commence ainsi : « Voici l'histoire de la division des jours de la Loi et du témoignage, des événements des années, de leurs semaines (d'années), de leurs jubilés devant toutes les années du monde ».

c) L'usage d'un même calendrier solaire à Qumrân et dans le livre des Jubilés constitue un autre lien important avec la secte essénienne [2].

d) Enfin, il faut marquer à la fois une certaine continuité et une certaine discontinuité entre le livre des Jubilés et le livre de Daniel. D'après ce dernier — je parle de la deuxième partie de ce livre — il faudra attendre soixante-dix semaines d'années avant que ne soit établie « la justice perpétuelle » dans la ville sainte, en d'autres termes, avant que n'arrive le salut (cf. Dan. 9,24). Si ces 490 ans représentent effectivement une période de dix jubilés de 49 ans comme vient de le proposer Grelot [3], il faut rappeler que dans le livre des Jubilés, l'histoire est précisément divisée aussi en jubilés de 49 ans. Entre l'entrée d'Israël en Canaan et la création du monde l'auteur de ce livre compte 2450 ans, c'est-à-dire cinquante jubilés de 49 ans, un jubilé de jubilés. Comme l'entrée en Canaan a servi plus d'une fois à décrire figurativement le salut final, on peut effectivement penser que la chronologie symbolique du livre des Jubilés rejoint et développe celle de Daniel 9 qui est aussi symbolique.

Sur ce point précis, cette continuité entre l'auteur de Daniel et celui des Jubilés montre une certaine parenté entre l'auteur assidéen de Daniel et l'auteur essénien du livre des Jubilés. Mais il faut signaler aussi une notable discontinuité entre les deux écrits, sur une question de doctrine. Alors que l'auteur de Daniel envisage la resurrection des corps, celui des Jubilés contemple la félicité des justes dans l'au-delà tandis que leurs os reposent dans la terre (Jub. XXIII, 30).

Cette continuité et cette discontinuité sur ces deux points de doctrine différents montrent que l'auteur de la deuxième partie de Daniel

---

[1] Cf. en particulier, RABIN, *The Zadokite Documents*, Oxford, 1954.

[2] Cf. A. JAUBERT, *Le calendrier des Jubilés et la secte de Qumran, ses origines bibliques* dans V.T., III, 1953, pp. 250-264.

[3] Soixante-dix semaines d'années dans *Biblica*, 50 1969, pp. 169-186.

et celui des Jubilés appartiennent à des milieux différents avec des traditions et des origines communes dans notre hypothèse, les Assidéens et les Esséniens. La naissance du livre des Jubilés en milieu essénien ne me paraît donc pas devoir être mise en doute et elle est reconnue assez habituellement par les auteurs modernes, Dupont-Sommer [1], Milik [2], Russell [3], Testuz [4].

2. Du livre composite d'*Hénoch* conservé auparavant dans une version éthiopienne et aussi dans une version grecque particlle, on a trouvé des fragments de dix manuscrits araméens dans la grotte IV de Qumrân représentant à peu près toutes les sections de ce livre, à l'exclusion de celui des Paraboles. Chacune des sections de ce livre pose un problème de datation et aussi d'origine, car on a depuis longtemps remarqué que les doctrines des différentes parties du livre manquent d'unité. Martin a écrit à ce sujet : « Sur plus d'un point, elles sont divergentes, quelquefois même contradictoires. Le lecteur qui cherchreait dans ce livre l'expression claire et précise d'une doctrine homogène, aux éléments bien coordonnés, serait singulièrement déçu. Le livre d'Hénoch est une œuvre éminemment composite à tous les points de vue, un recueil de livres plutôt qu'un livre. Il n'est donc pas l'écho d'un enseignement; il reflète, au contraire, tour à tour les opinions et les croyances assez variées des sectes ou des écoles qui se partageaient le milieu juif orthodoxe au IIe et au Ier siècle avant notre ère » [5].

Mais il reste à vérifier le bien-fondé de ce jugement relatif au milieu d'origine des divers écrits d'Hénoch prononcé il y a plus d'un demi siècle.

Commençons par le livre des *Paraboles* d'Hénoch. (chap. XXXVII-LXXI) dont l'origine a été très discutée ces derniers temps. En raison de l'absence de cette œuvre parmi les fragments de Qumrân inventoriés jusqu'ici, Milik en a conclu que ce n'était pas là un pur hasard et qu'il fallait, par conséquent, reconnaître dans cet écrit l'œuvre d'un judéochrétien composée au second siècle de notre ère [6], qui aurait été interpolée dans l'ensemble des livres d'Hénoch, à la place qu'elle occupe.

---

[1] Cf. *Les écrits esséniens découverts près de la Mer Morte*, Paris, 1959, p. 311.

[2] Cf. *Dix ans de découvertes dans le désert de Juda*, Paris, 1957.

[3] Cf. *The method and message of Jewish apocalyptic*, Londres, 1964, p. 54.

[4] Cf. *Les idées religicuses des Jubilés*, pp. 179 et ss.

[5] Cf. François MARTIN, *Le livre d'Hénoch traduit sur le texte éthiopien*, Paris, 1906, p. XIX.

[6] Cf. J. T. MILIK, *Dix ans de découvertes*, Paris, 1957, p. 31.

Mais cet argument « e silentio » est, en réealité, des plus discutables.
Comme il a été dit fort à propos : « Aujourd'hui comme avant les
trouvailles de Qoumrân, la question de l'origine du livre des 'Paraboles'
doit être examinée essentiellement à l'aide des critères internes » [1].

Sans doute, la doctrine du Fils de l'Homme, titre qui est appliqué
dans ce livre au Messie, est à première vue étonnante en raison des
points de contact avec l'eschatologie et la christologie des Évangiles.
Mais si l'ouvrage était d'un chrétien ou d'un judéo-Chrétien, son auteur
n'aurait pas résisté au désir de développer toute une christologie et de
traiter de la personne historique de Jésus [2]. Rien dans cet écrit n'est,
à mon sens, chrétien et il faut tenir encore son origine juive. C'est
l'opinion avec des nuances diverses de Martin, Lods [3], Dupont-Sommer,
Mowinckel [4], Cullmann [5], Russell [6], Sjöberg [7] et d'autres encore. Mais
le livre des Paraboles est-il plus précisement essénien ? C'était déjà
l'opinion de Hilgenfeld. Que faut-il en penser maintenant ?

Un fait à première vue semblerait militer contre l'origine essénienne
du livre. C'est le titre du Fils de l'Homme appliqué au Messie. Jamais
en effet, à notre connaissance, on n'a encore rencontré parmi les écrits
qumrâniens mention du « Fils de l'Homme ». ce qui est bien étonnant
dans l'hypothèse de l'origine essénienne du livre des Paraboles où le
titre est couramment usité. Il faut, par contre, pour ce qui est de la
doctrine du Fils de l'Homme, rattacher notre écrit à l'œuvre assidéenne constituée par la deuxième partie de Daniel qui a, le premier,
fait usage de ce *théologoumenon* tout en lui donnant, il est vrai, une
valeur collective.

Mais il est juste de souligner que le fils de l'Homme qui, dans les
Paraboles recouvre incontestablement une réalité individuelle, a été
singulièrement retravaillé et enrichi par rapport à la source daniélique.
Ce fait laisse supposer que le livre des Paraboles est assez éloigné dans
le temps de celui de la deuxième partie de Daniel et qu'il n'appartient
pas au mouvement assidéen.

En faveur de la thèse essénienne, on peut noter quelques points de

---

[1] Cf. A. DUPONT-SOMMER, *Les écrits esséniens*, pp. 310-11.

[2] Cf. déjà à ce sujet les observations de E. SCHÜRER, *The Jewish People in the time of Jesus Christ*, div. II, vol. III, p. 68.

[3] Cf. A. LODS, *Histoire de la littérature hébraïque et juive*, Paris, 1950, p. 880-2.

[4] *He that cometh*, Oxford, 1956, p. 354.

[5] O. CULLMANN, *Christologie du Nouveau Testament*, Neuchâtel, Paris, 1958, p. 122.

[6] *Op. cit.*, p. 52.

[7] *Der Menschensohn*, 1946, p. 39.

contact avec les écrits qumrâniens qui ne sont pas sans doute tout à fait fortuits.

a) Dans le livre des Paraboles, Dieu est constamment appelé « le Seigneur des Esprits ». D'après Charles, cette expression s'y trouverait 104 fois. Or, en dehors du IIe livre des Maccabées 3,24, où l'on a une formule approchante (ὁ τῶν πνευμάτων καὶ πάσης ἐξουσίας δυνάστης), dans un Hymne de Qumrân, Dieu est appelé « le Seigneur de tout esprit » אדון לכול רוח en parallélisme avec « le Maître de toute créature » (X, 8).

b) Dans un autre Hymne, on lit à propos des ennemis du Psalmiste, vraisemblablement le Maître de Justice : « car ils ont dit de la vision de connaissance (חזון דעת) : elle n'est pas vraie ! » Dans ce texte, la « vision de connaissance » désigne la révélation des mystères dont le Maître de Justice, est le seul bénéficiaire. Or, la révélation dont Hénoch est gratifié est qualifiée d'une expression semblable « vision de sagesse », (re'eya ṭebab) (XXXVII,1) tout au début des Paraboles. Et l'auteur continue : « Jusqu'à présent il n'a certes pas été donné, par le Seigneur des Esprits, de sagesse (comparable à celle) que j'ai reçue, selon mon intelligence, selon le bon plaisir du Seigneur des esprits, par qui m'a été donnée la part de vie éternelle » (XXXVII, 4). Le Psalmiste des Hodayot, que l'on identifie au Maître de Justice, ne parle pas autrement : « Je te loue [Seigneur] car tu m'as instruit dans ta vérité et tes secrets merveilleux tu me les a fait connaître » (VII, 27). « Tu m'as fait connaître tes secrets merveilleux » (IV,27-28). « Ces choses, je les connais à cause de ta science, car tu as ouvert mes oreilles à tes secrets merveilleux » (I, 21).

c) Notons encore : les « vêtements de gloire » dont les élus sont revêtus dans Hénoch LXII, 15 et dans IQS, IV, 8 ; l'enchaînement des mauvais anges (Hénoch LXIX, 28 et Hod. III, 18 ; *Livre des Mystères*). Ce dernier texte est particulièrement proche d'Hénoch par la pensée : « Quand seront enfermés les enfants de la Perversité, alors l'impiété se retirera devant la Justice, de même que les ténèbres se retirent devant la lumière » (*Livre des Mystères*). Ce passage n'est pas sans analogie avec celui du livre d'Hénoch : « Ils seront attachés avec des chaînes, et dans le lieu où ils auront été réunis pour la destruction, ils seront enfermés, et toutes leurs œuvres disparaîtront de la face de la terre » (Hénoch, LXIX, 28).

Une étude minutieuse des Paraboles permettrait d'allonger sans doute la liste des contacts avec les documents de Qumrân qu'ils soient d'ordre phraséologique ou théologique.

Ceux que nous avons soulignés nous semblent assez significatifs pour que nous puissions conclure, sinon à l'origine essénienne des Paraboles, du moins à une influence des écrits esséniens sur cette œuvre, que l'on date soit du temps d'Alexandre Jannée [1], soit de l'époque des premiers procurateurs romains (40-38 av. J.-C.) [2]. Mais je ne pense pas qu'on puisse y voir purement et simplement une œuvre pharisienne comme le soutenait Martin pour qui cet écrit professait les doctrines des Pharisiens sur la Providence, la résurrection, le jugement, etc. [3].

Il faudrait examiner maintenant dans le détail les autres sections de l'ouvrage d'Hénoch dont, il est vrai, le *livre du changement des luminaires* (LXXII-LXXXII) n'a pas de caractère proprement apocalyptique, mais s'intéresse aux questions de calendriers.

Mais la première section du livre hénochien (VI-XXXXVI), *l'apocalypse des semaines, le livre des songes* sont intestablement des écrits apocalyptiques où l'angélologie et l'eschatologie tiennent une grande place. On a relevé bien des points de contact avec la phraséologie et la théologie esséniennes comme le révèlent les nombreuses références aux différentes parties hénochiennes dans les diverses éditions des écrits qumrâniens. Je ne puis me permettre ici de faire un inventaire complet de ces contacts. C'est du côté notamment de l'angélologie qui, à Qumrân et dans Hénoch, est fort développée, que l'on constate le plus de parentés. Signalons entre autres choses, outre les noms donnés aux différents anges, les appellations globales significatives comme « fils des cieux » (Hénoch VI,2 et Hod. III, 21-2), et les « veilleurs » (Hénoch XII, 4 etc. Doc. de Damas, II, 18). Bien que les écrits hénochiens aient subi des retouches, voire des additions, au cours des siècles de transmission du texte, on y reconnaît cependant encore la marque essénienne. Signalons aussi que le chapitre final d'Hénoch (CVIII) avait déjà été reconnu par Köstlin et Charles comme étant tout à fait dans le ton de la doctrine des Esséniens : grande estime de l'ascétisme, mépris de l'or et de l'argent (8-10), croyance en l'immortalité de l'âme (11-14).

Pour le mépris de l'or et de l'argent, rappelons que Josèphe appelle les Esséniens les contempteurs de la richesse καταφρονηταὶ δὲ πλούτου (Bell. Jud. II, 122); que d'après Philon, ils sont ἀχρήματοι καὶ ἀκτήμονες (*quod omnis probus liber sit* § 77), ce qui concorde aussi avec le témoignage de Pline l'ancien (Hist. Nat. V, 17). En regard de ces témoignages, voici la traduction du texte grec d'Hénoch : « Malheur à

---

[1] HILGENFELD, *op. cit.*, p. 57, place la date de composition entre 100 et 64.

[2] SJÖBERG, *op. cit.*, p. 39.

[3] MARTIN, *Le livre d'Hénoch*, p. XLIX.

vous qui obtenez de l'or et de l'argent mais non par le moyen de la justice et vous dites : Nous sommes riches de richesses, nous avons acquis nos biens, faisons tout ce que nous voulons, parce que nous avons thésaurisé de l'argent dans nos trésors et beaucoup de biens dans nos maisons. ... Vous errez, car votre richesse ne demeurera pas, mais elle vous abandonnera rapidement, et parce que vous la possédez injustement, vous serez livrés à une grande malédiction [1] ».

Quant à la glorification eschatologique des justes dans la lumière de ce même passage d'Hénoch : « Je produirai dans une lumière éclatante ceux qui ont aimé mon saint nom », elle rappelle celle du Psalmiste, vraisemblablement le Maître de Justice, dans les Hod. VII, 24; « Je resplendirai dans la lumière sept fois » [2].

3. *Les Testaments des Douze Patriarches.*

Cet écrit, connu depuis longtemps par des versions grecque, arménienne et slave, n'est en réalité apocalyptique que dans une petite partie de chacun des Testaments. On connaissait aussi quelques fragments araméens du Testament de Lévi conservés à Cambridge et provenant de la Genizah du Caire [3]. Ils viennent d'être enrichis par des fragments analogues provenant de Qumrân [4]. Ces derniers représentent un texte plus long que le texte grec du Testament de Lévi et révèlent probablement une version plus ancienne. On possède également un texte hébreu de Nephtali qui diffère considérablement du texte grec [5]. On a aussi reconnu un texte hébreu de Nephtali à Qumrân qui est plus long que celui du Testament grec [6].

Les discussions sur le milieu d'origine des Testaments n'ont guère cessé entre spécialistes sans qu'ils soient parvenus à un accord. Avant les découvertes de Qumrân, la plupart des savants s'étaient ralliés au

---

[1] C. BONNER, *The last chapters of Enoch in Greek*, Londres, 1937, p. 34-35.

[2] On doit noter que Köstlin qui accepterait l'origine essénienne du chapitre CVIII d'Hénoch refuse à admettre que le livre d'Hénoch dans son ensemble soit essénien : « Essenisch... ist das ursprüngliche Henochbuch nicht », cf. Über die Entstehung des Buches Henoch, dans *Theol. Jahrbüch*, 15, 1856, pp. 240-79, p. 370-86.

[3] Ces textes sont publiés par R. H. CHARLES dans l'appendice III de son édition critique : *The Greek versions of the Testaments of the Twelve Patriarchs*, Oxford, 1908, p. 244-56. Cf. P. GRELOT, *Le testament araméen de Lévi est-il traduit de l'hébreu ? A propos du fragment de Cambridge, col. c, 10 à d 1*, REJ, 14 (114), 1955, pp. 91-99.

[4] Cf. J. T. MILIK, « Le Testament de Lévi en araméen. Fragment de la grotte 4 de Qumran », dans *R.B.*, 1955, pp. 398-406.

[5] Texte édité par CHARLES, *op. cit.*, appendice II, pp. 239-244.

[6] Cf. J. T. MILIK, *Dix ans de découvertes*, p. 32.

jugement de Charles pour qui les Testaments seraient une œuvre juive avec des interpolations chrétiennes. Depuis les découvertes des manuscrits de la Mer Morte, le problème a été repris notamment par De Jonge [1], et par Philonenko [2]. Selon le premier auteur, suivi par Milik [3], les Testaments seraient un document chrétien écrit par un auteur chrétien utilisant des matériaux juifs. Ils seraient l'œuvre d'un compilateur et non d'un interpolateur. Mais De Jonge, avec un courage dont il faut le féliciter, a abandonné publiquement cette thèse ici-même au cours de cette semaine biblique de Louvain. Pour Philonenko, au contraire, les Testaments de Lévi auxquels on a ajouté les Testaments de Juda et de Nephtali ont passé par les mains d'un rédacteur essénien qui en a fait une version plus courte. Les autres Testaments ont été rattachés à ce noyau et un rédacteur final essénien a développé le texte de certains Testaments. Pour Philonenko, la plupart des interpolations chrétiennes de la théorie de Charles sont dues à un deuxième rédacteur essénien et les passages où ce dernier voyait des gloses christologiques sont interprétées comme se rapportant au Docteur de Justice.

J'avoue n'être convaincu ni par l'une ni par l'autre de ces théories et je reste toujours fidèle à la thèse ancienne des interpolations chrétiennes d'un écrit juif, surtout en matière de christologie, même si on peut maintenant, à la lumière des textes de Qumran, réduire un certain nombre de ce que l'on estimait être des interpolations. Cette thèse avec quelques nuances vient d'être reprise par J. Jerwell [4]. L'origine des Testaments dans la version grecque est complexe. Ce qui est certain, c'est que les Testaments de Lévi et de Nephtali ont été trouvés à Qumrân dans des fragments multiples et qu'ils sont en rapport avec ceux conservés en grec de notre collection. Pour le reste des Testaments, je pense avec Dupont-Sommer [5] qu'il faut attendre pour se prononcer sur leur origine qu'on ait identifié tous les fragments qumrâniens. Qui nous dit qu'ils n'ont pas existé à Qumrân ? Il y a même des indices sérieux pour admettre qu'ont été connus à Qumrân les

---

[1] *The Testaments of the Twelve Patriarchs. A study of their text, composition and origin*, Assen, 1953.

[2] *Les interpolations chrétiennes des Testaments des douze patriarches et les Manuscrits de Qumran*, Paris, 1960.

[3] *Dix ans de découvertes*, p. 32.

[4] « Ein Interpolator interpriert. Zu der christlichen Bearbeitung der Testamente des zwölf Patriarchen », dans *Studien zu den Testamenten der zwölf Patriarchen*, Berlin, 1969, pp. 38-61.

[5] *Les écrits esséniens*, p. 317.

Testaments de Ruben, Siméon, Lévi, Juda, Zabulon, Dan, Nephtali, Gad, Asher, Joseph et Benjamin, comme le montrent de nombreux parallèles du Document de Damas cités dans l'édition de Rabin.

Je ne puis faire ici un catalogue détaillé des affinités entre les Testaments et la littérature de Qumrân. Voici quelques indications riches de sens.

a) Rappelons de part et d'autre la croyance en deux Messies, l'un d'origine sacerdotale et l'autre d'origine davidique et la sujétion du second au premier [1].

b) Notons aussi que Béliar dans les Testaments est la personnification du mal et l'équivalent de Bélial dans les manuscrits [2].

c) Il faudrait ajouter aussi maint contact de phraséologie.

Mais par rapport à l'idée de résurrection, les Testaments se situent plutôt dans la ligne de Daniel. Pour ce dernier, seuls les justes, ceux des luttes maccabéennes sans doute, ressusciteront ainsi que leurs ennemis mais avec un sort différent. Pour l'auteur des Testaments, il y aura une resurrection de *tous* les justes, dans la nouvelle Jérusalem, comme récompense de leur vertu (T. Dan. V, 12) [3].

Il nous faut maintenant conclure. Nous avons essayé de montrer l'origine assidéenne et préessénienne de la deuxième partie du livre de Daniel. Née dans un milieu hyperorthodoxe, on conçoit qu'elle ait été canonisée. Il est tout à fait concevable que dans l'Essénisme issu du Ḥasidisme se soit développée une littérature de caractère apocalyptique d'ailleurs fortement inspirée de Daniel comme c'est le cas pour le livre d'Hénoch. On conçoit aussi que provenant d'un milieu hétérodoxe, ces écrits n'aient pas été acceptés par la Synagogue qui ne les a pas inclus dans le Canon. Rabbi Aqiba affirmait même que ceux qui lisaient des livres du dehors, entendons sans doute les livres non canoniques, n'auraient pas part au monde à venir (cf. Michna, Sanhédrin, 10,1).

Mais ce qu'il y a de singulier, c'est que ces écrits nous ont été transmis par l'Église chrétienne dans des langues très diverses. ce qui montre leur grande popularité dans les milieux chrétiens. Il n'y a là rien d'éton-

---

[1] Cf. BEASLY-MURRAY dans *Journal of Theological Studies*, XLVIII, p. 1-13 et K. G. KUHN, *The two Messiahs of Aaron and Israel*, dans *The Scrolls and the New Testament*, p. 54.

[2] Sur ce sujet, je renvoie à mon commentaire des *Hymnes de Qumran*, p. 44.

[3] H. H. ROWLEY, *Jewish Apocalyptic and the Dead Sea Scrolls*, Londres, 1957, p. 21 souligne aussi les relations entre les Testaments et les Manuscrits de Qumrân à propos du Messianisme sans qu'il admette pour autant l'origine essénienne de l'auteur des Testaments.

nant car l'Église trouvait tout naturellement dans cette littérature un véhicule précieux pour ses croyances sur l'imminence de la venue du Messie, le royaume à venir, le jugement et la résurrection. Mais, si certains de ces écrits ont été transmis sans grand changement par l'Église, d'autres ont été glosés, christianisés, des éléments christologiques y ont été introduits comme c'est le cas des Testaments des Douze Patriarches. Il est à peine besoin de souligner que le seul fait de la transmission par l'Église de cette littérature apocalyptique essénienne ou essénisante souligne les liens qui existent entre l'Essénisme et le Christianisme. Mais est-ce à dire que toute la littérature apocalyptique pseudépigraphe est nécessairement essénienne? Pour pouvoir répondre à cette question, il faudrait étudier de ce point de vue maints autres livres comme l'*Assomption de Moïse*, l'*Apocalypse de Baruch*, le *IV*e *Esdras*, les *Antiquités bibliques du Pseudo-Philon* et d'autres encore. Rien n'empêche d'ailleurs de penser que la littérature apocalyptique cultivée avec prédilection dans les milieux esséniens ait pu exercer son influence sur d'autres sectes juives ou sur l'Église chrétienne. Ce pourrait être le cas en particulier pour certaines écrits du Ier et du IIe siècles de notre ère.

J. W. DOEVE

LE DOMAINE DU TEMPLE DE JÉRUSALEM

Dans cette étude consacrée à la littérature juive née vers le début de l'ère chrétienne et transmise jusqu'à nous non par la Synagogue mais par l'Église [1], je voudrais examiner ce que furent les conséquences des mesures prises en 538 avant le Christ par le roi perse Cyrus [2]. Elles tendaient non pas à rapatrier les Juifs installés dans les terres babyloniennes qu'il venait de conquérir mais à promouvoir la reconstruction du temple de Jérusalem. Mais cette œuvre de restauration l'obligea à laisser revenir dans les environnements du sanctuaire pas mal de gens d'origine israélite [3].

Dans l'antiquité, tout temple de quelque importance possédait en Orient normalement un domaine qui lui servait de source de revenus [4].

---

[1] Il s'agit des livres que les catholiques appellent généralement « deutérocanoniques et apocryphes », tandis que les protestants parlent de livres « apocryphes et pseudépigraphes ». Les deux appellations sont peu heureuses. Il conviendrait de parler « d'ouvrages juifs datant de 250 avant à 200 après Jésus-Christ et transmis non par la Synagogue mais par l'Église ».

Les termes usuels ne sont pas heureux parce qu'ils s'inspirent d'une décision prise vers 100 par les autorités juives. On ne voit pas pourquoi l'Église devrait s'y conformer. N'oublions pas d'ailleurs que le Judaïsme antérieur à 70 après J.-C. fut beaucoup plus large que celui qui légiféra en l'an 100.

Le terme « pseudépigraphe » convient d'autant moins qu'il y a des ouvrages pseudépigraphes même dans le canon hébreu des Livres Saints.

[2] D'après *Hérodote* (I, 107 ss.), le roi Cyrus descendait par son père des Perses mais par sa mère des Mèdes, opinion que partagent A. T. OLMSTEAD, *History of the Persian Empire*, Chicago, 1948, p. 34 et R. N. FRYE, *The Heritage of Persia*, Londres, 1962, p. 79 ss. Cyrus se serait emparé du trône de son grand-père, Astyage. En revanche, selon la tradition de Ctésias (C. MÜLLER, *Fragm. Hist. Graec.*, III, 398 ss.), il aurait été de souche uniquement perse.

[3] Voir *II Chron.*, XXXVI, 22 s.; *Esdr.*. I, 2-4. — Dans *Ant.*, XI, 4 ss., Flavius Josèphe combina, quelque six cents ans plus tard, cette donnée biblique avec des données d'Isaïe. Il aboutit ainsi au constat que le retour des Judéens dans leur patrie fut pénible à Cyrus. Il n'est pas exclu que Josèphe rapporte une relation des événements qui s'était peu à peu imposée au cours des temps.

[4] Tout comme l'Église au cours de son histoire, les temples des religions anciennes se sont trouvés devant le problème de trouver pour leur entretien des ressources financières. L'Église le résolut de deux façons, d'une part en faisant appel aux contributions de ses fidèles et, de l'autre, en acquérant des possessions et même en les exploitant. Ces deux méthodes de se procurer des revenus se retrouvent dans les temples des religions

Ceci nous amène à penser que le roi perse songea à octroyer un tel domaine au sanctuaire qu'il voulait voir rétabli et nullement à créer un quelconque état israélite. Mais on ne peut oublier que le temple détruit en 587 fut en réalité un organe de l'état [1]. Dès lors l'acte de Cyrus contenait en germe la possibilité de voir surgir des situations qui pouvaient conduire à des tensions et à des conflits religieux et politiques.

C'est en 539 que Cyrus conquit le royaume babylonien de Nabonide. Du côté paternel, il descendait d'une famille perse mais, par sa mère, il était apparenté à la famille royale qui avait gouverné l'Iran [2].

---

anciennes. En égard aux prescriptions recueillies dans *Tenach*, c'est-à-dire dans la Bible masorétique, le temple de Jérusalem s'appuya surtout sur les apports des croyants, tandis que beaucoup de temples païens eurent recours principalement à la possession et à l'exploitation de biens immeubles. Dans ce dernier cas, on assista régulièrement à la formation d'un domaine sacré dépendant du sanctuaire.

Grâce à l'ouvrage de Walter OTTO : *Priester und Tempel im hellenistischen Ägypten*, Berlin-Leipzig, 1905, nous sommes en possession d'un excellent travail sur les temples. W. W. TARN étend notre information à tout le Proche Orient ancien : *Hellenistic Civilisation*, Londres, 1927, p. 114 ss., tandis que E. BIKERMAN nous instruit sur la situation de l'empire séleucide : *Institutions des Séleucides*, Paris, 1938, p. 172 ss. D'autres données sont à recueillir dans M. ROSTOVZEFF, *The Social and Economic History of the Hellenistic World*, Oxford, 1941.

De ces travaux résulte que l'institution du « domaine du temple » était bien connue et répandue à l'époque hellénistique et qu'elle a dû remonter à un long passé. Il ne nous intéresse pas de rechercher ce que fut en Grèce, en Asie Mineure et en Égypte la préhistoire des domaines des sanctuaires. Par contre, il est important de savoir que de tels domaines existaient en Babylonie durant l'époque perse. A. T. OLMSTEAD nous donne à ce sujet des informations dans son *History of the Persian Empire*, Chicago, 1948. Il note que ces domaines jouaient un rôle important dans la production du blé et même dans ce qu'on peut appeler l'institution bancaire de l'époque : cfr p. 77-85, 78, 83.

[1] D'après les données bibliques, — peu importe pour l'instant leur valeur historique, — la construction du temple résulta de la décision de David de faire de Jérusalem la capitale du royaume des Douze Tribus. Dès lors, le sanctuaire fut lié étroitement à l'état et exerça une influence centralisatrice qui se manifesta par exemple dans la réforme deutéronomique et dans la reconstruction du sanctuaire sous Cyrus. D'où l'opposition à ce temple lors de la division du royaume davidique et d'où également l'érection des sanctuaires de Dan et de Béthel.

[2] Voir *supra*, p. 118, n. 2. Généralement on fait débuter, mais à tort, l'histoire de l'empire perse en 539 avec l'entrée en scène de Cyrus. L'Iran fut occupé anciennement par diverses tribus apparentées dont les Mèdes constituèrent la plus importante. Leur roi était censé exercer une autorité sur ceux des autres tribus. D'où son titre *roi des rois*. Un état unitaire n'existait pas. En 559 avant J.-C., Cyrus, à moitié perse, à moitié mède, devint roi d'Anshan ; en 549 il s'empara du trône des Mèdes, occupé par son grand-père Astyage. Dans la suite, il entreprit la campagne qui lui soumit presque toute l'Asie

Nabonide[1] avait fermé plusieurs sanctuaires babyloniens et le conquérant perse ne put trouver rien de mieux pour gagner la sympathie de ses nouveaux sujets que de les rouvrir. Les déportés juifs transportés en Mésopotamie en 597 et 587 par Nebukadnezar ne manquèrent pas de profiter de la politique religieuse nouvelle pour obtenir du monarque perse l'autorisation de reconstruire le temple de Jérusalem. Il semble certain que Cyrus n'a pas permis aux Judéens de retourner dans leur pays pour y reconstruire un état juif, mais il leur accorda la permission de rebâtir le temple : ce qui entraîna après coup le retour de Juifs déportés plus ou moins nombreux dans leur patrie. En toute hypothèse il résulte de *II Chron.*, XXXVI, 23 et d'*Esdras*, I, 2-4 que le désir du roi de voir reconstruit le temple de Jérusalem précéda toute autorisation pour un retour des Judéens et que ce retour doit en toute hypothèse être lié au plan de la reconstruction du sanctuaire.

La restauration du culte à Jérusalem entraîna tout naturellement la venue d'une population juive plutôt nombreuse dans la banlieue de la cité. Il fallait en effet prévoir non seulement un nombreux personnel cultuel mais aussi la présence d'ouvriers du bâtiment et d'artisans, ainsi que celle d'agriculteurs pour assurer la subsistance des nouveaux venus. Il fallait aussi des fermiers pour ravitailler le sanctuaire en animaux destinés au culte. Bref dès que Cyrus fut gagné à l'idée de laisser reconstruire le temple, il fut tout naturellement amené à autoriser le retour d'un certain nombre de déportés et à mettre à leur disposition d'amples terrains[2]. Que de nombreux problèmes aient surgi à la suite de l'installation des rapatriés, personne ne songera à le contester. Qu'il nous suffise pour l'instant de noter que Cyrus appela en 538 à l'existence une réalité que nous pouvons dénommer « le domaine

---

Mineure, et, en 539, Babylone lui échut sans coup férir. Tout cela il le réalisa en tant que roi des Mèdes. Cambyse II lui succéda.

Quand Cambyse mourut en 522, Darius Ier lui succéda. Il donna à l'empire comprenant des peuples fort différents une organisation centralisatrice à base de gouverneurs dépendant du pouvoir central. C'est peut-être lui qui assura l'adoption du Zoroastrisme comme religion d'état. Avec Darius Ier, on peut faire débuter le royaume perse : cfr en dehors de OLMSTEAD et FRYE, *op. cit.*, J. DUCHESNE-GUILLEMIN, *La religion de l'Iran ancien*, Paris, 1962, p. 146 ss.

[1] Sur le règne de Nabonide et les événements qui l'ont suivi, on consultera Kurt GALLING, *Politische Wandlungen in der Zeit zwischen Nabonid und Darius*, dans son ouvrage *Studien zur Geschichte Israels im persischen Zeitalter*, Tubingue, 1964, p. 1-60.

[2] Le droit du temple de Jérusalem réclamait la venue d'une nombreuse population en Judée. L'entretien du culte était en effet basé largement sur des contributions personnelles. Dans ces circonstances, une part suffisamment large du domaine du temple dut être mise à la disposition du peuple.

cultuel de Jérusalem». La situation juridique de ce domaine semble
avoir comporté qu'à l'intérieur de ses limites il était permis d'organiser la vie conformément au droit autrefois en usage dans le sanctuaire, tout en se pliant comme groupe aux ordonnances générales
que l'autorité perse imposait à ses sujets.

Trois points méritent à ce propos de retenir notre attention. En
premier lieu, il ressort de données postérieures que le domaine attribué
aux rapatriés était notablement moins étendu que l'ancien royaume
de Juda. Ceci confirme ce que nous avons noté plus haut, à savoir que
Cyrus n'entendit pas reconstituer le royaume judéen mais qu'il se
contenta de créer un domaine cultuel au service du temple. De l'ouest
à l'est, ce domaine s'étendait sur quelque 50 kilomètres, du nord au
sud, sur 40 km environ [1].

---

[1] Il n'est pas exclu que le domaine concédé par Cyrus était moins étendu. Les dimen-
sions (50 et 40 km) reposent sur les données de la carte IX/5 publiée dans : *Judaea
from the Return to Zion to the Hasmonaean Revolt*, dans *Atlas of Israel*, Amsterdam-
Jérusalem, 1970.

On trouve les données les plus sûres touchant le domaine du temple à l'époque de
Néhémie, vers 445 et les années suivantes, en *Neh.*, III. Il comprenait alors les centres
habités suivants : Jérusalem, Jéricho, Tekoa, Betsur, Keila, Zanoaḥ, Betkerem, Mizpa,
Gibéon. Ces localités se trouvent dans une région possédant une largeur moyenne de
20 km et une longueur N-E//S-O de 5,5 km. Cette région de quelque 1100 km² était
donc peuplée de Juifs un demi-siècle après que Cyrus eut donné la permission du retour.
Elle comprend à peu près la moitié du territoire présenté comme juif sur la carte déjà
mentionnée.

Rappelons encore deux données : a) entre Jérusalem et Jéricho se trouve un terrain
montagneux sans valeur de culture; Jéricho apparaît comme un poste externe de
Jérusalem, et on semble autorisé de ramener la longueur du domaine de 55 à 35 km;
le domaine accordé en 539 au sanctuaire peut avoir été plus petit que le territoire occupé
cent ans plus tard.

Ne perdons pas non plus de vue qu'il y eut plus d'un retour de captifs babyloniens.
Un premier groupe peu nombreux, revenu en 538, fut suivi d'un deuxième plus considérable vers 521. Dès lors, le domaine concédé par Cyrus a pu être moins étendu que les
1100 km² déjà mentionnés. On peut supposer qu'un territoire de 200 à 300 km² fut
progressivement et silencieusement agrandi sans recours à une autorisation royale,
à savoir en 522 et dans les 80 années suivantes : cfr Gustav HÖLSCHER, *Palästina in der
persischen und hellenistischen Zeit*, Berlin, 1903, p. 26 ss. Voir aussi Albrecht ALT,
Kleine Schriften zur Geschichte Israels, t. II, Munich, 1953 : *Die territorialgeschichtliche
Bedeutung von Sanheribs Eingriff in Palästina* (*ibid.*, p. 242 ss.); *Juda's Gaue unter
Josia* (*ibid.*, p. 276 ss.); *Judäische Ortsliste* (*ibid.*, p. 289 ss.).

Pour les problèmes concernant le retour des Juifs en 538 et en 521, voir les études
I-VI dans K. GALLING, *Studien zur Geschichte, op. cit.* À la page 56, Galling note que
seuls de petits groupes de Juifs sont revenus illégalement sous Cyrus et Cambyse. Le
vrai retour aurait eu lieu sous Darius Ier en 521 (p. 57 ss.). Dans une telle perspective
on ne comprend pas que Cyrus ait donné l'autorisation de reconstruire le temple et

En second lieu, il semble bien que la population du domaine cultuel
n'était que collectivement assujettie aux lois de l'empire perse. Il en
résulta que même longtemps après la fin de la période perse, les habitants de la banlieue de Jérusalem ne payaient pas individuellement
l'impôt. Il revenait au grand prêtre de payer les redevances et, dès
lors, lui-même exigeait de ses subordonnés les sommes à verser au
souverain [1]. L'obéissance due à l'autorité perse comportait aussi

que les Juifs n'en aient pas profité. Supposons plutôt que le domaine concédé par Cyrus
s'avéra trop petit pour réaliser l'œuvre. Ni sous Cyrus ni sous Cambyse, les Juifs ne
réussirent à améliorer la concession. Ils y aboutirent sous Darius Gautema, après que
celui-ci eut éliminé les mages et mis fin à la révolte babylonienne de Nidintu-Bel.D'où
le retour de 521, plus important que celui de 538.

[1] La preuve est fournie par le récit touchant Joseph le Tobiade et son fils Hyrcan
qui avaient acquis le droit de percevoir les impôts (FLAVIUS JOSÈPHE, *Ant.*, XII, 154-
236). Il en résulte que le grand prêtre était tenu de verser un impôt pour le territoire
qu'il administrait (*ibid.*, XII, 138).

Le problème principal consiste à préciser à quelle époque se place le renseignement
fourni par Josèphe. L'historien en parle après avoir rapporté le transfert du pouvoir
des Ptolémées aux Séleucides. Il met le droit de percevoir les impôts en relation avec
la dot qu'Antiochus III accorda à sa fille Cléopâtre I à l'occasion de son mariage avec
Ptolémée V Philadelphe (POLYBE, XXVIII, xx, 9; APPIEN, *Syr.* 5). Ce mariage eut lieu
après 195 av. J.-C. : cfr A. BOUCHÉ-LECLERCQ, *Histoire des Lagides*, I, Paris, 1903,
p. 382 ss.; E. BEVAN, *The House of Ptolemy*, 2e éd., Chicago, 1968, qui propose comme
date l'hiver 193-192 probablement sur la base de TITE-LIVE, XXXV, xiii, 4 : *Antiochus
rex ea hieme Raphiae in Phoenice Ptolemaeo regi Aegypti filia in matrimonium data* etc.
Édouard WILL, *Histoire politique du monde hellénistique*, Nancy, 1967, t. II, p. 161 s.,
voit dans le mariage une conséquence de la paix conclue en 195.

Le récit de Josèphe se termine sur les événements d'environ 175 av. J.-C. Tout ce
que la tradition raconte de Joseph le Tobiade et de son fils Hyrcan se serait donc passé en
quelque vingt ans. Ceci paraît impossible, voire contraire au récit qui raconte que
Joseph obtint le droit de percevoir les impôts durant 22 ans. Josèphe s'est donc trompé.
Dès lors nous avons à rechercher à quelle époque précise se situent les faits rapportés
par lui.

D'après BOUCHÉ-LECLERCQ (*op. cit.*, p. 386, note 1), le problème est sans solution.
Adolf BÜCHLER, *Die Tobiaden und die Oniaden*, Vienne, 1899, p. 74, place l'entrée en
scène de Joseph le Tobiade comme percepteur d'impôts en 218. L'événement qui amena
le grand prêtre Onias à refuser le payement de l'impôt à Ptolémée IV Philopator serait
à chercher dans la situation désespérée dans laquelle ce roi se serait trouvé en 218 (*op. cit.*,
p. 69); l'issue de la bataille près de Raphia en 217 montra qu'il avait fait un mauvais pari.
À cette manière de voir, Bo REICKE se rallie dans sa *Neutestamentliche Zeitgeschichte*,
Berlin, 1965, p. 361. Mais à cette hypothèse s'oppose qu'elle ne permet pas de caser tous
les faits attribués par Josèphe à Joseph le Tobiade et à son fils Hyrcan. Si Joseph n'entra
en scène pour l'affermage qu'en 218, ses 22 ans de service ne peuvent se situer sous le
régime ptoléméen. C'est pourquoi Büchler fait débuter l'activité de Joseph avant 218.

Dans son ouvrage, Büchler teint encore compte de l'année 198 pour le combat près
de Paneion, dont l'issue livra à Antiochus III la domination sur la Palestine. Depuis

qu'on n'entreprit rien de nuisible à la paix et à la sécurité de l'empire. Quand les habitants palestiniens allèrent se plaindre des privilèges

lors, Maurice Holleaux établit avec vraisemblance que cette bataille eut lieu en 200 : cfr *Klio* (Leipzig), 1908, t. VIII, p. 267 ss. Cette dernière date, aujourd'hui généralement reçue, réduit à 18 ans le laps de temps durant lequel Joseph le Tobiade a pu exercer l'affermage de la perception des impôts sous les Ptolémées. Elle exclut la possibilité pour son fils d'avoir pu avoir des relations suivies avec le pouvoir égyptien.

La bonne datation pour les événements racontés par Josèphe semble être celle de Victor Tcherikover, *Hellenistic Civilisation and the Jews*, Philadelphie, 1961, p. 127 ss. Elle fut d'ailleurs déjà proposée par Graetz, Momigliano et Klausner (*Hellenistic Civilisation*, p. 458). En fonction de cette datation, on cherche à expliquer le refus du grand prêtre Onias de s'acquitter des impôts dans la troisième guerre syrienne ou « laodicéenne » entre Ptolémée III Évergète et, d'autre part, Antiochus II Theos et Séleucos II Kallinikos (cfr E. Will, *op. cit.*, t. I, p. 221 ss.).

La situation de l'année 242 rend compte de l'attitude d'Onias et de celle de Joseph le Tobiade. Si ce dernier assuma en 242 l'affermage, on explique qu'il l'exerça durant 22 ans sous les Ptolémées et que sous les mêmes souverains, son fils débuta dans ses fonctions. Cette même datation permet aussi de bien comprendre ce qui nous est raconté des origines de Joseph, qui nous est présenté comme le fils de Tobie et comme ayant commencé très jeune ses activités.

Ce « Tobie » ne saurait être, semble-t-il, que le *Τουβίας* attesté par les papyri Zenon : Victor A. Tcherikover - Alexander Fuks, *Corpus Papyrorum Judaicarum*, Cambridge (Mass.), 1957, t. I, p. 118 ss. : n ᵒ 1 = P. Edgar 3 = PCZ 59003 ; nᵒ 2ᵇ = PCZ 59005 ; nᵒ 2ᶜ = PCZ 59802 ; nᵒ 2ᵈ = P London inv. 2358 A ; nᵒ 4 = P. Edgar 84 = PCZ 59076 ; nᵒ 5 = Edgar 13 = PCZ 59075. Le papyrus *P Edgar 5* date de la période avril-mai 259 av. J.-C. ; *P. Edgar 13* et *84* sont datés du 15 mai 257 av. J.-C. Durant ces années, Tobie doit avoir occupé une position militaire et administrative importante qui lui permit de correspondre même avec Ptolémée Philadelphe (*P Edgar 13*).

Que le fils d'un tel personnage fût agréé par Ptolémée Évergète au moment où le grand prêtre refusa de payer les impôts, se comprend sans peine. Si l'on accepte la donnée selon laquelle ce fils, Hyrcan, fut jeune, on peut dater son entrée en scène à peine après 242 et, en toute hypothèse, nullement en 218. Le fait que la femme d'Évergète s'appela Bérénice, et non Cléopâtre comme l'affirme Josèphe (*Ant.*, xII, 158), n'infirme pas cette datation. L'incorrection du nom s'apparente à l'incorrection du cadre historique fourni par Josèphe. En revanche, le nom du roi : Ptolémée Évergète, semble correct. Le supprimer comme glose est une tentative pour sauver une relation de Josèphe largement inexacte.

La tradition touchant le Tobiade Joseph confirme que Jérusalem et sa banlieue furent considérées sous les Ptolémées comme un domaine du temple.

Que les deux premiers Ptolémées aient fondé ce domaine du temple est tout à fait invraisemblable. En revanche, il est établi, ainsi que le rapporte la *Lettre d'Aristée* (10), qu'à la fin du règne de Ptolémée I Sôter (306-285/83) ou au début de celui de Ptolémée II Philadelphe (285/83-246), Alexandrie se préoccupa de prendre connaissance des lois judaïques. La remarque vaut exactement pour Ptolémée II qui s'occupa sérieusement de l'aspect économique du droit des sanctuaires en Égypte : cfr W. Otto, *op. cit.*, t. I, p. 340 ss., sur la mesure prise en 265/64 touchant l'*ἀπόμοιρα*. Concluons donc que les Ptolémées n'innovèrent pas mais reprirent une situation déjà introduite sous les Perses.

concédés aux rapatriés, l'autorité fit la sourde oreille. En reconstruisant les murailles de la ville, Néhémie semble pour sa part avoir voulu s'opposer au domaine cultuel [1], mais celui-ci se maintient même à l'in-

---

[1] Après le retour du groupe important en 521 (voir *supra*, p. 121, n. 1), la population des environs de Jérusalem réussit à contrecarrer la reconstruction du temple (*Esdr.*, IV, 1-5). Le texte mentionne à tort, semble-t-il, Cyrus (v. 5), car les contestataires s'adressent à Zerubbabel et paraissent viser les Juifs revenus la deuxième fois. Leur argument fut d'ordre religieux. Néanmoins *Esdr.*, IV, 1 les appelle : צרי יהודה ובנימן, « ennemis de Juda et de Benjamin », c'est-à-dire des judéens et benjaminites revenus de captivité, parmi lesquels ont pu se trouver des membres d'autres tribus, tel le Tobie du livre de Tobit, originaire de Naphtali et plus tard la prophétesse Anne, originaire de Aser (*Lc.*, II, 36). Le problème est de savoir pour quelles raisons les habitants de Jérusalem s'opposèrent aux rapatriés. Avaient-ils des motifs religieux ou craignaient-ils une extension du domaine du temple comme conséquence du groupe important revenu avec Zerubbabel ?

Ne perdons pas de vue que dans l'hypothèse d'une collaboration entre la population de la Judée et les Juifs revenus de Mésopotamie, le domaine du temple n'aurait pas dû avoir une aussi grande extension. L'infrastructure économique aurait été différente. On aurait pu faire appel pour les contributions au temple à une population plus élevée (cfr *supra*, p. 120, note 2).

Esdras, V, 1 ss. nous montre comment on essaya d'impliquer dans les affaires de la Palestine du Sud, — d'ailleurs sans résultat, — le plus haut fonctionnaire perse du district d'Outre-Euphrate.

Pour situer la population qui se montra hostile au retour des exilés, on peut songer à des restes des tribus de Juda et de Benjamin qui subsistèrent après la ruine du temple en 587/586 et plus tard après la fuite en Égypte et le meurtre perpétré sur Gedalja (*II Reg.*, XXV, 22 ss.; *Jer.*, XL-XLIV). Peut-être Enno JANSSEN exagère-t-il dans son ouvrage *Juda in der Exilszeit*, Goettingue, 1956, mais, par ailleurs, on ne peut comprendre le *Ps.* LXXIV, 20 et *Lam.*, V, 9-11 en dehors de la présence de Judéens sur place après les événements de 587/586.

En dehors des restes de Juda et de Benjamin, il faut sans doute tenir compte aussi de la présence d'israélites du Nord. En *Esdr.*, IV, 2b, nous lisons : « Nous avons l'habitude de Lui offrir des sacrifices depuis les jours d'Esarhaddon, roi d'Assur (681-669 av. J.-C.) qui nous a fait monter jusqu'ici ». Rien ne nous invite à penser que cette notice soit due à la fantaisie de l'auteur d'*Esdras*. Comment aurait-il songé à affirmer l'existence d'un culte rendu à Yahvé à Samarie alors que ce culte n'avait pas encore été restauré à Jérusalem ? L'auteur d'*Esdr.*, IV, 2b ne pouvait ignorer la donnée de *II Reg.*, XVII, 27. La combinaison de ces deux textes est appuyée par la *Deuxième Chronique samaritaine*, éd. John MACDONALD, *The Samaritan Chronicle*, n° II, Berlin, 1969, p. 89. « Dans la 21e année d'après le comput du sacerdoce suprême de Seria, on exigea de la communauté des vrais fils d'Israël, les Samaritains, et des fils de Juda l'impôt que le roi d'Assyrie leur avait imposé, à savoir trois cents talents d'or. Et alors ils retournèrent au pays de Canaan, et la communauté des vrais fils d'Israël, les Samaritains, montèrent vers le lieu élu, la montagne Gerizim Beth El, et ils y célébrèrent la fête du Seigneur avec grande joie. » D'après cette tradition (cfr MACDONALD, *op. cit.*, p. 220 ss.), le sacerdoce suprême de Seria doit se situer sous le règne d'Esarhaddon.

Bref aussi bien quelques restes des tribus de Juda et de Benjamin que les israélites du Nord ont dû se sentir menacés par l'extension que le domaine du temple a subie

en 521. Bien que leur protestation n'eût pas de succès, leurs enfants la renouvelèrent sous Xercès I (486-465), et de nouveau sans résultat (*Esdr.*, IV, 6). Quand en 445 Néhémie entreprit avec la permission d'Artaxercès I (465-424) d'entourer de murailles la ville de Jérusalem, la population autochtone en profita pour accuser les habitants du domaine sacré de fomenter une révolte (*Neh.*, II, 19).

De nouveau, le pouvoir central perse nomma un haut fonctionnaire, Reḥum (*Esdr.*, IV, 7-23), mais une nouvelle fois sans résultat. Notons à ce propos que la nomination d'un tel fonctionnaire, haut commissaire, avait été prévue quand Cyrus avait permis de reconstruire le temple. Les Juifs appelèrent ce fonctionnaire aussi bien en araméen qu'en hébreu *pèḥāh*.

Ce terme indique certainement un fonctionnaire de la hiérarchie perse (cfr *Dan.*, III, 2, 27). Il est toutefois d'origine babylonienne (*pīḫatu, pāḫatu*), et les Juifs s'en sont servis sans faire attention à son rang précis. Dans *Esdr.*, V, 3, 6; VI, 13 et *Neh.*, III, 7, le terme désigne le fonctionnaire le plus haut, placé à la tête du territoire de « Ebirnari », « l'au-delà de la rivière », c'est-à-dire de Syrie et de Palestine. Pour les endroits nommés en *Esdras*, la désignation peut être correcte, vu que la division en satrapies n'existait pas encore, mais en 445 elle existait, et dès lors *Neh.*, III, 7 devrait parler plutôt du satrape d'Ebirnari, région qui constituait la cinquième satrapie (*Herodote*, III, 91).

On rencontre des *pèḥāh* en Ebirnari en *Esdr.*, VIII, 36 et *Neh.*, II, 7, 9. En *Esdr.*, V, 14, Sheshbatsar est nommé *pèḥāh* sans précision supplémentaire; en VI, 7 il est question du *pèḥāh* des Judéens sans que le nom soit donné; il s'agit là probablement de Zerubbabel. Aggée (I, 4, 14; II, 2, 21) appelle Zerubbabel le *pèḥāh* de Juda; *Neh.*, V, 14; XII, 26 donne le titre à Néhémie, et *Neh.*, V, 15 parle de *pèḥāh* antérieurs et du pain d'un *pèḥāh* (*Neh.*, V, 14, 18).

En revanche, pour le territoire de Samarie, nous ne rencontrons pas de terme précis pour le gouverneur. En *Esdr.*, IV, 8, 9, 17, Reḥum est appelé *be'ēl ṭe'ēm*, ce qui signifie « conseiller » ou « gouverneur », mais rien ne circonscrit son territoire. Sanballat (*Neh.*, II, 10, 19; III, 33; IV, 1; VI, 1, 2, 5, 12, 14; XIII, 28) paraît avoir été un samaritain (*Neh.*, III, 33-34). Les textes cités ne lui assignent pas une fonction, mais un papyrus d'Éléphantine (*Papyrus Cowley*, 30, ligne 29) l'appelle *pèḥāh* de Samarie.

Sur la base d'autres renseignements (cfr A. ALT, *op. cit.*), le territoire de Jérusalem apparaît comme rattaché à celui de Samarie. Flavius Josèphe (*Ant.*, XI, 302) se trompe en mettant un satrape à sa tête. Mais il est probable que le domaine du temple, en tant que remontant à une fondation royale, fut administré par un fonctionnaire dont le rang égalait celui du gouverneur de Samarie. De cette façon, le domaine sacré était assuré d'être exempt de l'administration provinciale.

Les deux premiers fonctionnaires pour le temple furent Sheshbatsar et Zerubbabel. Il n'est pas certain que ce dernier reçut un successeur. *Mal.*, I, 8 parle, il est vrai, d'un *pèḥāh* : ce qui fait supposer qu'à cette époque il y eut encore un fonctionnaire royal dans le temple de Jérusalem.

La titulature d'*Esdr.*, VI, 7 est particulière : Zerubbabel y est dit *pèḥāh* non de Juda mais des Judéens. Cette façon de parler dérive d'Aggée. Elle montre que l'accent s'est déplacé : désormais il ne s'agit plus de restaurer le domaine du temple mais de reconstituer le territoire judéen.

En 445, il y eut, semble-t-il, vacance. Sinon Néhémie n'aurait pas pu être nommé. Qu'il y ait eu un successeur après le départ de Néhémie en 433, n'est pas établi, mais d'après les papyri d'Éléphantine, le poste fut de nouveau occupé vers 407 par le nommé Bagohi : A. COWLEY, *Aramaic Papyri of the Fifth Century B.C.*, Oxford, 1923, nᵒˢ 30 et 31.

térieur des nouvelles fortifications. Plus tard ce domaine offrit aux Juifs un endroit d'où pouvait éventuellement s'organiser la résistance à l'étranger. Il devint même l'endroit d'où put se constituer durant un certain nombre d'années un nouvel état juif [1].

Observons en troisième lieu que la fondation à Jérusalem d'un domaine cultuel avec ses implications juridiques fut pour tous les Juifs du Proche Orient d'une importance capitale. Les déportés ba-

---

Les trois *pèḥāh* qui nous sont connus d'après *Esdras-Néhémie* étaient des Juifs. Il n'est pas exclu que Bagohi le fut aussi. Dans *Esdr.*, II, 2, 14; VIII, 14; *Neh.*, VII, 7, 19; X, 17, nous lisons בגוי que *Tenach* vocalise *Bigwai* mais que nous pouvons lire aussi bien *Bagoi.*

Dans la tradition mutilée transmise par Josèphe (*Ant.*, XI, 297, 300), sa fonction est celle de στρατηγός. Ceci pourrait faire songer à une fonction plutôt militaire, si l'équivalent grec du *sgn hkhnym*, le chef du temple, — fonction avant tout administrative, — n'était pas στρατηγὸς τοῦ ἱεροῦ : cfr Emil SCHÜRER, *Geschichte des jüdischen Volkes im Zeitalter Jesu Christi*, 4ᵉ éd., t. II, 1907, p. 320 ss. et *infra*, p. 137 en note); LIDDELL-SCOTT, *Greek-English Lexikon*, s.v.

Après 400, le domaine du temple reçut encore des *pèḥăh*, ainsi qu'il résulte des monnaies trouvées. Que le *pèḥăh* de Juda ait frappé des monnaies ne prouve pas que l'autorité perse centrale ait collaboré à l'érection d'un petit état juif suzerain mais s'explique en fonction des difficultés rencontrées par Artaxercès II (404-359) et Artaxercès III (359-338). Par endroits, des révoltes éclatèrent et les satrapes prirent l'initiative de se conduire en roitelets. Le *pèḥăh* de Judée agit ainsi. Qu'une telle attitude fût prise par des *pèḥăh* de nationalité juive, — les noms de Jeho'azar et Aḥiyo sont connus, — cadre avec les aspirations juives dont Aggée témoigne.

Les Ptolémées paraissent avoir laissé à la banlieue juive autour de Jérusalem le statut d'un domaine sacré (voir *supra*, p. 122, note 1), mais il ne semble pas qu'ils aient prévu un fonctionnaire pour les affaires civiles. Durant la première décennie de leur règne, ils ont, semble-t-il, ignoré le droit du temple de Jérusalem. Tout le poids des relations avec le pouvoir civil passa dès lors sur les épaules du grand prêtre. Celui-ci pouvait dès lors être tenté de se rebeller. Ceci arriva de fait en 242 av. J.-C. Ptolémée III Évergète ne s'inspira pas des coutumes perses antérieures. En cela, il n'avait sans doute pas tort vu l'indépendance relative des derniers *pèḥăh*. Il préféra installer un fonctionnaire qui affermait le droit de percevoir les impôts, solution toute pragmatique pour régler les rapports avec un domaine qui durant les 70 dernières années du règne perse avait joui d'une réelle autonomie.

[1] On trouve des exemples de cette attitude d'indépendance dans la frappe de monnaies signalée *infra*, p. 140, note 2 et dans la révolte d'Onias II contre Ptolémée III Évergète en 242. Voir aussi la révolte contre Ptolémée V Épiphane signalée par *Dan.*, XI, 14, à dater probablement de 201 av. J.-C. : cfr Eugène TÄUBLER, *Jerusalem 201 to 199 B.C.E.*, dans *Jew. Quart. Rev.*, 1946, t. XXXVII, p. 1-30, 125-137, 249-267. Peu importe la question de savoir si à la suite de Täubler on doit songer à une rébellion messianique. On se reportera aussi à la révolte maccabéenne, aux intrigues menées depuis 153 par Jonathan à l'endroit des Séleucides et à l'indépendance assumée par Jean Hyrcan qui décida lui aussi de frapper de la monnaie. La royauté des Hasmonéens subsista de 104 à 67 av. J.-C.

byloniens avaient été un objet de mépris [1]. Ils ne disposaient plus d'aucun cadre légal pour justifier leur position singulière. Le rétablissement du droit sacerdotal à Jérusalem leur offrit enfin de quoi se procurer un statut juridique. Désormais les Juifs purent partout y faire appel, de l'Iran à l'Égypte, pour justifier leurs usages et pour proclamer qu'ils suivaient en cela un genre de vie officiellement reconnu par l'autorité, à savoir dans le code cultuel du temple nouvellement reconstruit [2].

Des événements de 539 que nous venons d'évoquer passons à la situation qui se réalisa à Jérusalem vers 175 avant J.-C. En cette année, Antiochus IV Épiphane monta sur le trône du royaume des

---

[1] Voir *Ps.* cxxxvii et les *Lamentations*.

[2] Les papyri d'Éléphantine Cowley 30 et 31 (voir *supra*, p. 125, en note) nous donnent une idée d'une telle conscience. Que le modèle du temple de Jeb ne correspondît pas à celui de Jérusalem, ne s'y oppose pas. À Jeb on avait l'impression d'être en relation avec Jérusalem; à Jérusalem même on s'y refusait. L'attitude prise par Bagohi mérite d'être relevée. Tout comme le grand prêtre Joḥanan (papyrus 30, ligne 18), il ne réagit pas à une première missive : attitude parfaitement compréhensible s'il était Juif. À une nouvelle demande de la communauté de Jeb, faite trois ans plus tard, dont il est fait mention à la ligne 29 et d'après laquelle on aurait contacté également les fils de Sanballat, *pèḥāh* de Samarie, à savoir Delaja et Shelemja, Bagohi crut devoir réagir (papyrus *31*). S'était-on rendu compte à Jeb qu'il était plus facile de nouer des relations avec Samarie qu'avec Jérusalem ?

Quand Bagohi apprit que Jeb s'était adressé à Samarie, il répondit en son nom et en celui de Delaja : « Mémorandum de Bagohi et de Delaja. Ils m'ont dit — mémorandum comme suit : vous devez dire en Égypte pour Arsam en ce qui concerne le sanctuaire... : le reconstruire sur place tel qu'il fut jadis... » (lignes 1-3, 8). Le *pèḥāh* de Juda et le fils du vieux *pèḥāh* de Samarie ne firent donc rien de plus que de donner un avis aux Juifs de Jeb. Qu'auraient-ils pu faire de plus ? En tout cas, ils n'auraient pu obliger le satrape d'Égypte de reconstruire le sanctuaire.

Contrairement à ce qui se passa entre Jérusalem et Jeb, les relations de la Ville Sainte avec la colonie juive d'Alexandrie sous les Ptolémées semblent avoir été bonnes. Comme nous l'avons noté *supra*, p. 123, en note, entre 290 et 280 les Ptolémées ont éprouvé le besoin d'apprendre à connaître les lois juives et par conséquent aussi celles du sanctuaire de Jérusalem. Quand la version de la *Torah* fut achevée, les Juifs alexandrins ont pu et dû se demander s'ils étaient liés par ce droit. La *Lettre d'Aristée* (308-311) y répondit en présentant la version comme étant d'origine miraculeuse.

Qu'au cours des persécutions contre les Juifs, les autorités étrangères à deux ou trois exceptions près n'aient jamais sévi contre eux sans bornes, tient à ce que le temple était considéré comme une instance religieuse reconnue. Même Antiochus IV Épiphane respecta le sanctuaire. Les empereurs Hadrien et Vespasien finirent eux aussi par trouver un *modus vivendi* avec les Juifs. Un récit fort augmenté légendairement du *IIIe Livre des Maccabées* raconte qu'après la bataille de Raphia en 217 avant J.-C. une persécution fut déclanchée contre les Juifs. Quoiqu'il en soit, le fait qu'en 201 une révolte éclata à Jérusalem indique que les relations avec les Ptolémées furent plutôt négatives.

Séleucides auxquels la Palestine et le domaine cultuel de Jérusalem étaient échus en partage. Rappelons que l'empire perse avait succombé sous les coups d'Alexandre le Grand et qu'à la mort prématurée de ce prince il fut divisé non sans contestation entre ses collaborateurs. Jusque vers 200 av. J.-C., la Palestine appartint aux Ptolémées. Après cette date, elle passa aux Séleucides dont les terres furent géographiquement moins bien circonscrites [1].

Sous les Ptolémées, le domaine cultuel de Jérusalem était resté à l'abri de toute atteinte, et ce fut encore le cas durant les premières trente années du régime séleucide grâce à ce qu'on peut appeler un « concordat » que les autorités juives purent négocier avec le pouvoir occupant [2]. Durant l'hiver 167-166, la coexistence pacifique prit fin.

[1] Pour la datation voir *supra*, p. 121, note 1. L'extension de l'empire des Séleucides ne fut pas sans variations au cours du IIIe siècle. Au début, il comprit des parties d'Asie Mineure Orientale, la Syrie, la Babylonie et l'Iran. Vers 250, il s'étendit en Asie Mineure vers l'Orient mais il perdit du territoire en Iran. Quand en 222 Antiochus III succéda jeune homme à son frère Séleucus III assassiné en Asie Mineure, il ne comprit plus que la Syrie et la Babylonie. À l'ouest, le Taurus marqua la frontière. Les satrapes de l'Iran occidental se rendirent indépendants : cfr Bouché-Leclercq, Bevan et Will, *op. cit.*

[2] En *Ant.*, xii, 132, Flavius Josèphe rapporte la bataille de Paneion : μετ' οὐ πολὺ δὲ τὸν Σκόπαν Ἀντίοχος νικᾷ συμβαλὼν αὐτῷ πρὸς ταῖς πηγαῖς τοῦ Ἰορδάνου καὶ πολλὴν αὐτοῦ τῆς στρατιᾶς διέφθειρεν. Il continue (133) : ὕστερον δ' Ἀντιόχου χειρωσαμένου τὰς ἐν τῇ κοίλῃ Συρίᾳ πόλεις, ἃς ὁ Σκόπας κατεσχήκει, καὶ τὴν Σαμάρειαν, ἑκουσίως αὐτῷ προσέθεντο οἱ Ἰουδαῖοι κτλ. Manifestement l'auteur combine ici la bataille de Paneion avec l'adhésion volontaire des Juifs à Antiochus.

On pourrait se demander si Josèphe ne cède pas à la fantaisie, mais son récit est confirmé par une citation de Polybe, XVI (XVI, 39 dans l'édition de W. R. Paton, *Loeb Class. Libr.*), *Ant.*, xii, 136 : λέγει δ' ἐν τῇ αὐτῇ βίβλῳ, ὡς τοῦ Σκόπα νικηθέντος ὑπ' Ἀντιόχου τὴν μὲν Βατανέαν καὶ Σαμάρειαν καὶ Ἄβιλα καὶ Γάδαρα παρέλαβεν Ἀντίοχος, μετ' ὀλίγον δὲ προσεχώρησαν αὐτῷ καὶ τῶν Ἰουδαίων οἱ περὶ τὸ ἱερὸν τὸ προσαγορευόμενον Ἱεροσόλυμα κατοικοῦντες κτλ.

Bref, le contact avec Antiochus volontairement recherché par les Juifs fut donc connu de Polybe (ca 201-120 av. J.-C.) et fut placé par lui après la chute de Samarie qui succéda à la bataille de Paneion. Remarquons que dans cette tradition qui atteignit Polybe un demi siècle après les événements, les Juifs sont présentés comme liés au temple et non à la ville. Les étrangers avaient donc l'impression qu'à Jérusalem le domaine du temple l'emportait.

On n'est pas d'accord pour estimer que la lettre reproduite par Josèphe, *Ant.*, xii, 138-144, provient de la chancellerie d'Antiochus III. En tout cas, elle contient des renseignements qui paraissent exacts et, une fois de plus, le rôle du domaine du temple est mis en lumière. D'après *Ant.*, xii, 140, le roi accorde un subside important au culte sacrificiel et, d'après xii, 141, il prévoit des exemptions d'impôts pour faciliter la décoration du sanctuaire. Dans *Ant.*, xii, 142, nous lisons : πολιτευέσθωσαν δὲ πάντες οἱ ἐκ τοῦ ἔθνους κατὰ τοὺς πατρίους νόμους, ἀπολυέσθω δ' ἡ γερουσία καὶ οἱ ἱερεῖς καὶ οἱ γρͅμματεῖς τοῦ ἱεροῦ καὶ ἱεροψάλται ὧν ὑπὲρ τῆς κεφαλῆς τελοῦσιν καὶ τοῦ στεφανιτικοῦ φόρου καὶ τοῦ περὶ τῶν

Antiochus IV Épiphane rompit le « concordat », supprimant le droit en vigueur dans l'enceinte et le domaine du sanctuaire [1]. Cette agression provoqua la révolte maccabéenne dont l'objectif initial ne fut pas la fondation d'un état juif mais la restauration du *modus vivendi* que les Juifs étaient parvenus à obtenir de l'autorité [2].

ἄλλων, texte sur lequel nous aurons à revenir. *Ant.*, XII, 143 garantit pour trois ans en vue de la reconstruction de la ville l'exemption des impôts; *Ant.*, XII, 144 diminue d'un tiers le φόρος et prescrit la libération des Juifs devenus esclaves et la restitution de leurs biens.

En ce qui concerne la reconstruction de la ville et l'esclavage, nous avons fait allusion *supra*, p. 126, note 1, à la révolte de 201 et à ses conséquences fâcheuses (*Dan.*, XI, 14) au point de vue des biens et des personnes.

Le φόρος dont fait mention *Ant.*, XII, 144, était un impôt que les Séleucides réclamaient des unités politiques de leur royaume. Si les monarques séleucides l'ont réclamé de Jérusalem, c'est qu'ils ont considéré la ville comme l'une d'elles : cfr E. BIKERMAN, *Institutions des Séleucides*, Paris, 1938, p. 106 ss.

D'après *Ant.*, XII, 142, Antiochus III permit aux habitants de Jérusalem de vivre selon les traditions de leurs pères et il exempta la « gerousie », les prêtres, les « scribes » du temple et les chantres, du paiement de l'impôt personnel et de l'impôt pour la Couronne et du reste. L'impôt payé à la Couronne était considéré comme un hommage au monarque qui avait assujetti la région : cfr BIKERMAN, *op. cit.*, p. 111. L'exemption signifie donc que le roi ne considérait pas le temple et son domaine comme acquis par une action militaire.

L'impôt personnel n'était pas connu dans le royaume des Séleucides, à ce que pense Bikerman (*op. cit.*, p. 111), mais il est attesté pour l'Égypte d'après les *Papyri Tebtunis* à partir de 235 av. J.-C. En Égypte, tous les prêtres n'étaient pas exempts de cette prestation appelée ἐπικεφάλειον qui était basée sur la λαογραφία : cfr W. OTTO, *op. cit.*, t. I, p. 35, 37, 208, 239; t. II, p. 44 s., 62, 247 ss., 341. Antiochus III la supprima pour le personnel du temple de Jérusalem tout comme il mit fin aux autres impositions en vogue sous le régime égyptien (OTTO, *op. cit.*, t. II, p. 43-71).

L'ensemble des mesures prouve qu'Antiochus III considéra la banlieue de Jérusalem comme un vrai domaine du temple. Le personnel du culte fut déclaré exempt d'impôts; le domaine le serait également pour une période de trois ans; après ce laps de temps, il jouirait d'une réduction de 36 %.

[1] *I Macc.*, I, 44-61; *II Macc.*, VI, 1-9.

[2] A nous reporter à *I Macc.*, VI, 58 ss. et *II Macc.*, XI, 22 ss., il apparaît que l'autorité se rendait compte de la cause du conflit. Pour les problèmes de chronologie, voir Jack FINNEGAN, *Handbook of Biblical Chronology*, Princeton, 1964, p. 121 s. En 163, — l'année CXLVIII de *II Macc.*, XI, 21 correspond au printemps 164 - printemps 163, de sorte que la réponse de la chancellerie peut dater de l'année 163, - on a présenté aux Juifs la restauration du « concordat ». Sous le règne du roi-enfant Antiochus V Eupator, le grand prêtre Ménélas fut déposé et mis à mort d'une manière brutale (*II Macc.*, XIII, 4 ss.). Au cours de l'année CLI de l'ère séleucide, Démétrius, fils de Séleucus IV, monta sur le trône. D'après le comput babylonien c'est l'année qui va du printemps 161 au printemps 160; d'après le comput macédonien, de l'automne 162 à l'automne 161. Le roi syrien devait donc pourvoir au choix d'un nouveau grand prêtre.

N'oublions pas toutefois les divers événements qui précédèrent l'intervention brutale du monarque séleucide. Au lendemain de son avènement, le roi reçut de la part de Jason, frère du grand prêtre Onias III, une proposition fort alléchante, celle de transformer Jérusalem en cité hellénistique, à condition, bien entendu, de promouvoir ledit Jason au pontificat suprême [1]. La suggestion fut d'autant plus chaleureusement accueillie que le trésor royal s'était vidé à la suite

---

Il proposa l'aaronide Alcime (*I Macc.*, VII, 9, 14), qui fut agréé par une partie des Juifs qui avaient pris part à la révolte. Alcime remplit la fonction jusqu'en l'été de 159 (*I Macc.*, IX, 54 ss.). Sous son pontificat, les Maccabéens continuèrent la lutte. Elle s'assoupit après sa mort pour reprendre deux années plus tard quand Démétrius essaya de renforcer son emprise sur le territoire juif. Le monarque n'y réussit pas. À partir de l'automne 157, la paix régna. On ignore à quelles conditions. On peut supposer qu'on renouvela celles d'il y avait six ans. La fonction du grand prêtre resta vacante et, à partir de Michmas, Jonathan veilla à l'observation de la Loi (*I Macc.*, XI, 73).

Que la révolte maccabéenne n'ait pas eu pour but la création d'un état juif, résulte des données déjà mentionnées ainsi que du fait qu'on ne battait pas monnaie. Les premières pièces de monnaie datent de Simon le maccabéen, c'est-à-dire de 139 : cfr A. REIFENBERG, *Ancient Jewish Coins*, Jérusalem, 1940; 3e éd., 1963, p. 11 s., p. 39 s., planche I; Frederic W. MADDEN, *History of Jewish Coinage* (Reprint), New York, 1964, p. 37 ss. Simon obtint d'Antiochus VII en 139 le droit de battre monnaie (*I Macc.*, XV, 6). Les découvertes prouvent qu'il en usa tout de suite. D'après le texte : לגאלת ציון, « pour la libération de Sion », il semble que l'on a interprété la concession royale comme l'obtention de l'indépendance. Sur la frappe de monnaie entre le dernier demi siècle de la domination perse et Simon le maccabéen nous n'avons pas de information.

[1] Cfr *II Macc.*, IV, 7 ss.; *I Macc.*, I, 13b, 14. Le problème est de savoir jusqu' où alla le processus d'hellénisation. Que des institutions helléniques aient été établies dans la Ville Sainte n'est pas douteux. Le nœud du problème se trouve en *II Macc.*, IV, 9, dont la finale peut se traduire de deux façons. Jason demande la permission : τοὺς ἐν Ἱεροσολύμοις Ἀντιοχεῖς ἀναγράψαι. On peut traduire « d'inscrire les Antiochiens résidant à Jérusalem », ou bien « d'inscrire les habitants de Jérusalem comme des Antiochiens ». La première version qui tend à faire des Antiochiens une communauté indépendante à Jérusalem, un πολίτευμα, est défendue par Elias BICKERMANN, *Der Gott der Makkabäer*, Berlin, 1937, p. 59 s.; la deuxième trouve un appui solide en G. LE RIDER, *Suse sous les Séleucides et les Parthes* (*Mém. Mission archéol. en Iran*, t. XXXVIII), Paris, 1965, p. 410 s. À suivre la dernière version, il résulte que Jason voulut faire de Jérusalem une ville hellénique. Ceci correspond à *II Macc.*, IV, 11 : καὶ τὰ κείμενα τοῖς Ἰουδαίοις φιλάνθρωπα βασιλικὰ ... παρώσας καὶ τὰς μὲν νομίμους καταλύων πολιτείας παρανόμους ἐθισμοὺς ἐκαίνιζεν.

Le texte de *II Macc.*, IV, 19, auquel Bickermann attache du poids, n'y contredit pas. Il convient de le traduire : « Et Jason envoya des spectateurs sous l'appellation 'les antiochiens de Jérusalem' ». Si cette interprétation est exacte, l'intervention d'Antiochus dans le culte en 167 se comprend. Jason aurait renoncé à la situation d'un domaine cultuel indépendant et aurait fait de Jérusalem une cité hellénique. Quand la ville se révolta, le roi syrien supprima ce qui à ses yeux ne cadrait plus avec l'initiative prise par Jason.

des guerres entreprises pour solidifier le royaume et des échecs de la politique extérieure [1]. Le monarque qui avait appris, durant son long séjour romain et une résidence athénienne il est vrai moins prolongée, à estimer et à aimer la culture hellénistique, ne demandait pas mieux que d'imprimer un cachet gréco-romain à la ville sainte du peuple juif [2]. Il résolut donc de pactiser avec Jason : décision dont

---

[1] Pour l'étendue du royaume des Séleucides à l'avènement d'Antiochus III, voir *supra*, p. 128, note 1. En 195, il comprenait presque toute l'Asie Mineure, la Syrie et la Coelè-Syrie (= Palestine), la Babylonie et des parties importantes de l'Iran. L'extension du royaume aura nécessité d'importants investissements mais, par ailleurs, les nouveaux territoires apportaient des ressources. Toutefois les extensions par voie de conquête militaire finissent toujours par se révéler désastreuses en cas de défaites répétées. C'est ainsi que l'empire séleucide courut à sa perte.

L'intervention des Séleucides en Europe qui débuta en 196, après la cinquième guerre syrienne et avant la paix avec l'Égypte, provoqua un conflit avec Rome. En 191, Antiochus perdit la bataille des Thermopyles. Rome s'appropria la maîtrise des mers et, en 190, l'armée séleucide fut écrasée à l'est de Magnésie du Sipyle.

En 188, la paix d'Apamée sépara du royaume séleucide tous les territoires situés à l'ouest de l'Halys et du Taurus. Elle rendit impossible pour le roi séleucide d'entreprendre encore de nouvelles interventions en Asie Mineure ou en Grèce et elle lui imposa une lourde charge financière. Mais également à l'est du royaume, les effets de la défaite se firent sentir. Ayant dû réduire ses effectifs militaires, Antiochus put beaucoup moins repousser les Parthes qui venaient de l'Iran. Cette faiblesse ne fut pas sans inconvénient plus tard pour l'empire romain (voir p. 142, note 1).

Qu'Antiochus III ait dû accepter des pourparlers de paix après la bataille de Magnésie, prouve qu'après la conquête de Palestine il avait surévalué ses forces et ses ressources. D'après Polybe (XXI, XLII, 19 ss.; cfr *Tite Live*, XXXVIII, XXXVIII, 13), Antiochus dut payer à Rome au cours de douze ans 12.000 talents attiques, — puis au cours de cinq ans 350 des mêmes talents à Eumène II, roi de Pergame, ainsi que 127 talents pour dommages infligés à l'agriculture. Il dut encore s'engager à livrer à Rome d'importantes quantités de froment. La somme d'argent à payer s'élève à 12.477 talents, à arrondir à 12.500.

Pour se rendre compte de l'importance de cette somme, on peut retenir que le talent d'argent valait quelque 800 dollars; ce qui nous amène à une somme totale de 10.000.000 dollars. Mais ce calcul n'est qu'approximatif étant donné que la somme ainsi évaluée ne nous fait pas connaître la valeur réelle de la monnaie dans les circonstances politiques et sociales de l'époque. Disons que la charge financière imposée à Antiochus correspond à des milliards de dollars d'aujourd'hui.

Pour la description et l'appréciation du royaume séleucide sous Antiochus III cfr Bouché-Leclercq et Bevan, et surtout Will, *op. cit.*, t. II, p. 151 ss., où les sources classiques sont citées; pour les ressources militaires d'Antiochus III voir E. Bikerman, *Institutions des Séleucides, op. cit.*, p. 51 ss. Voir aussi *Encyclopédie de la Pléiade, Histoire universelle*, t. I : *Des origines à l'Islam*, Paris, 1956.

[2] Polybe, XXVI, I; Tite Live, XLI, XX; XLII, VI, 8; Justin, *Trogi Pompei Historiarum Philippicarum Epitoma*, XXXIV, III, 2.

les conséquences, comme nous l'expliquerons plus loin, furent des plus
importantes.

Jason ne fut pas le premier à se tourner vers la culture grecque.
Déjà avant lui plusieurs dirigeants avaient fait montre de sympathies
hellénistiques, et leur influence fut sans doute plus grande que les
documents fragmentaires conservés nous permettent de le réaliser.
Au reste, ne perdons pas de vue que déjà sous Néhémie et Esdras,
deux tendances s'étaient fait jour à l'intérieur du domaine cultuel
de Jérusalem. L'une, conduite par les deux chefs juifs que nous venons
de nommer et inspirée des Juifs babyloniens, s'opposait à toutes
relations avec les éléments non-judéens de Palestine; l'autre favo-
risait les rapports avec la population qui n'habitait pas le domaine
cultuel et n'hésitait pas à contracter des mariages mixtes. A cette
deuxième tendance appartenaient même des membres de la famille
des grands prêtres. Que la première tendance n'ait pu l'emporter
de façon définitive, *Neh.*, XIII, 4 l'établit. Nous y apprenons que le
grand prêtre Eliashib mit à la disposition de Tobie l'ammonite un
complexe de bâtiments à l'intérieur même du domaine cultuel. Il
faut donc renoncer à se représenter ce domaine comme occupé uniquement par des Juifs décidés à se séparer du monde [1]. On en conclura
qu'au moins dans les cercles de notables, appelés à avoir des rapports

---

[1] Dans *Ant.*, XI, 306-309, Josèphe rapporte le marriage de Manassé, frère du grand
prêtre Jaddua, avec une samaritaine de haute famille en 333 av. J.-C. Ne touchons
pas la question de savoir si ce fait a donné lieu à l'érection du sanctuaire samaritain
sur le Garizim. Il prouve en tout cas que cette tradition sur les origines dudit temple
n'a pu prendre naissance que dans le cadre de souvenirs au sujet de marriages illégi-
times survenus dans la famille des grands prêtres. Qu'Onias II ait abandonné le droit de
percevoir les impôts à Joseph le Tobiade (cfr *supra*, p. 123, en note) montre que les milieux
du grand prêtre n'hésitaient pas à nouer des relations avec des personnages d'appartenance douteuse.

Un fait à tous points de vue mémorable est l'érection vers 163 du temple d'Onias IV
à Léontopolis.

Pour les problèmes concernant ce sanctuaire voir E. SCHÜRER, *Geschichte des jüdischen
Volkes*, 4e éd., t. III, Leipzig, 1909, p. 144 ss. et V. TCHERIKOVER, *Hellenistic Civilization
and the Jews*, Philadelphie, 1961, p. 275 ss. Le fait le plus frappant, c'est que le fils
d'Onias III et donc un neveu de Jason n'a vu aucun inconvénient à fonder même à
l'étranger un temple à côté de celui de Jérusalem. Le succès du sanctuaire ne fut pas
grand quant au nombre d'adhérents. En revanche, sa durée fut remarquable. Il continua
à fonctionner jusqu'en 73 après J.-C., quand l'autorité intervint pour le supprimer.
Ceci prouve, tout comme l'action de Jason, que la fidélité de certains membres de la
famille des grands prêtres à la *Torah* fut douteuse. Pour le moins, Onias IV ne semble
pas avoir partagé l'attitude de son père (*II Macc.*, III, 1). Ou conviendrait-il de penser
que le tableau de la fidélité du père a été embelli ?

avec le pouvoir occupant et à nouer des relations commerciales, plusieurs ont dû être au courant de l'évolution culturelle du pays. D'ailleurs, pour apprendre à connaître la culture hellénistique et pour en subir l'influence, il n'était plus nécessaire après 300 de quitter la Palestine. Elle s'était déjà implantée fermement en Transjordanie et même en Cisjordanie dans les régions où la population juive n'était guère dense [1]. Dès lors il n'est pas étonnant que même des Juifs, tout aussi bien qu'Antiochus, se soient pris d'admiration pour la civilisation grecque [2]. Ce fut notamment le cas du nommé Jason qui

---

[1] Touchant la fondation des cités helléniques voir V. TSCHERIKOWER, *Die hellenistischen Städtegründungen von Alexander dem Grossen bis auf die Römerzeit*, dans *Philologus*. Supplementband, XIX, fasc. 1, Leipzig, 1927 ; A. M. M. JONES, *The Greek City from Alexander to Justinian*, Oxford, 1940.

En 1961, TSCHERIKOWER, — il écrit alors son nom Tcherikover, — énuméra les villes helléniques fondées en Palestine. Il en compta 29 : *Hellenistic Civilisation and the Jews*, Philadelphie, 1961.

Le long du littoral se trouvent Acco, Dor, la Tour de Straton, Apollonia, Jaffa, Jabne, Asdod, Ascalon, Anthedon, Gaza et Raphia ; en Transjordanie se situent Kanatha, Raphana, Hippos, Gadara, Abila, Pella, Dion, Gerasa, Philadelphia ; au nord du Carmel, on rencontre Paneion, Séleucie, Antioche près de Hule, Philoteria et Scytopolis ; enfin, en Samarie et en Palestine du Sud, apparaissent Samarie, Arethusa, Marissa et Adora.

À la page 114, l'auteur note qu'en Judée aucune cité grecque ne fut fondée. La remarque est juste mais n'étonne pas vu que l'auteur vise ce que nous comprenons comme le domaine du temple. Aussi longtemps que les droits de ce domaine furent reconnus et respectés, l'implantation de cités helléniques était impossible à réaliser.

Observons toutefois que plusieurs des villes helléniques n'étaient pas très éloignées du domaine du temple, telles les cités d'Ascalon, Anthedon, Gaza, Samarie, Arethusa et Marissa. Avec Asdod il y eut des contacts déjà sous Néhémie : cfr *Neh.*, XIII, 24. Voir BOUCHÉ-LECLERCQ, *op. cit.*, t. I, p. 236 s. : « Les colonies grecques formaient autour de la Palestine comme un cercle qui allait se resserrant de plus en plus ». Cfr aussi F. M. ABEL, *Les Livres des Maccabées*, Paris, 1949, p. 6.

[2] L'intérêt des Juifs pour la culture hellénique est pleinement reconnue en *I Macc.*, I, 12 ss., sans que toutefois il soit rattaché à certaines personnes comme c'est le cas en *II Macc.* Il est frappant qu'on a pu croire que les Juifs et les Spartiates étaient apparentés. L'opinion se rencontre aussi bien chez l'auteur de *I Macc.* que chez l'écrivain d'appartenance bien différente auquel nous devons *II Macc.* : *I Macc.*, XII, 16-23 ; XIV, 20-23 ; *II Macc.*, V, 9 ; cfr F. M. ABEL, *op. cit.*, p. 231 ss.

En Égypte vers 300 circula également une tradition rapportant que dans un lointain passé Juifs et Spartiates avaient quitté en même temps ce pays : cfr HÉCATÉE D'ABDÈRE dans Théodore REINACH, *Textes d'auteurs grecs et romains relatifs au Judaïsme*, Paris, 1895 ; 2e éd., Hildesheim, 1963, p. 14 ss. Bien qu'Hécatée ne fasse pas mention de parenté, il est pour le moins curieux qu'on ait donné aux Juifs et aux Spartiates un séjour et un départ communs. D'où l'idée sans doute d'une parenté.

L'intérêt du monde grec pour les Juifs augmenta à mesure que ceux-ci s'établirent de plus en plus nombreux dans les cités grecques. Plus haut (p. 123, en note), nous avons

salua en Antiochus IV l'homme qui pouvait réaliser son vœu de voir s'implanter à Jérusalem des tendances favorables à la pénétration hellénistique.

Quand le roi accueillit la proposition de Jason, il viola le *modus vivendi* en vigueur jusqu'alors entre le temple et le pouvoir politique étranger. Il paraît en effet établi que d'après le droit du temple le grand prêtre possédait sa charge à vie et qu'en cas de décès, sa succession revenait à son fils aîné [1].

Une nouvelle violation du *modus vivendi*, beaucoup plus grave, survint quelque trois ans plus tard, vers 172-171, quand un nouveau candidat se présenta, tout aussi hellénophile, Ménélas, qui au surplus promit au roi beaucoup plus d'argent [2], à un moment où le monarque en avait un besoin urgent pour financer la guerre qu'il préparait contre l'Égypte [3]. Antiochus accepta la proposition, destitua Jason et installa

---

observé que la traduction grecque de la *Torah*, faite à Alexandrie vers la fin du règne de Ptolémée Ier Sôter et le début du règne de Ptolémée II Philadelphe, doit s'expliquer en tout premier lieu par le désir de l'autorité égyptienne de connaître le droit du temple hiérosolymitain.

La lettre d'Aristée suppose l'existence d'une colonie juive à Alexandrie dès 285-270 av. J.-C. En relation étroite avec cette hypothèse se situe la tradition légendairement amplifiée de *III Macc.* au sujet d'une persécution des Juifs à Alexandrie entre 217 et 204. En toute hypothèse, il paraît bien établi que dès le troisième siècle une importante colonie juive s'était établie dans le principal centre hellénique d'Égypte.

Pour d'autres places dans le monde grec on peut consulter E. L. SUKENIK, *Ancient Synagogues in Palestine and Greece*, Londres, 1934.

Qu'à Jérusalem l'intérêt ait augmenté pour le monde grec où vivaient de nombreux coreligionnaires, se comprend facilement. Que d'aucuns aient subi l'attirance de ce monde, — tout comme les Romains, — ou se soient posé à Jérusalem la question de savoir quelles relations il convenait d'adopter avec lui, n'est guère étonnant. Les prises de position furent différentes. Les adversaires de l'hellénisme arrivèrent à s'entendre avec l'opposition mais ils ne réussirent pas à se mettre d'accord sur les fins positives à poursuivre.

[1] Le grand prêtre Onias III que *II Macc.*, III, 1 nous présente comme pieux, a certainement contribué à amener une violation de l'accord, à savoir en amenant le roi Séleucus IV à s'occuper des problèmes internes du domaine du temple. Quand Antiochus IV devint roi, il trouva l'invitation du grand prêtre à s'occuper des affaires de Jérusalem non encore répondue. Aussi bien le roi que Jason s'en servirent pour élaborer leur ligne de conduite.

[2] *II Macc.*, IV, 23 ss.

[3] TITE LIVE (XLII, XXIX, 5) rapporte qu'en 171 Antiochus menaça l'Égypte. WILL (*op. cit.*, t. II, p. 265) le conteste. Les préliminaires diplomatiques se déroulèrent en 170 et l'action militaire débuta certainement en 169. L'Égypte prit l'initiative de déclarer la guerre sans qu'on puisse savoir si Antiochus l'ait provoquée. Si le roi l'a désirée, il aura sans doute déjà pris des mesures d'ordre militaire avant d'engager les négocia-

Ménélas dans la dignité de grand prêtre. Quoiqu'en pense Flavius Josèphe, ce candidat n'appartint pas à la famille des sadocides. Il n'était même pas, semble-t-il, prêtre [1]. Ainsi donc le *modus vivendi* entre le roi et les autorités du sanctuaire fut brutalement foulé aux pieds. D'où des conséquences graves pour les habitants du domaine cultuel. D'où probablement aussi les origines d'un mouvement d'opposition qui aboutit à la formation du groupe des Sadocides ou Sadducéens. Car, à la lumière de ce qui suivit, il est peu vraisemblable que les cercles sacerdotaux se soient inclinés devant les prétentions royales. En toute hypothèse, il reste pour le moins, à ce que nous rapporte le premier Livre des Maccabées, qu'un groupe de croyants, nommés *Ḥasidîm* ou Assidéens, se constitua pour mener l'opposition. Ils se joignirent à l'insurrection maccabéenne. Toutefois en 161, quand Alcime devint grand prêtre, ils renoncèrent à toute action, étant disposés à l'accepter comme chef religieux sur la base de sa descendance aaronide [2].

La guerre d'Antiochus IV contre l'Égypte conduisit à un échec. Au cours de sa première campagne, le roi ne réussit pas à s'emparer d'Alexandrie [3]; au cours de la deuxième, le sénat romain intervint pour y mettre fin [4].

---

tions; il s'est pour le moins senti menacé et dès lors il fut tout naturellement amené à faire des préparatifs militaires. L'offre de Ménélas doit en tout cas s'expliquer en relation avec les problèmes qui commençaient à se poser pour le trésor syrien.

[1] D'après Josèphe (*Ant.*, XII, 237 ss.), Ménélas fut un frère puîné d'Onias III et de Jason. Ceci ne paraît guère correspondre à la réalité si l'on tient compte des données de *I* et *II Macc.* D'après *I Macc.*, II, 42 un important groupe de *Ḥasidîm* s'allia aux Maccabéens peu de temps après le début de la révolte. Ce groupe renonça toutefois à son opposition en 161 quand Alcime devint grand prêtre parce que ce dernier était de descendance aaronide. Il en résulte que Ménélas ne l'était pas. Ceci cadre avec l'affirmation de *II Macc.* qui rattache Ménélas à la tribu de Benjamin, et cette attribution est d'autant plus vraisemblable que *II Macc.* ne se préoccupe pas du problème des *Ḥasidîm*. Josèphe semble donc bien transmettre une tradition peu digne de foi. Le texte latin de *II Macc.*, III, 4 paraît également fautif. Il rattache Ménélas à la parenté sacerdotale de Balgea, opinion à laquelle souscrit BICKERMAN, *Der Gott der Makkabäer*, *op. cit.*, p. 65. Voir touchant JOSÈPHE, *Ant.*, XII, 225 ss. également J. W. DOEVE, *Wanneer ontstond de secte van Qumran?*, dans *Vox theologica*, 1969, t. XXXIX, p. 275 ss. Voir en outre la note p. 122, où nous observons que Josèphe utilisa mal encore ailleurs, à savoir en *Ant.*, XII, 154 ss., les données de ses sources.

[2] Voir note précédente.

[3] TITE LIVE, XLV, XI, 1 : *Cum haec gererentur, Antiochus frustra temptatis moenibus Alexandreae abscesserat ceteraque Aegypto potitus, relicto Memphi maiore Ptolemaeo... in Syriam exercitum abduxit.* — Cet événement doit se situer vers la fin de l'été 169 av. J.-C.

[4] POLYBE, XXIX, XXVII; TITE LIVE, XLV, XII. — Pour la version que donne Josèphe

Quand les nouvelles de la débâcle séleucide arrivèrent à Jérusalem, Jason et ses partisans en profitèrent pour se soulever contre Ménélas. Le monarque intervint brutalement. En outre, loin de rétablir le *statu quo* juridique du sanctuaire, il supprima le *modus vivendi*, traita Jérusalem en ville rebelle et y caserna une garnison royale [1]. Désormais il fut interdit de pratiquer encore le droit juif. Le domaine cultuel cessa d'exister. Il devint terrain royal. Le temple devint même un sanctuaire grec [2]. Si Jason avait essayé d'adopter le domaine cultuel à l'occupation séleucide, désormais ce domaine avait cessé d'exister.

Revenons à l'insurrection maccabéenne. En 164, à la suite des succès obtenus par le soulèvement, le temple fut reconsacré. Nous ignorons qui officia en l'occurrence, mais nous pouvons supposer que le droit sacerdotal a dû fournir des normes pour se tirer d'embarras [3]. En 161, l'autorité séleucide semble avoir toléré la situation

---

de la guerre d'Antiochus IV en Égypte voir *supra*, p. 135, note 1, l'article de *Vox Theologica*.

[1] *I Macc.*, i, 35; *II Macc.*, v, 22.

[2] *I Macc.*, i, 44 ss.; *II Macc.*, vi, 1 ss.

[3] Il est établi que lors de la nouvelle consécration du temple en 164, Ménélas était encore grand prêtre. D'après *II Macc.*, xiii, 3, en l'année CXXXXIX de l'ère des Séleucides, c'est-à-dire automne 164 - automne 163 ou, dans le comput qui part du début de l'année, printemps 163 - printemps 162, Ménélas se révolta contre Antiochus V Eupator. Il fut cruellement mis à mort (*ibid.*, vv. 4-7). La consécration du temple doit avoir eu lieu peu de temps antérieurement, encore avant la mort d'Antiochus IV d'après *I Macc.*, iv, 43 ss. ou vers la date de cette mort d'après *II Macc.*, ix-x.

Que Ménélas ait pu être accepté comme officiant valable pour cette consécration paraît exclu en raison de son ascendance non sacerdotale. On peut toutefois avoir trouvé un autre célébrant. On peut par exemple avoir fait appel à un simple prêtre pour remplacer le grand prêtre. On sait en effet que seul le grand prêtre pouvait officier le jour de la grande Expiation. Cependant, en cas d'impureté imprévue de celui-ci, on avait admis qu'il pût être remplacé. Nous lisons en effet dans *Joma*, i, 1 : « Sept jours avant le Jour de l'Expiation on transporta le grand prêtre de sa maison vers la chambre des conseillers et on plaça en sa présence un autre prêtre appelé à le remplacer au cas où serait survenu quelque chose qui l'aurait rendu inapte à remplir sa fonction ». De ce texte résulte qu'on séparait le grand prêtre de façon à le soustraire à toute contamination et on lui donnait un éventuel remplaçant.

On s'est évidemment demandé comment il fallait se comporter envers un tel substitut s'il lui arrivait de devoir exercer sa fonction de remplaçant. La règle semble avoir été de le soumettre par après à toutes les prescriptions prévues pour le grand prêtre sans toutefois qu'il pût continuer à exercer les fonctions de celui-ci; en tout cas il ne semble plus avoir exercé la fonction de simple prêtre et il paraît même qu'on songea à lui en cas de succession (*b Joma* 12b-13a).

La tradition a conservé le nom d'un prêtre qui remplaça de fait le grand prêtre, à savoir Joseph ben Elam de Sephoris (cfr *b Joma* 12b; *j Joma* 38d; *Tosephta Joma*, i, 4).

nouvelle survenue à Jérusalem et l'installation d'un nouveau grand prêtre d'origine aaronide. Les Séleucides en effet avaient en ce moment à résoudre pas mal de problèmes. En outre, à la suite de la mort d'Antiochus IV et du meurtre de son fils Antiochus V, ainsi que de l'avènement de l'oncle Démétrius I, la direction du royaume subit un notable changement. Nous avons déjà noté plus haut que dans ces circonstances les *Hasidîm* renoncèrent au combat. Toutefois les Maccabéens continuèrent la lutte encore durant deux ans jusqu'à ce que leurs droits sur le sanctuaire furent complètement sauvegardés.

Jusqu'ici nous n'avons pas cessé de considérer le domaine du temple comme la seule partie du territoire palestinien que l'on pouvait appeler vraiment juive. La révolte maccabéenne confirme notre manière de voir. En effet, bien qu'il y eût en Galilée et dans le nord de la Trans-jordanie des centres juifs, ceux-ci furent tellement faibles qu'au lendemain de la dédicace du temple, Judas et son frère Simon résolurent de ramener dans le domaine du temple, domaine militairement sûr, les quelques Juifs y établis [1]. Étant donné que ces personnes durent y trouver un emploi et une subsistance, il ne peut s'être agi d'une masse importante de citoyens juifs.

La question peut toutefois se poser si à la suite de la guerre maccabéenne le domaine du temple ne s'est pas agrandi. Primitivement l'ancienne ville royale de Hébron n'y avait pas appartenu. A la suite des déportations organisées par Nabukadnezzar, des Édomites, se déplaçant vers l'ouest et le nord, l'avaient occupée. Or Judas l'incorpora au domaine du sanctuaire. Toutefois même après l'insurrection maccabéenne, l'indépendance du domaine du temple ne fut guère parfaitement assurée.

Après la mort d'Alcime survenue en 159, le poste de grand prêtre

---

On peut donc en 164 avoir fait appel à un prêtre pour la nouvelle consécration du temple si l'on estimait Ménélas impur et inapte à officier. Toutefois comme nous ne sommes pas au courant du rite de la dédicace et comme nous ignorons que l'intervention du grand prêtre était requise, une autre solution que celle du choix d'un remplaçant peut avoir été trouvée. Le grand prêtre n'était pas en effet celui qui réglait les affaires du temple. Ce rôle revenait au *sgn hkhnym*.

On peut comparer la fonction du *sgn* à celui du *dean* d'une cathédrale anglicane. De fait, *I Macc.*, IV, 42 rapporte que Judas Maccabée choisit des prêtres fidèles et *I Macc.*, IV, 52 ss. ramène les cérémonies de la dédicace à l'oblation du *thamid* ou sacrifice journalier sur le nouvel autel. En *II Macc.*, X, 3 ss., l'hagiographe ajoute toutefois des détails touchant l'offrande du parfum, les lampes, les pains de proposition, la prière de supplication et la célébration d'une fête de joie durant huit jours (*hanukkah*).

[1] *I Macc.*, V, 16-54.

resta vacant jusqu'en 152, c'est-à-dire jusqu'au moment où Démétrius I
résolut d'intervenir. Cette vacance prolongée ne causa pas trop de
dommages. Le droit sacerdotal avait en effet prévu des normes en
cas d'absence de grand prêtre. Au surplus, l'administration du domaine
cultuel n'appartenait pas au pontife suprême mais à celui que les
textes appellent le *S^egan ha-koh^anîm*. Il n'en reste pas moins que
sur un point important le *modus vivendi* ne fut pas observé durant
sept ans. Cette violation du pacte se comprend de la part de Démétrius.
A la lumière des faits survenus sous Antiochus IV, le monarque
savait que les difficultés les plus graves provenaient généralement de
l'autorité du pontife juif. Toutefois en 153, des faits nouveaux amenèrent le roi à reviser sa politique.

Quand en 175 Seleucus IV, père de Démétrius, fut assassiné, son
frère puîné, Antiochus IV s'empara du pouvoir. En 162, après la mort
d'Antiochus IV, Démétrius qui avait été évincé du trône, estima le
moment venu de l'emporter. Il lui réussit d'évincer le fils d'Antiochus IV, à savoir Antiochus V. Celui-ci avait, il est vrai, été intronisé
mais étant trop jeune pour règner, il avait été soumis à une régence.

D'où désormais en Syrie la lutte entre deux branches rivales de la
maison des Séleucides. Chacune d'elles chercha à gagner à Jérusalem
la faveur du sacerdoce hiérosolymitain. Démétrius proposa à Jonathan
une fonction militaire [1]. Les conseillers de son rival [2], Alexandre

---

[1] *I Macc.*, v, 65 s.

[2] Récapitulons : Antiochus IV trouva dans la succession qu'il eut à assumer le fait
qu'Onias III s'était adressé à la couronne pour intervenir dans des difficultés qui avaient
surgi dans l'administration du domaine du temple. Il se laissa amener à remplacer
Onias III par Jason, mais le gouvernement de ce dernier ne connut pas la paix. Selon
nous, Jason est à identifier avec le *Prêtre impie* dont les textes de Qumrân nous entre-
tiennent (cfr Doeve, *op. cit.*). Jason fut à son tour remplacé par Ménélas.

Sous Jason et Ménélas exista le parti des *ḥasidîm* qui les combattit. En 168, les
partisans de Jason et de Ménélas s'entredéchirèrent. Jason l'emporta. Puis survint la
profanation du temple et la révolte maccabéenne. Ménélas, jugé responsable du cours
des événements, périt lamentablement.

Tirant les conclusions des faits survenus, Démétrius nomma grand prêtre un aaronide,
à savoir Alcime. Cette nomination amena les *ḥasidîm* à cesser la lutte contre le pouvoir
royal, mais elle ne plut pas à d'autres Juifs qui la considerèrent comme trop politique.
Dès lors Démétrius ne paraît pas avoir eu tort en ne procédant pas en 159 à une nouvelle
nomination de grand prêtre.

Nous ignorons ce qui se passa sous la vacance mais nous pouvons conjecturer que
des négociations furent entreprises pour trouver un candidat acceptable pour les deux
partis. Pour le domaine du temple, la vacance ne posa pas de graves problèmes. L'administration fut assurée par Jonathan qui alla s'établir à Michmas, peut-être pour
éviter l'apparence de vouloir s'attribuer les pouvoirs de grand prêtre (cfr *supra*, p. 136,

Balas [1], lui firent des avances plus généreuses : ils lui offrirent le pontificat et ils réussirent à le convaincre de l'accepter [2].

S'il n'y a pas lieu de s'étonner de cette nouvelle violation du *modus vivendi* par les Syriens, on peut à juste titre être surpris de la collaboration leur offerte par Jonathan et ses partisans. Ceux-ci en effet acceptèrent l'intervention d'une autorité royale étrangère dans la nomination du grand prêtre et au surplus ils consentirent à l'abolition de la tradition qui réserva à la famille des Sadocides la charge du sacerdoce suprême. En outre, Jonathan concéda le droit d'intervenir dans la Ville Sainte à une branche des Séleucides dont la prétention au pouvoir était mal fondée. Il se laissa ainsi dangereusement entraîner dans la lutte entre les deux factions rivales de la maison royale syrienne.

L'initiative prise par Jonathan et celle due à Alexandre Balas créèrent une situation nouvelle [3] pour le domaine du temple, situation qui est au point de départ d'une transformation radicale et qui aboutit finalement à l'érection d'un vrai royaume sacerdotal. Nous n'avons pas à raconter dans le détail comment le nouvel état de choses se développa. Signalons qu'en 143 Jonathan paya d'une mort violente sa

---

note 3). On peut se représenter l'activité de Jonathan dans le cadre des fonctions jadis exercées en Israël par les « Juges », suscités pour garder le peuple dans la bonne voie : καὶ κατέπαυσεν ῥομφαία ἐξ 'Ισραηλ καὶ ᾤκησεν 'Ιωναθαν ἐν Μαχμας καὶ ἤρξατο 'Ιωναθαν κρίνειν τὸν λαὸν καὶ ἠφάνισεν τοὺς ἀσεβεῖς ἐξ 'Ισραηλ (*I Macc.*, ix, 73).

[1] Le prétendant au trône, Alexandre Balas, n'était qu'un avonturier et non le fils d'Antiochus IV. Il fut soutenu par Attale II de Pergame, par Ariathe V de Cappadoce, par Ptolémée VI et, ce qui est surtout important, par Rome. Bien que les grandes puissances aient reconnu la dynastie d'Antiochus dans le royaume des Séleucides, Démétrius perdit beaucoup de sa popularité : cfr BEVAN, *op. cit.*; WILL, *op. cit.*, t. II, p. 314 ss et *I Macc.*, x, 3-14.

[2] *I Macc.*, x, 15-21 donne la date précise pour le début du sacerdoce suprême de Jonathan, à savoir la Fête des Tabernacles du septième mois de l'an CIX. Si cette fête tomba le septième mois, il s'agit d'une année débutant au printemps; dès lors il faut songer à l'année qui va du printemps 152 au printemps 151, et Jonathan sera devenu grand prêtre en octobre 152.

[3] Le premier indice de cette période transitoire se trouve dans l'offre faite par Démétrius I, offre que *I Macc.*, x, 25-45 nous rapporte. Le roi exempte d'impôts le territoire du sanctuaire et reconnaît le grand prêtre y établi (v. 32). Il joint au domaine du temple les régions de Samarie (et de Galilée) habitées par des Juifs (vv. 30 et 38), et le grand prêtre pourra occuper la citadelle de Jérusalem. En outre, on laissa entrevoir des dons d'argent et l'attribution de la ville de Ptolémaïs.

Jonathan accepta l'offre, mais continua à se ranger du côté d'Alexandre Bala(s). Il fut présent au mariage de celui-ci avec Cléopâtre (printemps 150 - printemps 149). À cette occasion, il fut nommé *stratège* et corégent. Dans l'entretemps, Démétrius I périt sur le champ de bataille (*I Macc.*, x, 47-66).

politique d'intrigues [1]. Son frère Simon lui succéda et le pouvoir royal syrien le reconnut comme grand prêtre. En 142, le même pouvoir exempta de tout impôt le domaine du temple. Cette mesure contribua à en faire un état vassal. Le fils de Simon, Jean Hyrcan I, en profita. Sans s'attribuer le titre de roi, il se comporta en souverain, notamment en frappant de la monnaie conformément à l'autorisation déjà octroyée à son père [2]. Il mena la lutte avec succès. Quand il mourut en 105 il possédait, à quelques enclaves près, toute la Palestine en dessous du Carmel, au point que les localités juives de la Transjordanie cherchèrent leur sécurité en s'alliant à lui [3].

Aristobule I, fils de Jean Hyrcan I, fut le premier à assumer le titre de roi. Il vécut peu d'années pour s'en prévaloir. A sa mort, son frère Alexandre Jannée reprit le titre mais, malgré un règne de 27 ans (103-76), il n'étendit guère le territoire qu'il avait hérité de son frère [4]. Dans l'entretemps les tensions intérieures avaient notable-

---

[1] En 147-146, Démétrius II, fils de Démétrius I, entreprit une action militaire contre Alexandre Bala(s). Dans la lutte qui s'en suivit entre les « antiochides » et les « séleucides », Jonathan devint victime des « antiochides » en 143. Son frère Simon qui lui succéda, opta pour les « séleuco-démétrides », à savoir pour Démétrius II et Antiochus VII. Le premier lui accorda l'exemption d'impôts (*I Macc.*, xiii, 37); le deuxième confirma tous ses droits et privilèges en l'an 139-138 et l'autorisa à battre monnaie (cfr *supra*, p. 130 en note), autorisation dont il profita tout de suite.

[2] Les monnaies de Simon ne portent pas son nom. D'un côté nous lisons לגאלת ציון et, de l'autre, שנת ארבע. Parfois on ajoute une indication de valeur (חצי = demi; רביע = un quart). En revanche, les monnaies de Jean Hyrcan ne portent pas de date mais bien le nom de Jean et celui de la communauté judéenne : יהונתן הכהן הגדל וחבר היהודים Les monnaies de Simon sont celles d'une communauté, celles de Jean Hyrcan émanent d'un souverain. Voir REIFENBERG, *op. cit.*, p. 39-41 et MADDEN, *op. cit.*, p. 47-61. Toutefois il n'est pas exclu que les monnaies attribuées à Simon ne puissent provenir de la première révolte juive contre Rome (66-70) : cfr REIFENBERG, *op. cit.*, p. 28. S'il en était ainsi, les monnaies les plus anciennes de la période hasmonéenne seraient celles de Jean Hyrcan. Les sicles et demi-sicles attribués par Madden (*op. cit.*, p. 43-46) à Simon datent de la première révolte juive : cfr REIFENBERG, *op. cit.*, p. 28-32, 57-59.

[3] JOSÈPHE (*Bellum*, I, 62 ss.) nous informe sur l'étendue du territoire gouverné de fait par Jean Hyrcan. En *Ant.*, xiii, 322, il suggère dans le récit de l'éducation d'Alexandre Jannée que la Galilée lui appartenait également. D'*Ant.*, xiii, 337-338, il ressort en tout cas qu'au début du règne d'Alexandre Jannée Achoris et Sephoris étaient des localités juives, mais on ne nous explique pas comment elles l'étaient devenues. Disons qu'au début de l'insurrection maccabéenne, la Galilée méridionale possédait déjà des implantations judéennes (voir p. 137, note 1). De nouveaux immigrants judéens arrivèrent après que Jean Hyrcan se fut emparé de Samarie. Voir note suivante.

[4] Aristobule réalisa quelques conquêtes en Transjordanie et obligea les habitants des territoires conquis à se convertir au Judaïsme (JOSÈPHE, *Antiq.*, XIII, 318 s.). Sur les frontières du royaume lors du décès d'Alexandre Jannée, voir *ibid.*, 395 ss.;

ment augmenté. Salomé, qu'Alexandre avait épousée à l'encontre des traditions sacerdotales [1], eut à les affronter. Puis elle ne tarda pas à avoir maille à partir avec deux de ses enfants, Hyrcan II et Aristobule II. On a l'impression qu'en gardant elle-même le gouvernement [2] et en confiant à Hyrcan II [3] seulement la charge de grand prêtre, elle s'efforça, du moins provisoirement, à mieux faire observer l'ancien droit pontifical qui s'opposait au cumul des fonctions de roi et de pontife suprême, cumul devenu néanmoins une réalité depuis Aristobule I [4].

---

sur le royaume juif sous Aristobule, voir *ibid.*, 301; *Ant.*, xx, 241; *Bellum*, i, 7. Alors que STRABON (XVI, ii, 40) considère Alexandre Jannée comme le premier roi hasmonéen, MADDEN (*op. cit.*, p. 61, note 5) renvoie à une tradition conservée dans la version arabe de *I Macc.*, tradition rapportant que Rome a déjà reconnu Jean Hyrcan comme roi.

Sur les monnaies d'Hyrcan, cfr p. 140, note 2. Les monnaies d'Aristobule ne portent pas le titre de roi : יהוד הכהן גדול וחבר היהודים; celles de Jannée le contiennent : יהוחנן המלך, *ΒΑΣΙΛΕΩΣ ΑΛΕΞΑ(Ν)ΔΡΟΥ* (REIFENBERG, *op. cit.*, p. 41).

[1] *Lev.*, xxi, 13-15; *Mishnah, Jebamoth* vi, 4.

[2] JOSÈPHE, *Ant.*, XIII, 408; BELLUM, i, 109.

[3] D'après JOSÈPHE (*Bellum*, i, 120), Salomé indiqua Hyrcan comme successeur. Le problème est de savoir si elle prit cette mesure au début de son règne en 76 ou après l'intervention d'Aristobule dans les événements, intervention qui le rendit inacceptable aux pharisiens.

[4] Josèphe n'en parle pas, mais en *Ant.*, xiii, 408, il rapporte que Salomé réintroduisit des conceptions juridiques pharisaïques, supprimées par son beau-père Jean Hyrcan. On ne peut guère penser que les pharisiens auraient été partisans de la concentration en une même personne des charges de monarque et de grand prêtre. Le Talmud pose le problème. En *b Kiddushin* 66a, un certain Juda ben Gedidya déclare à Alexandre Jannée : « Oh roi Jannée, contentez-vous de la couronne royale et abandonnez la couronne sacerdotale à la semence d'Aaron ». D'après H. FREEDMAN : *The Babylonian Talmud, Seder Nashim IV*, Londres, 1936, *Kiddushin*, p. 332, note 12, le texte vise en réalité Jean Hyrcan, le père de Jannée. De fait, en *Ant.*, xiii, 291, une information parallèle concerne Jean Hyrcan. Au reste, aussi bien en *Ant.*, xiii, 292 qu'en *Mishnah, Ket.* ii, 9, on fait valoir contre Jannée que des filles prises lors d'une ville conquise ne conviennent pas pour le mariage d'un prêtre. Cette affirmation viserait la mère du roi.

Un examen de la situation en question nous mènerait trop loin. Il s'agit probablement de deux cas distincts qui provoquèrent l'un et l'autre l'opposition des pharisiens : a) dans le cas de Jean Hyrcan, ce fut probablement l'association de la fonction de grand prêtre avec l'exercice du pouvoir temporel; b) dans celui d'Alexandre Jannée, celle du sacerdoce suprême avec la royauté. L'argument utilisé en *Ant.*, xiii, 292 vise plus naturellement Jean Hyrcan que son fils. En effet, d'*Ant.*, XIII, 404, il ressort qu'Alexandre Jannée doit être né en 127. Si sa mère a assisté à la prise de Modeïn, elle lui aurait donné naissance à l'âge de 50 ans. Il y a probablement une donnée inexacte en *b Kiddushin* 66a. Le nom y mentionné paraît exact mais l'argumentation y rapportée concerne un autre cas.

L'opposition à l'association du pouvoir royal et de l'autorité sacerdotale dérive probablement des conceptions sur l'avenir eschatologique qu'un certain nombre de

Mais de la réglementation ainsi introduite surgirent de nouvelles tensions et luttes intestines auxquelles Pompëe, sollicité par les Juifs néenmêmes, chercha à mettre fin en 63. Dès lors le royaume hasmo- 41 acessa d'exister comme état indépendant. Il avait duré quelque le cns. Une nouvelle fois les Juifs palestiniens allaient vivre dans d'uadre d'un empire mondial, mais non plus en tant qu'habitants sujn domaine cultuel relativement indépendant mais en tant que nuets de l'empire; toutefoit leur religion particulière était reconnoe par l'autorité occupante. Que 25 années plus tard un semblant de euuveau royaume juif ait pris naissance n'est pas dû aux Juifs réx-mêmes mais aux besoins de l'empire romain qui n'avait pas frussi à pacifier la Palestine et qui, d'autre part, devait fortifier ses fontières asiatiques contre les Parthes. A cette fin la royauté fut-foerte à Hérode [1] qui s'acquitta bien de sa tâche mais qui par ailleurs réussit à constituer un nouvel état, manifestement de culture hel lénistique mais où les Juifs occupèrent une place importante [2].

Juifs, tels par exemple ceux de Qumrân, partageaient : cfr A. S. VAN DER WOUDE, *Die messianischen Vorstellungen der Gemeinde von Qumran*, Assen, 1957. À l'époque des Tannaim se rencontre aussi l'idée d'un messie-combattant issu de la tribu de Joseph, qui périrait en livrant bataille : cfr Joseph KLAUSNER, *Die messianischen Vorstellungen des jüdischen Volkes im Zeitalter der Tannaiten*, Berlin, 1904, p. 86 ss.

[1] JOSÈPHE (*Ant.*, XIV, 384 s.) suggère que la nomination d'Hérode par les Romains est due à leurs préoccupations au sujet des Parthes assiégeant la frontière orientale de l'empire.

Sur les rapports des Romains avec les Parthes au milieu du premier siècle avant J.-C. voir Karl-Heinz ZIEGLER, *Die Beziehungen zwischen Rom und dem Partherreich*, Wiesbaden, 1964, p. 20 ss. À partir de 54 av. J.-C., les Parthes commencèrent à représenter un grave péril pour les Romains. Ce péril fut provoqué en partie par les Romains eux-mêmes. Labienus envoyé chez les Parthes par Cassius s'entendit avec eux après la bataille de Philippes en 42 où Cassius périt. Il les excita à attaquer l'empire romain dont Marc Antoine et Octave étaient devenus les chefs. Les Parthes réussirent à conquérir la Syrie et une bonne partie de l'Asie Mineure et en 41 Rome ne put que l'enregistrer.

S'alliant aux Parthes, Antigone (Mattathias), fils d'Aristobule II (cfr *supra*, p. 141, note 3), put reconquérir Jérusalem, déposer son oncle Hyrcan II et s'imposer comme grand prêtre. Antigone combina le sacerdoce et la royauté tout comme son père Aristobule II (67-63) et son grand père Alexandre Jannée, ainsi qu'il ressort de ses monnaies : REIFFENBERG, *op. cit.*, p. 42.

Au roi Antigone, vassal des Parthes, les Romains opposèrent leur vassal, l'iduméen Hérode, qui l'emporta sur les Parthes en 37 av. J.-C.

[2] Sur la royauté d'Hérode voir Abraham SCHALIT, *König Herodes, der Mann und sein Werk*, Berlin, 1969. Ce livre est une réaction critique contre des ouvrages moins vigoureux, tels ceux de A. H. M. JONES, *The Herodes of Judaea*, Oxford, 1938 et Stewart PEROWNE, *The Life and Times of Herod the Great*, Londre, 1956.

Conscients de leur force, les leaders juifs cherchèrent à profiter de
la mort d'Hérode pour améliorer leur situation. On sait que dans son
testament, le roi iduméen pria le sénat, c'est-à-dire en fait Auguste,
de diviser son héritage en trois états : d'abord un royaume qui devait
comprendre la Judée et la Samarie, puis deux tétrarchies dont la première s'étendrait sur la Galilée et la Pérée tandis que la deuxième
engloberait les régions purement hellénistiques au nord et à l'est de
la Galilée [1]. Remarquons que le royaume voulu par Hérode aurait
compris avec la Judée et la Samarie le territoire qui s'était constitué
grâce aux Hasmonéens à partir de Jérusalem et qui coïncidait, peut-on
dire, avec les domaines cultuels aussi bien du sanctuaire de Jérusalem
que du temple construit sur le Garizim. Jamais les Hasmonéens
n'étaient parvenus à s'établir au-delà du Carmel. Dans la partie
judéenne de l'ancien royaume hasmonéen, une population juive
s'était fixée et bien unie. En revanche, tel n'avait pas été le cas ni
en Galilée ni en Transjordanie. En effet nous ne sommes guère autorisé
à appliquer à la Galilée les données que la littérature synagogale
nous fournit. Elles n'ont pris naissance qu'après 70 de notre ère et
elles ne concernent vraiment la situation qu'à partir de 150. Vers
le début de notre ère il n'y eut en Galilée de population juive que
dans la vallée du Kishon, sur les pentes méridionales du haut plateau
et sur la rive occidentale du lac de Tibériade. La première des tétrarchies envisagées par Hérode n'avait guère d'antécédents historiques
et ne pouvait guère prétendre posséder une population juive. Quant
à la deuxième tétrarchie, elle n'avait rien de commun avec les Juifs.

Rome n'exécuta pas la volonté d'Hérode. Les autorités sacerdotales de Jérusalem prièrent les Romains de mettre la Judée et la
Samarie sous leur administration directe, rattachant ces territoires
à la province de Syrie et autorisant les Juifs à vivre selon leur droit
particulier [2]. Il semble donc que les leaders juifs aspiraient en l'an 4
avant le Christ à rétablir le domaine cultuel tel que les Hasmonéens

---

[1] JOSÈPHE, *Ant.*, XVII, 188 s.; *Bellum*, I, 668.

[2] JOSÈPHE, *Ant.*, XVII, 299 ss.; 300 : ἀφίκετο εἰς τὴν Ῥώμην πρεσβεία Ἰουδαίων Οὐάρου
τὸν ἀπόστολον αὐτῶν τῷ ἔθνει ἐπικεχωρηκότος ὑπὲρ αἰτήσεως αὐτονομίας ; *Bellum*, II, 22 :
προηγουμένως ἕκαστος αὐτονομίας ἐπεθύμει στρατηγῷ Ῥωμαίων διοικουμένης ; *Bellum*, II,
90 s. : δεῖσθαι δὲ Ῥωμαίων ἐλεῆσαι τά τε τῆς Ἰουδαίας λείψανα καὶ μὴ τὸ περισσὸν αὐτῆς
ὑπορρῖψαι τοῖς ὠμῶς σπαράττουσιν, συνάψαντας δὲ τῇ Συρίᾳ τὴν χώραν αὐτῶν διοικεῖν ἐπ'
ἰδίοις ἡγεμόσιν ; *Ant.*, XVII, 314: ἦν δὲ κεφάλαιον αὐτοῖς τῆς ἀξιώσεως βασιλείας μὲν καὶ τοιῶνδε
ἀρχῶν ἀπηλλάχθαι, προσθήκη δὲ Συρίας γεγονότες ὑποτάσσεσθαι τοῖς ἐκεῖσε πεμπομένοις
στρατηγοῖς.

l'avaient agrandi. Auguste ne céda pas à leur désir. La Judée et la
Samarie allaient devenir non pas un royaume mais une ethnarchie [1].
Elle subsista durant neuf ans jusqu'au moment où Juifs et Samaritains avaient réuni tant de griefs contre le fils d'Hérode, Archelaüs,
qu'Auguste décida de soumettre le territoire de l'ethnarchie directement à l'administration romaine [2]. Auguste ne rétablit donc pas les
deux domaines cultuels de Jérusalem et de Samarie. Il revint plutôt
à la situation qui avait existé durant un quart de siècle après l'intervention de Pompée. La Judée devint un territoire romain où il était
licite de pratiquer la religion juive. Ainsi naquit une situation qui
allait donner lieu à de nouveaux conflits internes et externes. En
outre le fait que tous les Juifs habitaient désormais en Palestine sous
des autorités étrangères depuis que le centre du Judaïsme lui-même
se trouvait directement sous administration romaine, contribua lui
aussi à créer un climat nouveau. Par ailleurs, une minorité juive
subsista dans la tétrarchie galiléenne qui n'avait pas totalement perdu
son importance [3].

Les conflits externes provoquèrent la fondation d'un nouveau
groupement, dont Josèphe rapporte qu'il était prêt à lutter avec les
armes pour la croyance que Dieu était le seul Seigneur et Maître des
Juifs [4]. En l'occurrence, il s'agissait, semble-t-il, de gens qui s'étaient

---

[1] *Ant.*, xvii, 317 ss.; *Bellum*, ii, 93 ss.

[2] *Ant.*, xvii, 342 ss.; *Bellum*, ii, 111.

[3] Dans quelle mesure la Galilée et la Pérée constituaient une principauté indépendante
ressort du fait qu'en 36 après J.-C. Antipas put déclarer la guerre à Arétas, roi d'Arabie.
L'occasion en fut le mariage du roi avec Hérodiade, mariage qui amena le renvoi de
l'épouse du roi, fille d'Arétas. Il y eut toutefois aussi des querelles de frontières. Antipas
perdit la guerre (*Ant.*, xviii, 109 ss.; 113 s.), mais Tibère ordonna à Vitellius d'attaquer
Arétas (*Ant.*, xviii, 115). D'après Josèphe (*Ant.*, xviii, 116-119), les Juifs interprétèrent
la défaite d'Antipas comme une punition infligée par le Seigneur pour le meurtre de
Jean-Baptiste. Ajoutons qu'à la suite de la mort de Tibère, l'expédition de Vitellius n'eut
pas lieu.

Dans le cadre de la situation spéciale de la principauté de Galilée-Pérée et du meurtre
de Jean-Baptiste, il convient de comprendre la scène racontée par *Lc.*, xxiii, 6-12.
Pilate se demanda si le procès de Jésus ne relevait pas davantage de la juridiction
du tétrarque que de la sienne. Hérode Antipas n'était nullement disposé à se créer de
nouvelles animosités, étant au courant de l'hostilité juive à la suite de son intervention
contre Jean-Baptiste. Il se dégagea par de la raillerie de l'embûche qu'on lui tendait.
Quant à Pilate, il ne put se libérer de l'affaire en cours.

[4] Josèphe, *Ant.*, XVIII, 23 ss. : 23. Τῇ δὲ τετάρτῃ τῶν φιλοσοφίων ὁ Γαλιλαῖος Ἰούδας
ἡγεμὼν κατέστη, τὰ μὲν λοιπὰ πάντα γνώμῃ τῶν Φαρισαίων ὁμολογούσῃ, δυσκίνητος δὲ τοῦ
ἐλευθέρου ἔρως ἐστὶν αὐτοῖς μόνον ἡγεμόνα καὶ δεσπότην τὸν θεὸν ὑπειληφόσιν-θανάτων τε ἰδέας
ὑπομένειν παρηλλαγμένας ἐν ὀλίγῳ τίθενται καὶ συγγενῶν τιμωρίας καὶ φίλων ὑπὲρ τοῦ μηδένα

surtout scandalisés de l'attitude prise par les milieux sacerdotaux qui s'étaient ralliés aux Romains.

On peut toutefois se demander si ces résistants farouches ne se sont pas mépris sur la portée exacte de la ligne politique adoptée par le sacerdoce. Celui-ci s'efforça en effet en l'an 6 après Jésus-Christ à restaurer l'indépendance du domaine cultuel et à s'assurer ainsi une position plus forte à l'endroit du prince qui en Palestine septentrionale avait une importante minorité juive sous sa domination.

Si l'objectif visé par les leaders sacerdotaux avait pu être réalisé, l'objectif proclamé par le slogan « Dieu est notre seul maître » n'aurait pas été loin de son accomplissement, et le souverain galiléen, Antipas, aurait dû en tenir compte. Mais l'objectif sacerdotal ne se réalisa pas, puisque l'empereur romain ne restaura pas le domaine du temple et soumit la Judée directement au pouvoir impérial. Dans ces conditions, les Juifs galiléens avaient obtenu une condition de vie à certains égards meilleure que celle de leurs frères judéens. En Judée, Rome pouvait faire ce qui lui plaisait. Les Juifs y étaient totalement à la merci de l'empereur et de ses procurateurs [1]. Dès lors, ceux qui s'étaient mépris sur l'objectif visé par les leaders sacerdotaux finirent quand bien même à avoir raison pour une large part. Mais au moment où il apparaissait qu'ils avaient en partie raison et où leur prestige pouvait croître, ils passèrent à une suite d'actions qui ne pouvaient qu'irriter les Romains. A partir de ce moment, ce fut de part et d'autre l'escalade. Rome paraît s'en être rendu compte et pour y remédier semble avoir coopéré activement à la fondation d'un nouvel état juif palestinien sous Agrippa I [2]. Ce souverain réussit à rallier pas mal de Juifs

---

ἄνθρωπον προσαγορεύειν δεσπότην ; *Bellum*, II, 118. — Touchant les problèmes soulevés par la quatrième secte voir Martin Hengel, *Die Zeloten*, Leyde, 1961, p. 336 ss.

L'auteur s'arrête à considérer la descendance de Judas et l'arrière-fonds social et économique du groupement en question.

[1] Ceci apparut lors de la promulgation des impôts en l'an 7 après J.-C., promulgation qui fut l'occasion de la révolte de Judas le Galiléen (*Ant.*, XVIII, 1 ss., 26 ; *Bellum*, II, 118). Le fait que le premier procurateur Coponius eut le droit de condamner à mort fut pour les Juifs un indice peu encourageant et contraria l'autonomie sollicitée par eux.

[2] Hormis la question des impôts sous Coponius et son chef Quirinius et la déposition de divers grands prêtres, rien ne paraît s'être passé de particulièrement irritant pour les Juifs de la part des Romains au cours des années 6-26. On ne peut situer, ainsi que le fait Hengel (*op. cit.*, p. 344), dans le cadre d'une hostilité romaine envers les Juifs, l'attentat perpétré contre la pureté du Temple lors de la fête pascale par les Samaritains. On peut se demander si l'attitude des Samaritains ne s'inspira pas d'un désir de se venger des Juifs qui les auraient entraînés en 6 après J.-C. à demander, de concert

mais il mourut prématurément. Son royaume subsista en toute son
ampleur seulement de 41 à 44. A son décès, la Palestine fut de nouveau
soumise à un procurateur.

Les empereurs romains avec lesquels les Juifs eurent affaire dans la
suite furent Claude (41-54) et Néron (54-68). Sous ce dernier survinrent

avec eux, d'être soumis directement aux Romains. Rien ne prouve que Coponius ait eu
une part à l'action samaritaine. C'eût été de sa part une sottise.

La remarque de HENGEL, *op. cit.*, p. 342 : « Über die weiteren unmittelbaren Schick-
sale der neueren Sekte berichtet Josephus nichts », doit être corrigée. Si la secte nouvelle
suscitée par Judas le Galiléen ne se montra guère active, c'est que la politique prudente
de Rome ne lui donna pas l'occasion de se manifester.

La situation changea sous Pilate. Celui-ci transposa les quartiers d'hiver des soldats
romains de Césarée à Jérusalem (*Ant.*, XVIII, 55). Ainsi il suscita le problème des enseignes
militaires qu'il entreprit de résoudre par la force (*ibid.*, 59). S'il renonça au dernier
moment à recourir à la force, ce ne fut plus le cas lors de la construction d'un aqueduc
vers Jérusalem aux frais du Temple (*Ant.*, XVIII, 60 ss.). En l'occurrence, ses soldats
dépassèrent même ses instructions (*ibid.*, 62).

Également à Samarie éclatèrent des émeutes et une fois de plus Pilate eut recours
à la force (*ibid.*, 85 ss.).

Les années de l'administration de Pilate firent comprendre aux Juifs que les partisans
de la quatrième secte n'avaient pas tort. Des Romains intelligents s'en rendirent compte.
Vitellius diminua les impôts, rendit aux Juifs le droit de disposer des ornements du
grand prêtre (cfr Paul WINTER, *On the Trial of Jesus*, Berlin, 1961, p. 16 ss., 157 ss.)
et déposa Caïphe.

C'est dans la ligne de ces mesures que se situe la fondation d'un nouveau royaume
juif sous Agrippa Ier qui a joui de la confiance aussi bien des Romains que des Juifs
(touchant ces derniers voir *Mishnah, Bikkurim*, III, 4, et *Sota*, VII, 8). Le nouveau
royaume s'établit par étapes : en 38 après J.-C., Caligula, devenu empereur en 37,
attribua à Agrippa le domaine qui avait appartenu à Philippe ; en 39 il donna le territoire
d'Antipas qui fut exilé ; en 41, il supprima l'administration romaine sur la Judée et
la Samarie et annexa ces régions au domaine royal. Bref en 41 ce qui fut autrefois le
royaume d'Hérode le Grand fut complètement rétabli au profit de son petit-fils.

La politique sacerdotale juive des années 4 av. J.-C. à 6 après J.-C. avait manifestement fait faillite. Mais comme Aggrippa se présentait comme un juif fidèle à la Loi
(cfr les passages cités de la *Mishnah* et *Act.*, XII), les chefs religieux juifs ne s'opposèrent
pas à la fondation du nouveau royaume. Même les partisans de la quatrième secte
n'eurent presque rien à objecter. D'où, selon HENGEL (*op. cit.*, p. 348), le silence de
Josèphe sur les agissements de la secte pour la période qui s'étend du départ de Pilate
jusqu'à la mort d'Agrippa. En l'année même de l'accession d'Agrippa au trône, Caligula
fut assassiné. Claude (41-54) lui succéda. Agrippa put jouir jusqu'à sa mort subite en 44
de quelques années de tranquillité.

Il serait toutefois inexact de dire que toute cause de friction entre Juifs et Romains
avait disparu. Signalons en effet la persécution des Juifs à Alexandrie qui donna lieu
à la *Legatio ad Gaium* dont Philon fit partie et l'entreprise de Pétrone, légat de Syrie,
visant à ériger au temple une statue de l'empereur, obéissant ainsi aux volontés impé-
riales (*Ant.*, XVIII, 261 ss.).

des faits qui rappelèrent aux Juifs ce qui s'était passé à Jérusalem sous
Antiochus IV. Les prêtres qui à ce moment exerçaient le ministère dans
la Ville sainte, furent enclins à s'allier au parti révolutionnaire dont
la politique de leurs pères s'était distancée. Un certain nombre d'entre
eux rallièrent les Zélotes. Ensemble ils provoquèrent en 66 la révolte
contre les Romains [1]. Comme ils n'étaient pas d'accord sur l'ampleur
de la lutte, ils ne purent la mener de concert avec leurs alliés. Ils
succombèrent avec eux dans le combat [2].

L'avenir n'allait pas être réservé au type de Judaïsme qui avait
accepté de vivre en paix avec le pouvoir occupant, tout en refusant
de tirer au clair jusqu'où s'étendait l'indépendance. L'avenir allait
appartenir à la ligne de conduite adoptée cinq siècles passés aussi bien
par Esdras et Néhémie que par l'autorité perse, ligne de conduite
qui avait conduit sous sa forme extrême au pharisaïsme [3]. Au lende-

---

[1] HENGEL (*op. cit.*, p. 349-350) formule un jugement catégorique sur la politique
des Romains : « War die Ernennung Herodes I. zum König von Judäa die erste folgen-
schwere Fehlentscheidung in der römischen Politik gegenüber den Juden gewesen, so
bildete die Rückverwandlung Judäas in eine kaiserliche Provinz nach dem Tode Agrip-
pas I. die zweite ».
La première partie de ce jugement me paraît contestable pour deux raisons : d'abord
en l'an 40, la puissance romaine n'était guère fortement établie au Proche Orient ;
puis certaines initiatives d'Agrippa I qui déplurent aux Juifs n'apparurent pas telles
dès les débuts de son règne. En revanche, la deuxième partie de son appréciation me
semble justifiée. Dès la restauration d'une administration romaine par voie de procurateur, — et Hengel le montre bien, — la résistance aux Romains reprit de la vigueur.
Nous ne pouvons songer à décrire ici ce que fut cette résistance. Relevons que l'autorité romaine ne cessa de subir de violentes attaques et que même le clergé juif supérieur
ne resta pas à l'abri de l'opposition. Il se creusa ainsi un fossé de plus en plus large entre
le haut et le bas clergé (Joachim JEREMIAS, *Jerusalem zur Zeit Jesu*, 2e éd., 1958, t. II,
p. 40 et 70), et le mouvement de résistance gagna de plus en plus les couches populaires.
Le haut clergé semble avoir été en général favorable à la paix (JOSÈPHE, *Bellum*,
II, 411) ; toutefois ce fut un de ses membres, Éléazar, le *sgn hkhnym*, qui donna le signal
de la révolte en s'opposant à ce que l'on continua à offrir le sacrifice pour l'empereur
(*Bellum*, t. II, p. 409).
Les Pharisiens semblent eux aussi avoir appartenu au parti favorable à la paix
(*Bellum*, 411). Ceci est surprenant vu que selon Josèphe ils avaient rallié jadis plutôt
les tendances activistes. On peut se demander si les plus militants d'entre eux n'avaient
pas rejoint la « quatrième secte ». Josèphe la décrit en effet comme une sorte de parti
pharisien ayant un programme radical appelant uniquement Dieu « seigneur et maître ».

[2] Pour l'histoire de la révolte à Jérusalem voir HENGEL, *op. cit.*, p. 365 ss.

[3] Les traditions synagogales nous présentent les Pharisiens comme des scribes partisans d'idées extrémistes. Elles les décrivent comme défenseurs d'une pureté légaliste

main de la guerre juive, Vespasien concéda à Jochanan ben Zakkai
qui n'avait pas été un des chefs de l'insurrection et qui avait réussi à
quitter en un cercueil la Ville sainte, de fonder à Yabneh (Jamnia)
un centre d'études juives avec lequel Rome put établir des contacts [1].
Ainsi l'illusion des chefs juifs qui avaient cru en 6 après Jésus-Christ
assurer l'avenir grâce à la restitution du domaine sacré du temple,
prit fin définitivement. Après 70, il n'y eut plus de temple. Pour reconstituer la situation juive après 70, les sources juives sont si parci-
monieuses qu'il faut pour une grande part faire appel aux données
archéologiques et aux renseignements conservés dans les écrits chrétiens [2].

---

excessive (*Mishnah, Ḥagiga*, ii, 7; *Tohoroth*, iv, 12; *Jadajim*, iv, 6-8; *Toseptah, Shabb.*,
i, 15; *Ḥag.*, iii, 35; *Jad.*, ii, 20), déplorant probablement la ruine du Temple (*Tosephtah,
Sota*, xv, 11 ss.) et courant le danger de verser dans l'hypocrisie (*Sota*, iii, 4; *Talmud,
j Ber.* 14b r 48 ss.; *j Sota* 19a r 32; *b Sota* 22b; *b Nidda* 33b). On ne peut dès lors se
servir sans distinction des termes « scribe » et « pharisien ». Il n'est pas exclu que l'avènement de la quatrième secte ait influencé l'évolution du Pharisaïsme (cfr *supra*, p. 144,
note 4).

[1] Voir sur Joḥanan ben Zaccai l'étude de Jacob Neusner, *A Life of Rabban Yohanan
ben Zakkai*, Leyde, 1962. Rien ne nous est connu sur l'attitude qu'il adopta quand la
révolte éclata. Neusner (*op. cit.*, p. 105 ss.) allègue deux dires d'où pourrait ressortir
qu'il invita à la prudence.

Les œuvres de Josèphe ne contiennent pas d'informations sur les cercles fréquentés
par le rabbin. La tradition synagogale en parle et atteste qu'il y fut considéré comme
un personnage important (Neusner, *op. cit.*, p. 16-104). On n'en peut pas déduire que
son influence sur le peuple fut grande.

Il existe trois ou quatre versions touchant la fuite du rabbin (cfr Neusner, p. 115 ss.).
Deux motifs différents sont allégués pour expliquer qu'il quitta la ville de Jérusalem
lors du siège, à savoir sa crainte de voir ruiné le temple (*Aboth de Rabbi Nathan*, textes
a et b) et la crainte de voir le peuple périr affamé (*Lamentations rabba* et *Talmud de
Babylone, Gittin* 56b). Il est impossible de restituer le cours exact des faits. Il semble
bien que le rabbin estima la survivance du peuple plus importante que celle du maintien
de son autonomie politique. Les révolutionnaires extrémistes au contraire préférèrent
mourir plutôt que de perdre l'indépendance, ainsi que le preuve en 73 la tragédie de
Masada (Y. Yadin, *Masada. Herod's Fortress and the Zealots' Last Stand*, Londres, 1971).

Il n'est plus possible de démêler les motifs religieux et politiques qui entrèrent en jeu,
mais il est certain que le Judaïsme put survivre parce qu'il réussit à séparer son existence
du problème de son indépendance politique.

[2] Le Judaïsme qui survécut fut celui dirigé par les lettrés des synagogues. Parmi
ces rabbins, il y eut deux écoles, celle de Hillel et celle de Schammai. Ce furent avant
tout ceux de la première qui imprimèrent leur cachet sur le Judaïsme après 70.

Sur la situation d'avant 70, certaines traditions de la *Mishnah* et de la plus ancienne
Haggadah fournissent quelques données, mais uniquement touchant le service du
Temple et les conceptions ayant eu cours dans les milieux mishnéiques. La Synagogue ne
nous livra pas d'œuvre historique. C'est à l'Église que nous devons la conservation des

Nous pouvons être bref sur la période d'après 70. Le territoire palestinien n'obtint pas un nouveau statut; il resta romain. En revanche, l'attitude romaine à l'endroit des Juifs changea vers 130. Ce revirement provoqua une nouvelle insurrection sous l'empereur Hadrien. Elle n'eut pas plus de succès que la précédente. Les successeurs d'Hadrien se montrèrent toutefois plus bienveillants. Deux faits importants méritent d'être signalés pour cette période : le transfert du centre des études juives de Jérusalem à Yabneh et la promotion de la Galilée à partir de 135 comme centre principal de la population juive. On ne manquera pas d'utiliser les renseignements fournis sur la Galilée par la littérature synagogale pour reconstituer le climat de cette région au début de l'ère chrétienne. A la suite de la migration juive, la situation y était devenue bien différente de ce qu'elle avait été à cette époque [1].

Livres des Maccabées et de l'œuvre de Flavius Josèphe. Si nous ne disposions pas de ces sources, nous ignorerions l'histoire des Maccabées et celle d'Hérode, et nous ne disposerions pas des informations qui concernent le troisième siècle avant Jésus-Christ.

La tradition synagogale ne nous instruit pas davantage sur la foi et l'espérance eschatologique d'une partie du peuple juif. Ici de nouveau nous sommes informés par la tradition chrétienne grâce à des œuvres assumées dans le canon biblique des grands Conciles (*Siracide, Sagesse de Salomon*), ou à des œuvres parfois reconnues par certaines Églises (*Psaumes de Salomon, IV Esdras*), ou à des ouvrages qui ne circulèrent que dans des cercles plus ou moins restreints (*Testaments des XII Patriarches, Apocalypse syriaque de Baruch, Apocalypse grecque de Baruch*, le *Livre des Jubilés*, l'*Hénoch éthiopien*, l'*Hénoch slave*, etc.). La connaissance de cette dernière catégorie de livres, nous la devons aux savants chrétiens.

Enfin qu'un certain Judaïsme, se distançant de la Synagogue, voire du Temple durant deux siècles et demi ait existé, nous le savons maintenant aussi grâce à des fouilles archéologiques, telles les fouilles de Qumrân et l'exploration de la Genizah du Caire. En la matière, les savants juifs ont réalisé un grand apport. Rappelons aussi que l'archéologie nous aide beaucoup aujourd'hui à situer certains faits, tels l'origine de la synagogue, l'histoire de Masada en tant que palais d'Hérode et centre de la dernière résistance juive en 73, la documentation de Muraba'at et d'Engedi, la chronologie de l'écriture ancienne, etc.

Quant aux textes de Qumrân, il nous aurait été impossible de les situer quelque peu exactement si nous n'avions pas disposé des *Livres des Maccabées*, des œuvres de Flavius Josèphe et de Philon.

[1] Pour l'histoire du Judaïsme après 70 renvoyons, à côté des ouvrages déjà anciens de I. Jost, H. Graetz, J. Dérenbourg, S. Dubnow, à Salo Wittmayer BARON, *A Social and Religious History of the Jews*, 2e éd., New York, 1952; *Histoire d'Israël. Vie sociale et religieuse*, 5 tomes, Paris, 1956-1964 et Michael AVI-YONAH, *Geschichte der Juden im Zeitalter des Talmud*, Berlin, 1962. — Pour l'histoire des Juifs babyloniens entre 140 av. J.-C. et l'époque islamique, voir Jacob NEUSNER, t. I, Leyde, 1965; t. II, 1966; t. III, 1968; t. IV, 1969; t. V, 1970.

Nous sommes ainsi parvenu au terme de nos considérations sur les relations des Juifs avec les autorités occupantes sur le plan politique. Mais il reste d'autres aspects à considérer tel le problème des langues en usage en Palestine, à savoir l'hébreu et l'araméen. Ce problème est lui aussi en relation avec l'évolution du domaine du temple que Cyrus avait établi à Jérusalem.

Au lendemain de la disparition des deux états juifs, la population qui usait de la langue hébraïque disparut largement. Sans doute faut-il tenir compte de la survivance d'îlots restés fidèles à l'hébreu, ainsi que du retour en Samarie, même avant la fin du royaume de Juda, de Juifs parlant la langue de leurs pères [1]. Toutefois l'araméen devint la langue courante, et l'araméen dont il s'agit, fut sans doute celui des pays environnants. Les palestiniens déportés en Babylonie s'y approprièrent non l'accadien mais le dialecte araméen en usage en cette région, dialecte qui fut plus tard promu par les rois perses au rang de langue officielle pour toutes les régions de leur empire où l'on parlait une langue sémitique ou l'égyptien. D'où le nom d'araméen impérial ou gouvernemental qu'on lui a conféré [2]. C'est munis de cet

---

[1] Cfr *supra*, p. 124, note 1.

[2] L'usage de l'araméen par les Juifs de Palestine doit être étudié à partir de données historiques et géographiques. La littérature synagogale nous livre trois sortes d'araméen : celui du *Targum Onkelos*, celui des *Midrashim* palestiniens et du *Talmud palestinien*, celui enfin des sections les plus récentes du *Talmud babylonien*. Nous pouvons laisser de côté ce dernier dialecte qui s'est développé au cours des premiers siècles de notre ère, le long de l'Euphrate et du Tigre et au nord des régions baignées par ces fleuves. Il a été étudié par C. LEVIAS, *A Grammar of the Aramaic Idiom contained in the Babylonian Talmud*, Cincinnati, 1900; reprint Westmead, Farnborough, 1971, et par Max L. MARGOLIS, *Lehrbuch der aramäischen Sprache des babylonischen Talmuds*, Munich, 1940. La dialecte en cause est apparenté au syrien et au mandéen.

Les deux autres formes d'araméen concernent la Palestine. Gustaf DALMAN nous en donne un bon aperçu dans sa *Grammatik des jüdisch-palästinischen Aramäisch*, p. 43-51, Leipzig, 1905. Paul KAHLE entreprit de prouver que l'araméen du *Targum Onkelos* n'est pas un dialecte palestinien. Cette thèse, il la proposa dans les *Schweich Lectures* de 1941, il la développa dans son ouvrage *The Cairo Geniza*, Londres, 1947, et en 1948 il donna sur le problème une série de conférences dans les universités de Marbourg, Munster, Halle et Bonn, dont le texte fut publié dans la *Theologische Rundschau*, nouvelle série, XVII, 1949, p. 201 ss. et repris dans *Opera Minora*, Leyde, 1956. Au moment même où Kahle renforça ses positions, la *Genèse apocryphe* découverte à Qumrân paraît lui avoir infligé un démenti. L'araméen de ce document fut étudié par E. Y. KUTSCHER, *The Language of the Genesis Apocryphon*, dans Chaïm RABIN et Yigael YADIN, *Scripta Hierosolymitana*, t. IV, Jérusalem, 1958, p. 1 ss. D'après cet auteur, l'araméen du document qumrânien est plus apparenté à celui du *Targum Onkelos* qu'à celui des *Midrashim* et du *Talmud palestinien*; il remonterait au premier siècle de notre ère. De leur côté, H. H. Rowley, *Notes on the Aramaic of the Genesis Apocryphon*, dans D. Winton Thomas et W. D. McHardy, *Hebrew and Semitic Studies presented to G. R. Driver*, Oxford, 1963, rapprochent l'araméen en question de celui du *Livre de Daniel*, et voudraient même le situer au deuxième siècle avant notre ère. D'autres documents trouvés à Qumrân ou ailleurs dans le Désert de Juda confirment le témoignage du *Genesis apocryphon*. Dès lors, on ne peut plus contester le fait qu'il y eut en Palestine deux sortes d'araméen en usage.

L'araméen de Qumrân paraît donc constituer un intermédiaire entre l'araméen du *Targum Onkelos* et celui du *Livre de Daniel*, qui lui se présente comme une forme récente de l'araméen officiel : cfr Franz Rosenthal, *Die aramaistische Forschung seit Th. Nöldeke*, Leyde, 1939. Laissons de côté le problème de savoir si l'araméen de Daniel est d'origine palestinienne; contentons-nous d'observer que l'introduction des sections araméennes de Daniel dans la Bible hébraïque prouve que l'araméen commun récent était compris vers 166/165 av. J.-C. dans les environs de Jérusalem et que son usage était répandu dans le sud de la Palestine.

Que penser maintenant de l'araméen attesté par le *Talmud* et les *Midrashim palestiniens*, ainsi que par un certain nombre de *targums* : le *targum fragmentaire* conservé dans les *Miqraoth Gedoloth* et édité par M. Ginsburger, *Das Fragmententhargum*, Berlin, 1899, — les *Fragments de la Geniza du Caire* édités par Paul Kahle, *Masoreten des Westens*, II, Stuttgart, 1930, — et le *Targum Neofiti* édité par Alejandro Díez Macho, *Neophyti 1, Targum Palestinense Ms de la Biblioteca Vaticana*, t. I : *Genesis*, Madrid-Barcelona, 1968?

Ce dernier araméen présente moins d'affinité avec l'araméen commun officiel que celui de *Daniel*, *Qumrân* et *Onkelos*; mais il est apparenté étroitement à l'araméen samaritain et à l'araméen des *Midrashim* et de la *gemarah* du *Talmud palestinien*. L'affinité avec le samaritain insinue qu'il ne s'agit pas d'un dialecte judéen mais plutôt d'un dialecte palestinien. Sa présence dans les *Midrashim* et dans le *Talmud palestinien* semble nous orienter vers les années 200 de notre ère et vers la Galilée devenue après la révolte contre Hadrien le centre du Judaïsme. Nous sommes donc porté à conclure que l'araméen en question était la langue parlée en Samarie et en Galilée, c'est-à-dire dans les régions perdues pour Israël à la suite des victoires assyriennes de 733 et de 722.

La Galilée touchait au territoire araméen de Damas; d'où la pénétration de la langue araméenne. N'oublions pas non plus que probablement les Assyriens, comme plus tard les Perses, se servirent de l'araméen dans les territoires conquis (cfr *II Reg.*, XVIII, 16; *Is.*, XXXVI, 11), l'araméen étant déjà devenu une langue de communication diplomatique. Les dignitaires de Jérusalem la comprenaient. Ne peut-on pas supposer que les Assyriens l'entendaient également?

Si l'araméen s'implanta en Galilée et en Samarie, il s'est probablement répandu aussi le long du littoral. En 734, Tiglathpileser III pénétra en effet dans le territoire philisin : cfr A. Alt, *Kleine Schriften*, t. II, p. 150 ss.; *Tiglathpilesers III erster Feldzug nach Palästina*. Au début, un état vassal se forma, mais en 711 Asdod devint une province assyrienne : cfr A. Alt, *op. cit.*, p. 188 ss. : *Das System der assyrischen Provinzen auf dem Boden des Reiches Israel*, p. 234 : *Zur Errichtung der Provinz Asdod*, p. 242 ss. : *Territorialgeschichtliche Bedeutung von Sanheribs Eingriff in Palästina*. La langue d'Asdod dont parle *Neh.*, XIII, 24 devra donc être comprise comme étant l'araméen local. Concluons qu'au retour des exilés de Babylone, on se servait dans toute la Palestine d'un dialecte araméen distinct de celui en usage en Babylonie.

L'araméen babylonien est une phase ultérieure de l'araméen qui fut en usage dans

araméen ainsi que de l'hébreu que les Juifs déportés en Babylonie sont revenus dans leur pays. Dès lors y sévit un bilinguisme bien que Néhémie se soit efforcé de rendre à l'hébreu son rôle de langue courante [1].

Il est difficile de dire dans quelle mesure Néhémie réussit dans ses efforts. Les conclusions suivantes semblent s'imposer.

1. Dans les milieux des scribes qui furent responsables de la rédaction des Livres Saints on cultiva l'hébreu judéen préexilien ; la langue hébraïque fut même d'usage courant dans ces cercles. Certes comme tout langage elle subit un développement, comme il résulte de la lecture

---

les milieux officiels de la Perse. Les Perses ont prolongé une coutume déjà en usage chez les Assyriens, puis probablement chez les Babyloniens, — Nabopolassar et Nebukadnezzar, de la dynastie chaldéenne, étaient d'origine araméenne, — à savoir celle de se servir de l'araméen pour entrer en contact avec les peuples conquis. La seule différence consistait dans le choix du dialecte. Alors que les Assyriens se servaient d'un dialecte araméen occidental, les Babyloniens eurent recours à un dialecte oriental et c'est un dialecte oriental que les rapatriés de Babylone emportèrent vers la Palestine.

Affirmons donc que depuis la restauration du domaine du temple, deux dialectes étaient en usage en Palestine : le dialecte y implanté depuis 733 av. J.-C. et le dialecte ramené de Babylonie en Palestine ; ce dernier s'imposa à Jérusalem et à sa banlieue, mais il ne se répandit pas ailleurs.

Quand après 70 de notre ère les Juifs synagogaux ou chrétiens furent obligés de quitter Jérusalem et ses alentours, ils durent adopter un autre dialecte araméen : d'où la langue du *Targum Neofiti*, du *Targum fragmentaire*, des *Miqraoth Gedoloth*, des *Fragments de la Geniza* du Caire. Le *terminus a quo* de ces textes n'est pas antérieur à 70 après J.-C.

Le cas de l'araméen du *Targum de la Torah du Pseudo-Jonathan* est particulier. Cet araméen combine des traits de l'araméen palestinien et de l'araméen oriental répandu dans le domaine du temple : cfr M. GINSBURGER, *Pseudo-Jonathan*, Berlin, 1903. Ceci paraît plaider pour une origine plus ancienne, à savoir celle de la période de Jamnia (Jabne) (70-132), période au cours de laquelle on commença à s'adapter à l'araméen palestinien local sans toutefois oublier totalement l'araméen oriental.

Le cas de l'araméen chrétien, décrit par Friedrich SCHULTHESS : *Grammatik des christlich-palästinischen Aramäisch*, Tubingue, 1924 ; reprint Hildesheim, 1965, est similaire. Cet araméen présente, lui aussi, une mixture de traits de l'araméen palestinien local et de l'araméen oriental. Les chrétiens qui ont émigré, emportèrent leur langue maternelle mais ils l'adoptèrent à leur nouveau milieu. Toutefois ce phénomène, note Schulthess (*op. cit.*, p. 2), peut s'être produit déjà antérieurement. « Ein Heimatsbezirk des chr.-pal. Dialektes lässt sich mit einiger Sicherheit in Nord-Judäa (la localisation est de Schulthess) feststellen. Übrigens ist eine lexikalische oder gar grammatische Abgrenzung gegen das Galiläische und Samaritanische kaum möglich ». D'après *Act.*, VIII, la Samarie fut évangélisée à partir de Jérusalem. Que la langue des chrétiens qui ont habité les confins de la Judée et de la Samarie ait possédé des affinités avec l'araméen palestinien local et l'araméen du domaine du temple, ne peut nous étonner.

[1] *Neh.*, XIII, 24. Pour יהודית = hébreu, voir *II Reg.*, XVIII, 26, 28 (*Is.*, XXXVI, 11, 13).

de la Mishnah, du Talmud et des midrashîm palestiniens. Segal me
paraît avoir démontré qu'il s'agit d'une véritable langue vivante [1].

---

[1] Outre le problème de la diffusion de l'araméen il y a celui de l'usage de plusieurs
langues à Jérusalem même.

Dans le domaine du temple, l'hébreu était une langue restée parfaitement intelligible
non seulement en 520 mais aussi dans les cinquante années suivantes. Vers 520, Aggée
et Zacharie se servent de l'hébreu pour s'adresser au peuple et vers 470 Malachie fit
de même. Mais en 434-433, Néhémie constata que l'on commençait à désapprendre
cette langue (*Neh.*, XIII, 6). Les efforts pour restaurer l'usage de l'hébreu semblent
avoir été couronnés de succès. Les *Livres des Chroniques*, les *Livres d'Esdras* et de
Néhémie furent composés en hébreu et l'usage de la langue persévéra jusqu'à l'époque
des Séleucides. L'auteur de l'*Ecclésiastique*, le Siracide, écrivit sa « sagesse » en hébreu
et le rédacteur de *Daniel* fit de même pour son message le plus personnel, c'est-à-dire
les chapitres VIII-XII. En 166-165, l'hébreu semble être resté parfaitement intelligible
pour ceux qui fréquentaient le domaine du temple. De même, la secte de Qumrân dont
les origines remontent à 195 av. J.-C. (cfr p. 135, note 1) se servit de l'hébreu pour ses
documents de base. Et aujourd'hui les données archéologiques confirment que cette
langue fut pratiquée jusqu'à la révolte contre Hadrien : monnaies avec inscriptions
qui présentent une caractéristique de la morphologie hébraïque : הכוהן (cfr REIFEN-
BERG, *op. cit.*, p. 60 ss.), lettres rédigées en hébreu (cfr J. N. SEVENSTER, *Do You know
Greek?*, Leyde, 1968, p. 149 ss.). Bref, l'usage de l'hébreu dans le domaine du temple
ne saurait être contesté.

La question est de savoir si cet usage fut en quelque sorte artificiel ou s'il fonctionna
dans la vie courante. À notre avis, il semble bien que l'hébreu est resté une langue
vivante. En effet, l'hébreu d'*Esther*, de *I-II Chroniques*, d'*Esdras-Néhémie* et de *Daniel*
présentent des traits qui le montrent postérieur à la langue préexilique. Ceci s'explique
le mieux si les auteurs de ces livres étaient en contact avec une langue encore parlée.

L'étude de l'hébreu de la *Mishnah* par M. H. SEGAL : *A Grammar of Mishnaic Hebrew*,
Oxford, 1927, confirme que la langue hébraïque était restée vivante et que nous ne
sommes pas en présence d'un produit artificiel, mélange de l'hébreu classique et de
l'araméen. Le fait qu'un certain type de paraboles des *Midrashîm* est rédigé dans cette
même langue en est une autre confirmation : cfr I. ZIEGLER, *Die Königsgleichnisse des
Midrash*, 1939.

Au même résultat que Segal aboutit W. CHOMSKY, *What was the Jewish Vernacular
during the Second Commonwealth?*, dans *Jew. Quart. Rev.*, 1951, t. XLII, p. 193 ss.

Harris BIRKELAND : *The Language of Jesus*, dans *Avhandliger utgitt av Det Norske
Videnskaps-Akademi i Oslo. II. Hist.-Filos. Klasse*, 1954, n° 1, Oslo, 1954, crut pouvoir
préciser davantage. Le langage de la *Mishnah* et des *Midrashîm* serait celui des classes
sociales inférieures de la Galilée. L'hypothèse ne rencontra guère de succès.

Quelles que soient les conjectures sur l'élément juif ou judéen en Galilée avant 163,
il paraît que l'insurrection maccabéenne fit refluer les juifs galiléens vers le domaine
du temple. Sous les Hasmonéens, la colonisation juive de la Galilée s'accentua (cfr
A. ALT, *op. cit.*, t. II, p. 407 ss. et 436 ss.), et si l'hébreu fut parlé en cette région, cette
immigration n'y fut pas étrangère. Toutefois l'origine de plusieurs targums en araméen
de Galilée semble indiquer que l'hébreu n'occupa pas en cette région une position très
forte.

On localisera donc les endroits où l'hébreu continua à être parlé, d'abord en la Judée

A la suite de faits ultérieurs, cet hébreu devint toutefois un langage largement artificiel, à savoir dans la période qui suivit la destruction du temple ou pour le moins après 135.

2. Pour entrer en contact avec le milieu environnant, les habitants du domaine cultuel ont nécessairement dû recourir à l'araméen. Leur araméen ne fut pas celui déjà répandu en Palestine même depuis l'époque des déportations mais celui qu'ils avaient appris en Babylonie. Ainsi s'explique que l'araméen de Qumrân diffère de celui du Talmud et des midrashîm palestiniens. Dalman ne s'est donc pas trompé en postulant pour la Palestine l'existence de deux dialectes araméens : l'araméen galiléen et l'araméen judéen. Seul ce dernier, qui s'est introduit dans le domaine du temple, est apparenté à l'araméen de l'empire.

La venue d'Alexandre le Grand dans le Proche Orient importa en Palestine la diffusion du grec. Vu la petitesse du domaine cultuel, ses habitants encerclés de tous les côtés par une population mélangée ne purent éviter les contacts avec ceux qui usèrent de la langue grecque. Au reste, les chefs de la communauté cultuelle furent même obligés d'user de cet idiome dans leurs rapports avec le pouvoir occupant [1]. D'où

---

d'avant 70 de notre ère, puis dans les milieux qui s'établirent autour de Jamnia. La révolte de Bar Kozeba a pu stimuler l'étude de l'hébreu. On peut conjecturer qu'en Galilée l'hébreu resta compris jusque vers 200 de notre ère lorsqu'il était encore parlé par les scribes sous une forme évoluée, puis que la connaissance passive de cette langue ne fut jamais le privilège exclusif des savants juifs.

Voir encore sur l'hébreu H. OTT, *Um die Muttersprache Jesu*, dans *Nov. Test.*, 1967, t. IX, p. 1 ss. et G. SEVENSTER, *op. cit.*, p. 149 ss. Sur la base des données historiques et de ce que nous savons touchant l'évolution de l'araméen, je ne puis me rallier sans réserves à l'opinion de Yigael YADIN (*op. cit.*, SEVENSTER, p. 150, note 1), qui proclame l'hébreu la langue courante de la Judée et l'araméen celle de la Galilée. En Judée, un certain araméen fut également en usage. Que cet araméen ait été non pas l'araméen palestinien mais un dialecte dérivant de l'araméen international, eut une grande importance pour les contacts avec les Juifs de la diaspora qui ne parlaient pas le grec, c'est-à-dire avec les Juifs des régions orientales, de la Babylonie.

[1] Sur la place qui revient à la langue grecque en Palestine depuis Alexandre le Grand, voir p. 133, la note 1 touchant la fondation de cités hellénistiques et la note 1, p. 130 touchant l'intérêt que les classes supérieures du Judaïsme ont témoigné à l'endroit des idées grecques. Voir aussi G. SEVENSTER. *op. cit.*

Les Hasmonéens se sont efforcés de s'opposer à la pénétration du grec (ALT, *op. cit.*, t. II, p. 407 ss.), mais la situation qui suivit la fin de leur règne, mit fin à cette tentative. Sur ses monnaies, Alexandre Jannée (103-76) se présente en termes aussi bien grecs qu'hébreux. De son fils Jonathan Hyrcan II, il n'y a pas de monnaies bilingues, mais celles-ci réapparaissent sur celles de sont petit-fils, Antigone (40-37). Les monnaies de la dynastie d'Hérode ainsi que celles des procurateurs ont leurs textes rédigés en grec.

la pénétration d'idées grecques jusque dans les milieux sacerdotaux, pénétration qui provoqua la réaction et l'insurrection maccabéennes.

La fondation d'un royaume juif, celui des Hasmonéens, fut favorable à la renaissance de l'hébreu. Vu les données fournies par la numismatique et vu le fait que les rois hasmonéens furent grands prêtres, la langue officielle du royaume dut être l'hébreu. Par ailleurs la fondation d'un état juif amena la multiplication des rapports des milieux judéens de Jérusalem avec la population de tout le pays et dès lors avec tous ceux qui parlaient l'araméen ou le grec. D'où sans doute également un renforcement de l'araméen judéen. En Galilée toutefois, la situation se développa autrement. Ici après une ou deux générations l'hébreu est sans doute devenu une langue morte et étrangère pour les Judéens y émigrés qui paraissent y avoir adopté l'araméen du nord, c'est-à-dire galiléen.

Après 63 avant Jésus-Christ, la situation politique dut favoriser la diffusion du grec. Le pouvoir occupant, dont il était la langue administrative, intervint de plus en plus dans les affaires journalières de la population. Cependant sous Hérode le Grand l'hébreu et et l'araméen gardèrent leur situation prédominante. Après la mort de ce roi, l'araméen galiléen l'emporta en Galilée. Dans le domaine des procurateurs, les Samaritains et les Judéens usèrent de leur dialecte araméen respectif; en outre les Judéens continuèrent à user de l'hébreu, mais cet usage diminua tandis que celui du grec augmenta. Quand Jérusalem fut abandonnée et que le centre des études juives s'établit à Yabneh dans la plaine le long du littoral, ce fut là que l'hébreu se conserva à côté bien entendu de l'araméen judéen toujours requis pour les communications avec le peuple. En Galilée après 135, région devenue à son tour le centre spirituel du judaïsme, l'hébreu reprit vie comme langue de savants tandis que l'araméen septentrional resta la langue familière des Juifs y établis.

Qu'il faille attacher une certaine importance à la documentation fournie par les monnaies, ressort du fait que celles frappées durant la révolte font appel à l'hébreu : cfr Reiffenberg, *op. cit.*

Qu'Hérode et Rome aient pu se passer du recours au grec en Palestine, est tout à fait invraisemblable. Toute la région située le long du littoral, de Ptolémaïs à Jaffa, était fortement hellénisée. Il en était de même en Transjordanie. Une population juive homogène ne se rencontrait qu'en Judée et dans le nord et l'est de Galilée, mais (cfr note précédente) ces Juifs ne parlaient pas le même araméen. Et il fallait encore compter avec les Samaritains dont l'araméen était plus proche du dialecte galiléen que du parler judéen. Bref, dans ces conditions le recours au grec comme langue administrative se comprend.

Un autre problème est celui de la composition des habitants du domaine cultuel de Jérusalem. Ceux qui revinrent de Babylonie pour l'occuper, se réclamèrent des tribus de Juda et de Benjamin [1]. Mais que cette dernière tribu fût pratiquement ignorée, résulte de ce que somme toute l'on ne parla que de Judéens.

Quant aux descendants des tribus déportées en Assyrie, les renseignements conservés sont plutôt maigres. La *Deuxième Chronique samaritaine* affirme que déjà antérieurement à la fin du royaume de Juda certains de ces déportés purent rentrer en leur pays [2]. Cette tradition semble fondée. En effet, la religion samaritaine ne paraît être qu'une variante ancienne de la religion juive préexilienne [3]. Ainsi s'explique aussi que les premières difficultés des Judéens avec les Samaritains se situèrent sur le plan religieux. Les difficultés politiques postérieures résultèrent du fait que les Judéens refusèrent de reconnaître la variante religieuse de la foi juive à laquelle les Samaritains étaient attachés. Ce refus fut inspiré par l'expérience et l'évolution religieuse que les Judéens avaient subies en Babylonie. Elles leur inspirèrent aussi des théories vagues sur le sort des Dix Tribus [4].

---

[1] *Esdras*, I, v. Que l'appartenance à la tribu de Benjamin fût reconnue pour certains habitants du domaine du temple à l'époque d'Esdras et même plus tard, ressort des manuscrits grecs de *II Macc.*, III, 4, où Simon est appelé un benjaminite et de *Rom.*, XI, 1; *Phil.*, III, 5 où Paul affirme sa descendance benjaminite. Il est possible que la conscience du peuple juif de comprendre plus d'éléments que la seule tribu de Juda joue un rôle en *Dan.*, I, où il est question des déportés sous Nebukadnezzar. Entre les versets 3 et 6 surgit une antinomie. Au v. 3 il est question d'Israélites tandis que le v 6 parle de Judéens qui manifestement font déjà partie des Israélites. D'après *Esdr.*, II, 70 et X, 5, Israël désigne dans le temps postexilique la population du domaine du temple. Le même usage apparaît en *II Chron.* pour les habitants de la Judée après la chute de Samarie. Il en va de même, semble-t-il, en *Dan.*, I, 3. Dans ces conditions, le terme Juda pouvait s'appliquer à une seule tribu.

[2] Voir p. 124, note 1.

[3] Voir Joachim JEREMIAS, *Die Paschafeier der Samaritaner*, Giessen, 1932. — John MACDONALD, *The Theology of the Samaritans*, Londres, 1964, p. 14 ss.

[4] Dans *Mishnah, Sanhedrin*, x, 3, R. Aqiba affirme que les Dix Tribus ne reviendront pas tandis que R. Eliezer soutient l'opinion contraire. D'après la *gemarah* du Talmud babylonien (*Sanh.* 110b), les Tannaïtes postérieurs développèrent les vues de R. Eliezer. R. Siméon ben Yoḥai (130-160) et R. Siméon ben Juda de Kefar Akkos (160-200) insistèrent sur la nécessité d'une conversion préalable, mais Jehuda ha-Nasi, s'appuyant sur *Is.*, XXVII, 13, affirma sans plus la réalité dudit retour. Des vues parallèles se rencontrent dans la *gemarah* du *Talmud palestinien* : cfr *Sanh.* éd. Krot., 29c r 30 ss.; J. KLAUSNER, *Die messianischen Vorstellungen*, Berlin, 1904, p. 77 ss. Aux débuts de l'époque des docteurs amoraïm, l'opinion semble s'être répandue que les dix tribus étaient déjà revenues sous Josias : b *'Arakin*, 33a, opinion de R. Jehoḥanan bar Nappaḥa.

Quoiqu'il en soit, il n'est pas douteux que des descendants de ces tribus nordiques durent se rencontrer jusque dans la Judée. L'évangile de Luc en contient un indice. Selon Luc, lors de la présentation de Jésus au temple deux personnages intervinrent, le vieillard Siméon et la prophétesse Anne. Or celle-ci est dite fille de Phanuel de la tribu d'Aser. Une telle notice biographique est inconcevable si la conviction n'avait pas existé en Palestine que des descendants autres que ceux des tribus de Juda et de Benjamin y vivaient.

Le témoignage de Luc est confirmé par le Livre de Tobie. D'après *Tob.*, i, 1, ce modèle de juif fidèle à la Loi descendait de la tribu de Nephtali, tribu qui habita la Galilée, tout comme celle d'Aser à laquelle Anne appartint et qui fut déportée en 733 par les Assyriens. Ceci permet aussi de conjecturer que certains cercles d'israélites septentrionaux ont pu avoir des contacts avec les déportés de Juda durant le séjour de ceux-ci en Babylonie. Les limites de cet article ne nous permettent pas de nous étendre sur les circonstances concrètes de ces éventuelles relations.

Un deuxième trait à signaler, c'est que le Livre de Tobie insiste vivement sur la fidélité de Tobie à la Loi, au Temple et aux traditions halachiques. Nous pouvons par conséquent, semble-t-il, en conclure que ce livre n'est pas avant tout un ouvrage destiné à montrer que Dieu n'abandonne pas ses serviteurs à un sort malheureux mais qu'il est une apologie destinée à montrer que d'autres israélites que les seuls descendants de Juda et de Benjamin avaient le droit de s'installer dans le domaine du temple à condition bien entendu d'en observer les normes. De cette façon, l'ouvrage combat aussi les tendances des Judéens qui visaient à obtenir un monopole, tendances qui conduisirent au schisme samaritain. La prise merveilleuse du poisson racontée dans le livre tend à apporter à la thèse principale de l'hagiographe un confirmatur divin, tout comme cette autre pêche miraculeuse, la prise du poisson par Pierre, tend à prouver que Jésus, en tant que Fils de Dieu, n'était pas soumis à l'obligation de payer le denier du temple.

Un problème tout différent de ceux jusqu'ici examinés consiste à se demander dans quelle mesure l'initiative prise par Cyrus et les tribulations postérieures auxquelles les Juifs furent soumis amenèrent la fondation de plusieurs centres importants de vie juive, souvent très distants les uns des autres, à travers les royaumes du monde ancien. Aussi longtemps que l'empire perse subsista, Juifs de Palestine, Juifs de Babylonie et Juifs d'Égypte affrontaient le même pouvoir.

Cette situation cessa quand les Perses perdirent l'Égypte mais elle se rétablit pour une courte période sous Alexandre le Grand. Après le décès de celui-ci, elle ne se réalisa plus antérieurement à l'empire romain. De 306 à 200 av. J.-C., le domaine du temple releva des Ptolémées. On s'en souviendra en abordant l'étude de la Septante et de la lettre d'Aristée [1]. L'origine de ce dernier document pourrait avoir quelque rapport avec le désir des Juifs alexandrins de savoir dans quelle mesure le domaine du temple, situé dans un territoire revendiqué par les Séleucides, pouvait encore faire valoir des droits à l'indépendance.

De leur côté, les Juifs babyloniens vivaient sous le régime séleucide, situation que les Juifs palestiniens partagèrent à partir de 200, quand la domination ptoléméenne sur la Palestine prit fin.

A partir de l'insurrection maccabéenne la situation devint plus compliquée. A la suite des troubles survenus dans le royaume séleucide[2], on put se demander si la Babylonie et la Palestine se trouvaient encore sous le même pouvoir. Comme nous l'avons déjà noté, le domaine cultuel se développa sous les Hasmonéens en un état indépendant [3], tandis qu'en Babylonie, tombée sous le pouvoir des Parthes, les Juifs mésopotamiens eurent à se soumettre à de nouveaux maîtres à partir de 200 avant J.-C. [4]. Au delà du Carmel, les Juifs furent menacés de retomber sous la domination perse; en deça, ils appartinrent à un royaume indépendant mais divisé par les luttes intestines; en Égypte ils furent soumis aux Ptolémées.

Quand les Romains intervinrent en Palestine en 63 avant J.-C., ils eurent à affronter les Parthes et ne purent dès lors pousser jusqu'en Babylonie. Ils n'eurent donc pas de contacts avec les Juifs babyloniens. Lorsqu'ils entrèrent en contact avec les Juifs égyptiens, les Juifs palestiniens vivaient isolés dans le royaume d'Hérode. La venue de procurateurs en Palestine ne concerna pas la Galilée.

A partir de 44 après Jésus-Christ, le Judaïsme aussi bien palestinien

---

[1] Voir *supra*, p. 123, en note.

[2] Voir *supra*, p. 139, note 3 et p. 140, note 1.

[3] Voir *supra*, p. 140, notes 2, 3, 4.

[4] En 239-238 av. J.-C., les Parthes commencèrent à envahir le royaume des Séleucides : cfr WILL, *Histoire religieuse*, p. 254 et 271 s. Depuis lors ils restèrent une menace permanente. Rome dut à son tour affronter les Parthes : cfr WILL, *op. cit.*, t. II, p. 381; ZIEGLER, *op. cit.*, p. 20 ss. Déjà sous Antiochus VIII (111-96), Dura-Europas fut occupée par les Parthes : cfr WILL, *loc. cit.* Les régions habitées par les Juifs se situèrent beaucoup plus à l'est : cfr une carte dressée par Jacob OBERMEYER, *Die Landschaft Babylonien*, Francfort-s.-M., 1929, reprise par NEUSNER, *op. cit.*, t. II, p. 242.

qu'égyptien fut assujetti au pouvoir impérial romain tandis que les Juifs babyloniens continuèrent à vivre sous une autre domination étrangère. Ces différentes situations politiques eurent pour les Juifs diverses conséquences [1]. Il arriva parfois qu'ils devinrent l'arbitre d'une situation, mais, d'autre part, trop divisés et séparés, ils ne purent pas former de vrais groupes de pression. Il est naturel qu'ils subirent l'influence des idées qui eurent cours dans les divers milieux où ils s'étaient établis.

Il n'est pas facile de déterminer en chaque cas particulier le lieu d'origine des courants idéologiques qui ont influencé le Judaïsme. On ne peut pas rapprocher sans plus la littérature sapientiale juive des traditions égyptiennes similaires. La personnification de la Sagesse se rencontre déjà dans des livres appartenant au canon juif de l'Ancien Testament. En revanche, l'*Ecclésiastique* paraît avoir été rédigé par un écrivain qui avait acquis des idées libérales au moment où le domaine du temple relevait du pouvoir occupant égyptien. Le petit-fils de l'auteur estima même qu'il y avait profit à faire du livre une version grecque. Tout semble plaider pour l'origine alexandrine du *Livre de la Sagesse* qui doit avoir eu comme auteur un juif non palestinien mais égyptien. Bref, pour la littérature sapientiale, il faut, semble-t-il, tenir compte pour le moins de l'intérêt que les Juifs égyptiens témoignaient pour ce genre de littérature.

Tout différent est le cas de l'apocalyptique. On ne peut certes contester que les racines de ce genre littéraire remontent aux expériences oniriques et visionnaires d'avant l'exil [2]. Le premier vrai représentant de l'apocalyptique fut Ézéchiel dont la vision sur le temple fut à la fois une promesse et un programme [3]. Le suivant fut Zacharie qui, revenu de l'exil, stimula en 520 par ses visions la restauration du temple. En son écrit, les promesses et la programmation sont difficiles à distinguer [4]. L'activité de l'un et de l'autre est en relation

---

[1] 1. La révolte de 66-70 (73) en Palestine; 2. la révolte dans la Diaspora sous Trajan (116) en Libye, Égypte, Chypre et, exactement derrière le front militaire affrontant les Parthes, en Mésopotamie, révolte qui probablement entraîna des troubles en Palestine (cfr S. Dubnow, *Weltgeschichte des jüdischen Volkes*, Berlin, 1926, t. III, p. 47 ss. et p. 51 ss.); 3. la révolte de 132-135 contre Hadrien sous la conduite de Bar Kozeba.

[2] Qu'on nous permette de renvoyer aux visions d'Amos et à la vision de la vocation d'Isaïe.

[3] La vision d'Ézéchiel sur le temple, vision qu'*Ezech.*, XL, 1, date d'avril 573 av. J.-C., inclut l'attente de la reconstruction du sanctuaire. *Ezech.*, XLIII, 11 donne le plan du nouvel édifice.

[4] La promesse de la reconstruction du temple, contenue dans l'explication de la

avec le Judaïsme babylonien. Après Zacharie, nous ne rencontrons plus de témoignage d'expériences visionnaires jusqu'à Daniel bien que celui-ci fasse allusion à des phénomènes de ce genre survenus avant lui. En *Dan.*, XI, 14 il est en effet fait mention d'une révolte avortée qui fut déclanchée à la suite d'une vision. D'après Täubler, elle aurait eu lieu en 201, c'est-à-dire précisément au moment où les relations entre les Ptolémées et les Séleucides passaient par une phase critique [1]. Le domaine du temple risquait de passer sous l'emprise syrienne et dès lors ses occupants auraient de nouveau eu les mêmes maîtres que les Juifs babyloniens. L'apocalyptique releva la tête. Ce qui fait supposer qu'à Jérusalem elle exista à l'état endémique. Vu son caractère programmatique, elle fut souvent contrecarrée par les autorités juives responsables du temple et de son domaine.

Quelque 35 ans après l'échec de la révolte de 201, quand les Juifs eurent subi la profanation du temple, l'auteur des sections hébraïques du livre de Daniel qualifia d'« hommes de violence » ceux qui avaient excité à l'insurrection. Tout en étant lui-même en opposition violente aux événements, il mit tout son espoir dans une intervention de Dieu [2]. Le fait qu'il inséra dans son ouvrage un livret araméen, prouve que les Juifs babyloniens partageaient son attitude quiétiste. Nous sommes en effet d'avis que les sections araméennes du livre proviennent non de Jérusalem mais des juiveries babyloniennes [3]. Nous sommes même tenté de les considérer comme l'expression de la réaction de ces milieux aux initiatives d'Antiochus IV Épiphane et peut-être même à celles de son père Antiochus III [4]. Nous estimons que les

---

première vision de Zacharie (*Zach.*, I, 16), fut en même temps une exhortation à se mettre à la besogne. Ceci ressort de la date de cette vision : I, 7, *onzième mois de la deuxième année de Darius*, comparée avec la date de l'entrée en scène d'Aggée : *Agg.*, I, 1, *sixième mois de la même deuxième année*. L'explication de la cinquième vision qui nous décrit les deux Oints se trouvant en présence du Seigneur de toute la terre, paraît également posséder la portée d'un programme (*Zach.*, IV, 14). Comme aux temps d'Aaron et de Moïse, et non plus comme aux temps des rois, le pouvoir du domaine du temple sera bicéphale.

[1] Cfr *supra*, p. 126, note 1.

[2] *Dan.*, VII suppose qu'un jugement divin conférera au « peuple saint » la puissance, la royauté et la gloire. De fait, en *Dan.*, XI, 45; XII, 1, Antiochus IV périt mystérieusement et le grand tournant de l'histoire est censé s'être réalisé grâce non pas à une intervention humaine mais à celle de l'archange Michel.

[3] Voir *supra*, p. 150, note 2, nos notations touchant les rapports de l'araméen parlé dans le domaine du temple avec l'araméen mésopotamien.

[4] Nous ne pouvons pas en l'occurrence nous étendre sur la structure et les origines des chapitres araméens de Daniel. Rien ne nous oblige à situer les chapitres III à VI

vues du livret babylonien ont influencé le juif de Jérusalem qui publia en dernière instance le livre de Daniel. Son quiétisme qui attend tout de l'intervention divine, me paraît originaire des milieux juifs babyloniens [1].

sous Antiochus III ou IV. Il en est autrement des chapitres II et VII qui parlent de la venue du Royaume de Dieu. Les pieds de fer et d'argile de *Dan.*, II, 33 supposent l'existence des royaumes des Diadoques. Le morceau ne peut dater beaucoup d'avant 250 av. J.-C. La structure du chapitre II indique même une date plus récente. Le verset 43 paraît contenir une allusion au mariage de Cléopâtre, la fille d'Antiochus III avec Ptolémée V à Raphia : voir *supra*, p. 122, note 1. Le noyau du chapitre II peut être plus ancien mais la rédaction présente n'est pas antérieure à 193, sans qu'il faille proposer une date beaucoup plus récente.

Vers la même époque nous paraît avoir pris naissance la secte de Qumrân (voir *supra*, p. 135, note 1). Il doit y avoir eu des événements qui ont amené les Juifs à s'attendre à une intervention divine.

Quant au chapitre VII, il est clair que nous sommes là en présence d'une réaction aux interventions d'Antiochus IV ainsi qu'il ressort des onze cornes qui symbolisent la domination grecque. Les dix premières sont : Alexandre le Grand, Ptolémée I, II, III, IV et V (ce dernier jusqu'en 200), Antioche III (depuis 200), son fils Antiochus mort avant lui, Séleucus III et Démétrius. Antiochus IV est l'onzième. En tenant compte de *Dan.*, VII, 25, il importe de placer l'origine de la vision vers 167 av. J.-C. L'ensemble des six visions n'est donc pas antérieur à cette année.

La présentation des six visions est le résultat d'une composition symmétrique voulue. Nous y lisons successivement une libération miraculeuse de la persécution (chapitre III), une humiliation suivie d'une restauration du pouvoir d'un souverain (chapitre IV), une répudiation de souverain (chapitre V), une nouvelle libération miraculeuse d'un fidèle de Jahvé (chapitre VI). Nous sommes donc en présence non d'un conglomérat fantaisiste de récits araméens mais d'une composition d'allure kérygmatique bien soignée. Que cette composition ait vu le jour dans les cercles du domaine du temple où l'on continuait à se servir de l'hébreu (cfr la rédaction du *Siracide* quelque 25 années plus tôt et la rédaction définitive de *Daniel*), est peu vraisemblable. Nous pouvons songer pour l'origine de la partie araméenne de Daniel à un écrit kérygmatique composé par des Juifs babyloniens à l'intention de Juifs palestiniens et des événements qu'ils vivaient. On ne peut en effet perdre de vue que depuis 200 les Juifs babyloniens vivaient sous le même régime que leurs frères palestiniens et dès lors devaient s'intéresser de près à leur destin.

L'œuvre araméenne qui vit le jour en Babylonie dépend peut-être pour une large part d'un recueil plus ancien comprenant une double tradition touchant les souverains babyloniens (le chapitre V dépend notablement du chapitre IV) et une double tradition touchant la protection accordée par Dieu à ses martyrs. Lors de la compositions définitive hebraïque de *Daniel*, les versets II, 1-4a furent traduits de l'araméen en hébreu.

[1] La situation babylonienne ne se prêtait pour les Juifs guère à des tendances révolutionnaires. Qu'on se rappelle le thème prêché par *Zacharie* à son retour de Babylonie : « Ni par la force ni par la violence mais par mon Esprit, dit Jahvé le Dieu des armées (célestes) » (*Zach.*, IV, 6). Le *Livre de Daniel* paraît développer le même thème. Dans les sections araméennes, les puissances célestes n'interviennent pas encore, elles le font dans les sections hébraïques : cfr *Dan.*, X, 20-21 ; XII, 1.

L'apocalyptique me paraît avoir ses racines en Babylonie. C'est là aussi qu'elle évolua de programme à accomplir en promesse de salut dont il fallait attendre de Dieu la réalisation [1]. Plus tard quand les auteurs d'apocalypses vécurent en Palestine à côté des scribes et des sages, l'apocalyptique évolua. Dans les *Testaments des Douze patriarches*, l'apocalyptique sert de véhicule à un message sapiential [2]. Les milieux responsables de l'*Hénoch éthiopien* font dépendre la conduite morale de la connaissance des mystères de Dieu [3].

Après la chute de Jérusalem en 63 après Jésus-Christ, l'apocalyptique juive connut un nouveau réveil, par exemple dans l'*Apocalypse de Baruch* et le *IVe Esdras*. Toutefois les auteurs de ces ouvrages ne réussirent plus à créer une synthèse nouvelle entre l'espérance du salut et l'appel à l'action [4]. L'apocalyptique ne reçut un contenu

---

[1] *II Macc.*, v, 2-4 rapporte des expériences visionnaires survenues à Jérusalem en 167 av. J.-C. On les interpréta non comme des programmes à réaliser mais comme le message d'une espérance.

[2] Les *Testaments des Douze Patriarches* contiennent des exhortations pour une bonne conduite de vie, semblables à celles du *Siracide*, mais elles les présentent sous forme de dialogue. Le *Siracide* formule ses conseils dans la conviction d'avoir part à la sagesse divine. En revanche, dans plusieurs sections des *Testaments*, par exemple dans le *Testament de Lévi*, l'auteur dérive son autorité du fait d'avoir joui d'expériences apocalyptiques.

[3] Le *Livre d'Hénoch éthiopien* ne constitue pas une unité. De larges sections se présentent comme une parénèse de consolation. La partie dite astromonique est en relation, semble-t-il, avec le problème de savoir ce que peuvent valoir les prescriptions du calendrier qui règlent la conduite des hommes. Nous ne pouvons en l'occurrence nous étendre sur ce problème.

Qu'il nous suffise de dire qu'à l'époque du Christ la question de l'influence des astres sur la vie humaine était à l'ordre du jour dans le Proche Orient. Les astres étaient-ils censés nous renseigner sur ce qui allait arriver ou nous instruisaient-ils sur la conduite morale et religieuse à suivre? Les Juifs semblent avoir opté pour la dernière position.

Il convenait donc en toute hypothèse de se pencher sur la connaissance approfondie du monde astronomique. Les mathématiques et les observations astronomiques y convenaient. Dans le Judaïsme synagogal s'y spécialisa Mar Shemuël, directeur de l'Académie babylonienne de Néhardéa, décédé vers 254 de notre ère (cfr S. W. Baron, *Histoire d'Israël*, t. II, Paris, 1957). Il jeta les bases des calculs relatifs au calendrier. Un siècle plus tard, vers 338, le patriarche des Juifs, Hillel II de Tibériade, fut obligé de rendre compte de ce genre de calculs.

Avant l'ère chrétienne, les spéculations astronomiques présentèrent un caractère plus spéculatif, d'inspiration apocalyptique. C'est notamment le cas dans la section astronomique du *Livre d'Hénoch*.

[4] Dans *IV Esdras*, VII, notamment dans la section qu'on pouvait lire sur la feuille découpée du *Codex Sangermanensis*, section d'où dépend la Vulgate, et reprise dans les versions modernes comme constituant les vv. 36-105 (cfr E. Kautzsch, *Die Apokryphen*

vraiment nouveau que dans les seuls milieux chrétiens [1], et c'est à cette forme nouvelle que l'avenir fut réservé.

---

und Pseudepigraphen des Alten Testaments, Tubingue, 1900, t. II : H. GUNKEL, *Das vierte Buch Esra*, p. 331), on énonce de façon angoissée l'impossibilité de l'homme à faire le bien. L'auteur se meut dans le sillage du *Livre de Daniel* et se contente de reprendre la promesse y formulée quelque 250 ans plus tôt. On n'y trouve aucune envie de combiner les traditions sapientiales et apocalyptiques dont nous trouvons un exemple dans les *Testaments des Douze Patriarches*.

[1] Dans les *Évangiles* nous rencontrons des conceptions apocalyptiques : Jésus est le Fils de l'homme, combinées avec des traditions sapientiales qui s'expriment par exemple dans le *Sermon de la Montagne* et dans les péricopes y apparentées.

Dans la mesure où il s'est agi de conceptions sapientiales, le Judaïsme synagogal d'avant 70 de notre ère qui vénérait la « Sagesse », — le *Talmud babylonien* cite jusqu'à cinq fois le *Siracide*, — pouvait accepter Jésus. En revanche, aussi bien les chefs de la Synagogue que ceux du Temple refusèrent l'appel de Jésus à la figure du Fils de l'homme. C'est un problème auquel je compte revenir un jour.

Alors que dans les *Testaments des Douze Patriarches*, l'arrière-fond de la doctrine sapientiale est formé par l'expérience apocalyptique, dans les *Évangiles* il consiste dans une espérance apocalyptique déjà réalisée. Cette problématique apparaît aussi dans *IV Esdras* et même dans les textes de la Synagogue ainsi qu'il apparaît des réflexions sur les « Mérites des Pères » : cfr Solomon SCHECHTER, *Aspects of Rabbinic Theology*, Londres, 1909; réimpression New York, 1961, p. 170 ss., mais le problème n'y est pas résolu.

La tension fut résolue par Paul à partir des événements de la Pentecôte. Quand, désespérant de pouvoir réaliser totalement la sagesse préconisée par Jésus, Paul s'écrie : « Malheureux que je suis, qui me délivrera de ce corps voué à la mort » (*Rom.*, VII, 24), il se reprend en sachant qu'il n'y a pas de condamnation pour ceux qui sont dans le Seigneur Jésus, ceux auxquels Dieu donna par son Esprit la force pour marcher dans ses voies.

Rappelons qu'aux origines de la fondation du domaine du temple, Zacharie formula déjà sa foi dans les paroles : « non par la force ou la violence mais par l'Esprit ». Paul y fait écho. Sa prédication : « par l'Esprit de Dieu » prolonge donc en quelque sorte une espérance qui s'était développée de plus en plus dans les milieux du domaine du temple durant les dernières décennies de son existence.